# 엄마의 자존감
## Mom's Self Esteem
# 회복 수업

이제 나답게 살고 싶은
# 엄마의 자존감 회복 수업

**초 판 1쇄**  2018년 11월 15일

**지은이** 안세영
**펴낸이** 류종렬

**펴낸곳** 미다스북스
**총  괄** 명상완
**에디터** 이다경

**등록** 2001년 3월 21일 제2001-000040호
**주소** 서울시 마포구 양화로 133 서교타워 711호
**전화** 02) 322-7802~3
**팩스** 02) 6007-1845
**블로그** http://blog.naver.com/midasbooks
**전자주소** midasbooks@hanmail.net
**페이스북** https://www.facebook.com/midasbooks425

© 안세영, 미다스북스 2018, *Printed in Korea*.

**ISBN** 978-89-6637-616-2 03190

값 **15,000원**

이제 나답게 살고 싶은

# 엄마의 자존감

## Mom's Self Esteem

# 회복 수업

안세영 지음

미다스북스

# 엄마의 무너진 자존감부터 바로 세우자

**이제 나답게 살고 싶은 엄마에게**

아이를 키우다 보면 하루에도 수십 번씩 자존감이 무너지는 날이 있습니다. 나 잘났다고 뻣뻣하게 고개를 들었던 자존심도 수없이 고개를 떨어뜨리게 됩니다. 실수투성이의 내 모습에 당당했던 자신감도 곤두박질치곤 합니다. 전업맘의 경우 '내 시계만 이대로 계속 멈춰 있는 건 아닐까? 내가 사회에서 뭐 하나라도 제대로 해낼 수 있을까?'라는 생각에 조급해지는 날도 있습니다.

럭비공처럼 이리 튀고, 저리 튀는 아이들과 씨름하다 보면 나도 모르게 수도 없이 욱하고 소리치고 후회하기도 하지요. 어떤 날은 '나 엄마 맞아? 나 요즘 미친 거 아니야?'라는 생각이 들기도 합니다. 스스로 통제가 불가능한 감정으로 인해 자괴감에 빠지는 날도 부지기수입니다. 그렇게 정신없는 하루를 보내다가 문득 내가 사라져버린 것만 같은 헛헛함과 알 수 없는 불안감에 휩싸이기도 합니다.

'다른 사람들 모두 아이를 잘 키우며 잘 살고 있는 것 같은데 나만 왜 이렇게 힘든 걸까?'라는 생각에 자신이 한심하고 우울해집니다. 세상에 나를 이해해주는 사람이 하나도 없는 것 같은 외로움, 나 혼자만 갇혀 있는 것 같은 답답함에 한없이 괴롭기도 합니다.

그런데 사실 우리는 누구나 그렇습니다. 누구나 처음 엄마가 되고 육아를 하며 엄마들은 모두 한 번쯤 아니 수천 번 이상 마음의 지옥에 빠져들게 됩니다.


저도 그랬습니다. 38살에 쌍둥이를 낳은 초보 엄마인 저는 수도 없이 많은 날을 울면서 아이들을 키웠습니다. 수도 없이 비틀거리고 넘어지면서 엄마가 되는 법을 배웠습니다. 그 과정에서 자존감은 끝도 없이 추락했습니다. 어느 날 '더는 안 되겠다. 나를 일으키자. 변화가 필요하다.'라는 생각이 들었습니다. 돌파구를 찾기 시작했습니다.

예민하고 욕구가 강한 쌍둥이를 키우면서 엄마로서 늘 부족함을 느꼈습니다. 아이들의 자존감에 관심을 가지게 되면서 가장 중요한 건 엄마인 나 자신이라는 것을 알게 되었습니다. 우리는 육아 경험을 통해 엄마의 자존감이 아이의 자존감이 된다는 것을 어느 순간 깨닫게 됩니다. 이것이 제가 엄마의 자존감에 관심을 갖게 된 계기입니다.

엄마가 행복할 때 아이도 행복합니다. 엄마가 나를 더 사랑할 때 내 아이도 더 사랑해줄 수 있습니다. 너무나 많은 사람들이 하는 이야기지만 이것을 실천하는 사람은 많지 않습니다.

SNS가 발달한 시대인 지금, 우리는 남들의 평가와 시선을 더 많이 의식하게 되었습니다. 불행은 언제나 비교에서 시작됩니다. 지금 내가 가지지 못해서가 아니라 비교에 의한 상대적 박탈감 때문에 우리는 더 힘들어합니다. 다른 엄마들, 다른 아이들과 비교하는 순간부터 우리의 열등감은 커지고, 자존감은 땅에 떨어집니다.

요즘은 너도나도 자존감이 부족하다고 이야기합니다. 어쩌면 사회가 발전하고, 온 세상이 연결될수록 우리 내면의 자존감은 더 크게 공격받는 것 같습니다.

아이를 키우는 엄마일수록 아이의 자존감이 아닌 엄마의 자존감을 먼저 돌아보아야 한다고 생각합니다. 엄마의 자존감이 곧 아이의 자존감이 되기 때문입니다. 중심이 잡힌 엄마의 건강한 자존감은 엄마의 행복뿐만 아니라 우리 가족 모두의 행복을 위한 뿌리가 됩니다.

## 내 아이에게 자존감을 선물하고 싶은 엄마에게

누구보다 소중한 내 아이에게 자존감을 선물하고 싶은 엄마에게 이 책을 선물하고 싶습니다. 누구보다 엄마인 나를 먼저 사랑해주세요. 당신은 엄마이기 이전에 그냥 나입니다. 세상에서 단 하나밖에 없는 소중하고 고유한 존재입니다. 우리가 사는 우주의 역사가 시작된 이래로 단 한 번도 당신과 똑같은 사람은 없었습니다.

지금 당신과 같이 생기고, 당신처럼 생각하고 말할 수 있는 사람은 오직 당신 한 사람입니다. 그 사실만으로도 당신은 충분히 가치 있습니다. 당신의 소중한 아이의 엄마라는 사실만으로도 당신은 충분히 위대한 존재입니다.

세상에 단 하나인 나를 반짝이는 보석처럼 빛나게 해줄 수 있는 사람은 오직 당신 한 사람입니다. 당신은 충분히 사랑받을 자격이 있습니다.

이 책에는 제가 지난 8년 동안 육아를 해왔던 경험과 시행착오가 들어 있습니다. 그로 인해 얻은 깨달음과 자존감에 대해 연구하고 적용한 내용이 담겨 있습니다. 당신이 이 책을 통해 엄마로서의 나를 돌아보고 성찰하는 계기를 가질 수 있기를 바랍니다. '나만 힘든 게 아니구나.' 하는 위로를 받을 수 있으면 좋겠습니다.

엄마의 진정한 가치를 깨닫고, 자존감을 회복할 수 있는 실제적인 기술과 방법을 터득하여 실천할 수 있기를 바랍니다. 이 책이 당신이 자신을 더 사랑하는 행복한 엄마가 되는 방법을 알려주는 길잡이가 될 수 있기를 희망합니다.

마지막으로 이 책이 세상에 나올 수 있게 해준 모든 분들께 감사를 전하고 싶습니다. 먼저 저에게 생명을 주시고 사랑으로 길러주신 부모님께 감사드립니다. 사랑하는 우리 쌍둥이들과 소울메이트인 남편이 있었기에 이 책을 쓸 수 있었습니다. 저를 이끌어준 멘토 분들과 선배님들이 아니었다면 용기를 내는 데 훨씬 더 오랜 시간이 걸렸을 것입니다. 미다스북스의 명상완 실장님과 이다경 팀장님의 정성스런 편집과 노고에도 깊은 감사를 전합니다.

2018년 10월의 어느 멋진 날에

안세영 드림

# | 차 례 |

## 1장 자존감: 누가 뭐래도 나를 사랑하는 게 먼저다

## 4장 꿈: 아이의 꿈만이 아닌 엄마의 꿈을 키워라

# 1장

*Mom's Self Esteem*

# 자존감

누가 뭐래도 나를 사랑하는 게 먼저다

만일 내가 인생을 다시 산다면 다음번에는 더 많은 실수를 저지르리라.
긴장을 풀고 몸을 부드럽게 하리라.
이번 인생보다 더욱 우둔해지리라.
가능한 한 매사를 심각하게 생각하지 않을 것이며
보다 많은 기회를 붙잡으리라.

– 나딘 스테어(미국의 작가)

# 01 내가 잘하고 있나? 나 엄마 맞아?

> 건강한 자존감을 갖고 싶다면
> 무엇보다 먼저 스스로에게 너그러워져야 한다.
> – 『나, 지금 이대로 괜찮은 사람』 중에서

## 모든 것이 낯설고 서툰 생초보 엄마, 육아 시작!

나는 38살의 나이에 노산으로 쌍둥이를 낳았다. 대부분의 쌍둥이 엄마가 그렇듯이 나도 임신 기간을 다 채우지 못하고 아이들을 낳았다. 34주 4일 만의 조산이었다. 우리 아이들은 2kg 전후의 미숙아로 태어났다. 태어나자마자 아기들은 인큐베이터가 있는 신생아 집중보호실로 보내졌다. 하루에 몇 번씩 유축기로 젖을 짜서 병원에 들락거렸다. 8박 9일간의 입원 후 퇴원하는 날 남편과 나는 속싸개와 겉싸개로 예쁘게 감싼 아들들을 한 명씩 받아 들었다. 마치 신으로부터 2배의 선물 보따리를 받은 것 같아서 가슴이 뭉클했다.

그때까지는 누가 매일매일 울면서 쌍둥이를 키웠다느니, 뱃속에 있을 때가 편했다느니 하는 소리는 들리지 않았다. 마냥 설레고 기뻤다. 이제 곧 엄청난 전쟁이 시작되리라는 것을 전혀 알지 못했다. 그러나 사람들의 말이 사실이라는 것을 확인하는 데는 결코 오래 걸리지 않았다. 나이는 많았지만, 엄마가 되는 건 나도 처음이었다. 기저귀가 어떻게 생겼는지, 젖병은 어떻게 잡고 먹이는 건지, 아이를 어떻게 안는 건지조차 모르는, 모든 것이 낯설고 서툰 생초보 엄마였다.

우리 아이들은 미숙아라 단체생활이 불가능하다고 예약했던 산후조리원으로부터 퇴짜를 맞았다. 나는 친정집에서 산후조리를 했다. 친정엄마는 모든 정성과 헌신을 다해 나와 아기들을 맞이해주셨다. 하지만 고작 1주일 만에 우리는 모든 체력이 바닥났고, 영혼까지 탈탈 털리고 말았다.

## 열정만 가득해서 지쳤던 시절

아기들은 정말 대단하다. 작은 체구에 비해 그들의 존재감은 초특급이다. 우리 아이들은 둘 다 100일이 될 때까지 배앓이가 있었다. 밤만 되면 온몸에 힘을 주고 밤새도록 울어댔다. 얼마나 울었던지 둘 다 배꼽이 탁구공 크기만큼 탱탱하게 부어올랐다. 병원에 가자 배꼽탈장이라 했다. 신생아 배앓이와 배꼽탈장은 병원에서도 달리 방법이 없었다. 매일 밤 얼굴은 시커먼 흙빛으로 변했고 몸은 뻣뻣하게 굳었다. 울음소리는 비행장에서 이륙을 시작하는 비행기 소리만큼이나 크게 느껴졌다. 매일매일 고막을 터뜨릴 듯한 맹렬한 기세로 울어댔다.

나와 친정엄마 그리고 일을 하고 돌아온 남편은 거의 100일 동안 미친 듯이 울어대는 아기들을 안고 밤을 꼴딱 지새웠다. 그야말로 사투의 연속이었다. 해병대 훈련도 이렇게 혹독할까 싶은 생각이 들었다. 울면서도 아기들은 계속 젖을 찾았다. 그렇게 울어대니 목도 많이 말랐을 것이다. 아직 신생아라 물 대신 젖을 먹고, 먹은 것의 절반은 줄줄 토해냈다. 그러곤 금방 배가 고파져 또 젖을 찾았다.

신생아를 키우는 대부분 엄마와 마찬가지로 나 역시 가장 힘든 것은 수면 부족이었다. 나는 젖몸살이 심해 낮이든 밤이든 두어 시간 간격으로 젖을 짜야 했다. 한 번 젖을 짜는 데 30~40분 정도가 걸렸다. 젖을 먹이는 데도 30~40분, 아이를 세워서 트림을 시키는 데도 30분이 넘게 걸린다. 그러고 나서 유축기와 젖병을 소독해야 한다.

낮에는 낮대로 해야 할 일이 많고 밤에도 아기를 안고 씨름하며 밤을 지새워야 했다. 하루 동안의 토막잠을 전부 합해도 최대 두어 시간이 수면 시간의 전부였다. 친정엄마도 너무나 고생하셨다. 신경이 예민해져서 자주 다퉜고, 매일 죄송한 마음이 교차했다.


그 와중에 나는 모유 직수직접 수유에 대한 집착을 버리지 못했다. 그래서 가뜩이나 배앓이로 힘든 아기들을 두 달이 넘게 더 울리고 말았다. 아이들은 이미 병원에 있을 때부터 빨기 쉬운 젖병에 익숙해져 있었다. 게다가 미숙아로 태어나 다른 아이들보다 빠는 힘이 약했다. 젖병으로 젖을 먹는 것도 힘이 드는지 한참 동안 땀을 뻘뻘 흘리며 먹었다. 그런데도 모유 직수를 계속 시도하자 나중에는 내가 젖을 보여주기만 해도 기겁을 하며 자지러졌다. 그 모습을 보면서 참 많이 울었다. 많은 엄마들이 모유 직수에 대한 로망을 가지고 있다. 수유에 성공하지 못하면 왠지 모를 패배감과 낭패감이 든다고 한다. 나도 그랬다.

하지만 지금 다시 아기를 키운다면 포기할 것은 빨리 포기했을 것 같다. 하지만 그 당시, 열정만 가득했던 늦깎이 초보 엄마는 쌍둥이들과 함께 시행착오를 차곡차곡 채워나갔다. 아이도 나도 완전히 지쳐버릴 때까지 미련을 버리지 못했다.


## 매일매일 울고 울리며 엄마가 되는 법을 배운다

운전면허를 딸 때 나중에 어떻게 될지 모른다며 욕심을 내서 1종보통 면허를 땄다. 당시 인기 있었던 컴퓨터 운전학원에서 실기를 배운 나는 마지막 날 딱 한 번 트럭에 타봤을 뿐이었다. 결국 실기시험을 보면서 모든 시행착오를 한 번씩 다 해보고서야 면허를 딸 수 있었다. 주행시험에 다섯 번 떨어지고 난 후 면허증을 따고 세상을 다 가진 듯한 기분이 들었다.

엄마가 되어서도 똑같았다. 엄마가 되기 위해서는 엄마 자격증이 필요하다는 말을 실감했다. 대부분의 엄마처럼 나도 준비 없이 아무것도 모른 채 엄마가 되었다. 육아는 결코 낭만적이지 않았다. 쌍둥이들은 거의 매일 동시에 울어댔다. 한 명이 울면 또 한 명도 따라서 울었다. 서로 자기부터 봐달라는 듯 목청을 높여 경쟁하듯이 울어댔다. 그럴 때면 집안은 온통 아기들의 울음소리로 점령당하곤 했다. 매일매일 아기들을 울리며 나도 함께 울었다.

쌍둥이 엄마들 사이에서 '미친 두 돌'이라는 말을 듣곤 했다. 두 돌 때까지 절정을 찍다가 그 후에는 점점 나아진다더니 정말 그랬다. 그렇다고 두 돌 이후에 갑자기 확 수월해진 건 아니었다. 아주 조금씩 익숙해지면서, 아주 조금씩 능숙해졌고, 능숙해진 만큼 조금씩 나아졌다.

워낙 예민한 기질과 강한 욕구를 가진 우리 아이들은 온종일 나의 몸과 손을 필요로 했다. 그래도 2년간의 사투와 매일의 도전 과제를 감당해낸 덕분에 조금씩 좌충우돌 육아 일상에 익숙해져갔다. 매일매일 엄마가 되는 법을 몸으로 배워갔다. 엄마의 역할과 책임을 조금씩 터득하는 시간이었다.

육아를 하며 엄마가 왜 그토록 한 살이라도 젊을 때 아기를 가지라고 했는지 절실히 알 수 있었다. 아기를 두 돌 정도까지 길러내는 데 있어서 80%는 체력이다. 체력이 고갈되면 아기의 욕구를 알아도 바로바로 해결해줄 수가 없게 된다.

## 엄마가 되는 건 누구에게나 힘든 일이다

누구에게나 엄마가 되는 건 절대 쉽지 않은 일이다. 처음부터 엄마인 사람은 없고, 엄마라는 것을 배워본 적도 없다. 대부분 준비 없이 엄마가 되고, 연습 없이 실전을 겪는다. 아이와 엄마의 나이는 같다고 한다. 정말 그렇다. 엄마는 아이의 나이만큼 알게 되고 깨닫게 되는 것이 있다.

그렇게 엄마가 되어가는 와중에 엄마들은 끊임없이 자존감을 시험 당한다. 엄마가 되었다는 감동이 아무도 알아주지 않는 고된 일상 속에서 서서히 자괴감으로 바뀌는 순간이 온다. 매일 실수하고 허둥대는 내 모습이 한심스럽게 여겨지기도 한다. 주위를 둘러보면 나만 빼고 다들 너무나 잘 살고 있는 것 같고, 다들 쉽게 아기를 키우는 것 같다. 그럴 때면 자신이 한없이 부족하고 무능하게 느껴진다.

'내가 잘하고 있나? 남들은 다 쉽게 하는 것 같은데 나는 왜 이렇게 어렵지? 남들은 다 행복해 보이는데 나만 왜 이렇게 힘든 거지?'라는 자괴감에 빠지게 된다.

우리는 엄마가 되는 법을 배운 적이 없다. 연습 없이 실전에서 조금씩 더 나은 엄마가 되어가고 있다. 당신이 지금 한없이 자괴감이 든다면 그만큼 애썼고 노력했다는 증거이다. 단지 처음이라 조금 서툴 뿐이다. 그러니 아직은 어설프고 매일 같은 실수를 반복하더라도 나 자신에게 조금 더 너그러워지면 좋겠다.

그리고 결코 나만 힘든 게 아니라는 것, 엄마가 되는 건 모두에게 힘든 일이라는 것을 꼭 기억하자. 나 빼고 다 쉽게 아이를 키우는 것 같고, 행복해 보이지만 그 속을 들여다보면 누구나 다 힘들다. 하루에도 몇 번씩 '나 엄마 맞아?' 하면서 아이와 함께 성장하는 것, 그것이 바로 엄마다. 언젠가 분명 당신은 자괴감이 아닌, 자존감으로 빛나는 베테랑 엄마가 되어 있을 것이다.

# 02 육아는 극기훈련이구나!

인내심은 진정한 의미에서 미덕이며, 모든 사람이 어떤 형태로든 도달해야 한다.
인내심을 잃지 않으려면, 짧게 명상해보라.
숨을 깊이 들이마시고, 즐거운 일들을 생각하라.
— 실비아 브라운(미국의 예언가, 최면술사)

## 출산의 고통과 탄생의 감동, 아이와의 첫 만남

임신 34주가 지난 어느 날이었다. 새벽에 소변이 아닌 물이 흐르는 게 느껴졌다. 검색해보니 양수가 터진 거였다. 슬슬 진통이 시작됐다. 남편을 깨우고 주섬주섬 짐을 싸서 병원으로 향했다.

차를 타기 전까지는 그럭저럭 괜찮았다. 그런데 차에 탄 순간부터 병원에 도착할 때까지 30여 분 동안은 죽을 맛이었다. 차가 조금만 흔들려도 기절할 것처럼 아팠다. 참을 수 없을 만큼의 고통이 몸을 관통하며 지나갔다. 점점 더 규칙적으로 반복되는 나의 신음과 성화에 남편은 거북이처럼 느릿느릿 속도를 줄여서 운전해야 했다.

응급실에 도착하자 간호사가 양수가 터졌으면 빨리 와야지 왜 이제야 왔느냐고 나무랐다. 나는 잠시도 침대에 대기할 수 없을 정도로 진통이 심했다. 마치 천둥 벼락이 내 몸을 관통해 지나가는 것 같았다. 배를 내려다보니 아기들의 손과 발 모양이 마구 튀어 오르고 있었다. 배가 울퉁불퉁 튀어나왔다가 들어갔다 하는 게 마치 〈에일리언〉 같은 영화의 변신 장면 같았다. 너무 아프고 놀라서 숨도 쉴 수 없을 지경이었다.

잠시도 지체할 수 없는 응급 상황이었나 보다. 나는 안내에 따라 아주 약간의 대기 후 곧바로 수술실로 직행했다. 수술실에 들어가자마자 의사 선생님이 나에게 차트를 내밀었다. 제왕절개수술 동의서였다. 밖에 있는 남편이 이미 보호자 확인에 서명했으니 본인 확인란에 서명하라고 했다.

나는 진통으로 정신이 반쯤 나간 상태였지만 정신을 차려 물었다. "저 근데, 얼마나 열렸어요?" 간호사는 약간 쌀쌀맞은 말투로 "산모님은 거의 다 열렸어요."라고 말해주었다. 그 한마디 말에 나는 서명하기를 거부했다. 사실 임신 기간 내내 자연분만을 하고 싶어서 꾸준히 임산부 요가와 산책을 해왔기 때문이었다.

"선생님, 그냥 직접 받아주세요."

의사 선생님은 굉장히 난감한 표정을 짓더니 나를 설득했다. 쌍둥이의 경우 위험할 수 있다고 말했다. 만약 한 아이에 성공한다 해도 아이들이 '69' 모양으로 자세를 잡고 있어서 둘째가 나오지 않으면 중간에 다시 수술을 할 수 있다고 했다. 나는 괜찮으니 바로 분만해달라고 부탁했다. 결정적인 짧은 순간에 나는 자연분만을 하기로 마음을 굳혔다. 이미 다 열렸다는데 수술하는 게 억울했고, 한편으로는 생명 탄생의 본능에 대한 믿음이 있었다. 자궁 문이 열린 이상 자연의 섭리에 따라 어떻게든 되겠지 싶었다.

간호사의 설명과 지시에 따라 배에 힘을 주었다. "산모님, 그 정도 힘 갖고는 아기 안 나와요." 잠시 쉬고, 또 힘을 주었다. 온몸에 기를 모아 호흡과 함께 아래쪽에 힘을 주었다. 그야말로 젖 먹던 힘까지 다 주었다. 그렇게 힘주기를 세 번 만에 아기가 나왔다. 아기는 우렁차게 울고 있었다. 잠시 내 쪽으로 "첫 번째 아가, 공주님입니다." 하고 아기를 보여주더니 어딘가로 휙 데려가버렸다.

섭섭한 마음에 물어보니 아기가 미숙아라 체온 유지가 어려워서 바로 신생아실로 보내야 한다고 했다. 둘째 아이는 의사 선생님의 신호에 따라 계속 힘을 뺐다. 그러고 나서 딱 한 번 "힘주세요."라는 말을 들었고, 한 번에 아기가 쑥 하고 나왔다. 꽉 차 있던 배가 갑자기 가벼워지며 아주 개운한 느낌이 들었다. 4분 차이로 나온 둘째 아가도 공주였다. 곤란함을 무릅쓰고 안전한 분만을 도와주신 선생님들께 정말 감사했다.

오랜 기간 동안의 고통스러운 입덧과 자궁수축으로 인한 입원, 잦은 소변과 손발 저림 등 쉽지 않은 임신 기간을 보냈다. 임신 중에 이미 내 몸 안에는 8cm 크기의 자궁근종이 태아와 함께 자라고 있었다. 그에 비교해 출산은 번개처럼 왔다가 뚝딱하고 지나갔다. 출산할 때 엄마만 젖 먹던 힘까지 쏟는 것이 아니다. 아이도 자신이 낼 수 있는 최대치의 힘과 에너지, 용기를 내어야 아기가 나올 수 있다고 한다. 나는 그러한 자연의 섭리를 내 몸을 통해 직접 체험하고 싶었다. 그리고 아기가 세상에 나오는 첫걸음을 아기 자신도 힘차게 내디딜 수 있기를 바랐다.

### 임신과 출산의 감격은 잠시, 치열한 육아의 현실!

임신 기간 동안에는 내 안에 잉태된 생명이 너무나 경이롭고 감격스러웠다. 더군다나 쌍둥이라니 자다가도 벌떡 일어날 정도로 설레고 행복했다. 그런데 임신했을 때의 벅찼던 감동과 환희는 아이를 낳고 완전히 깨졌다. 육아는 치열한 현실이다.

아이를 아기 띠로 안고 다니느라 매일매일 어깨가 쑤시고, 허리가 끊어질 듯 아팠다. 7개월 동안 유축기로 젖을 하도 짜냈더니 손가락에 지독한 통증과 마비가 왔다. 주기적으로 젖몸살이 와서 실신하곤 했다. 육아는 역시 체력전이다.

그러다가 면역력이 약한 노인 분들이나 걸린다는 대상포진에 걸렸다. 몸의 여기저기를 방망이로 두들겨 맞은 듯한 통증과 등을 칼로 찌르는 듯한 통증이 지속되었다. 내 몸의 면역력이 빨간불을 켜며 위험 신호를 보내왔다. 나뿐 아니라 많은 엄마들이 오늘도 이렇게 제 몸이 망가지는 줄 모르고 아이들을 길러낸다.

그래서 엄마란 존재는 정말 위대하다. 엄마가 되는 순간부터 우리는 내 아이를 돌보고 지켜내기 위해 엄청난 책임감으로 무장한다. 물론 아기에 대한 사랑과 모성이 그 바탕에 깔려 있다. 하지만 체력이 바닥을 칠 때는 모성이고 나발이고 아이들이 너무나 버겁게 느껴지기도 한다. 끊임없이 보채고 요구하는 아이들에게서 해방되어 잠시만이라도 숨 돌릴 틈과 휴식이 주어지길 원했다.

하지만 오늘날 핵가족의 육아 현실에서 엄마에게 휴식은 과분한 기대다. 대부분의 육아맘들은 온종일 좁은 집에서 아이들과 씨름하느라 지치고 고단한 하루를 보낸다. 워킹맘들 또한 하루 종일 일하고 파김치가 된 몸으로 퇴근한다. 그러곤 다시 집으로 출근한다.

과거에는 대가족이 함께 살면서 할머니, 할아버지, 친척들 속에서 아이들이 함께 자라났다. 한동네의 이웃집 아이들과 한데 어울리면서 마을 사람들이 아이들을 함께 돌봐주기도 했다. '한 아이를 키우려면 온 마을이 필요하다.'라는 아프리카의 속담도 있다. 그만큼 아이를 키우는 것은 어마어마한 노고와 에너지가 필요한 일이다.

그런데 지금은 오로지 핵가족의 부부가 아이들의 양육을 책임져야 한다. 일단 아이가 생기면 남자가 우선적으로 생계에 대한 책임을 지는 경우가 많다. 따라서 여자는 맞벌이든 전업주부든 육아와 살림에 대한 전적인 책임을 떠안는 경우가 많다. 친정이나 시댁의 도움을 받는 복 받은 엄마들도 있지만, 그 역시 마음 한편에는 아이와 부모에 대한 죄책감을 지울 수 없다.

## 극기 훈련과 맞먹는 육아의 세상

아이를 키우는 일상은 엄마들에게 극기 훈련장과도 같다. 아이들은 엄마의 인내심을 끊임없이 테스트한다. 쉬지 않고 움직이며 집에 있는 모든 것들을 실험하고 사고를 친다. 우리 아이들은 이불과 인형을 좋아해서 집에 있는 이불이란 이불과 인형들을 매일같이 꺼내어 이 방 저 방으로 끌고 다니기를 좋아했다. 아이들의 능력은 놀랍고도 대단하다. 삽시간에 집안을 온통 쑥대밭으로 만들어버리니 말이다.

아이들이 커갈수록 엄마의 목소리는 점점 커지고 잔소리가 늘어난다고 한다. 나도 마찬가지였다. 때론 머리 꼭대기까지 화가 나서 매를 들거나 소리를 질러대기도 한다. 아이들을 크게 혼내고 울다 잠이 든 아이를 보면서 뒤늦은 후회에 혼자서 눈물을 적신다.

언젠가 너무 힘든 날에 엄마에게 물었다.

"엄마는 도대체 우리 셋을 어떻게 키웠어?"

"너희는 그냥 순해서 잘 자랐어. 그때는 그냥 컸어."

그러면서 "애들 키우기 힘들지? 그래도 진짜 대단하다. 우리 딸은 장사야, 장사." 그 말에 눈물이 핑 돌았다. 엄마의 그 한 마디에 큰 위로를 받은 듯했다.

어린 시절 우리 엄마가 우리에게 그랬듯이 우리 아이들에게 우리는 우주의 중심이다. 누가 뭐래도 당신은 당신의 아이들에게 우주의 중심이다. 그래서 엄마들은 오늘 어떤 고단한 하루를 보냈더라도 자신에게 힘을 주고 스스로를 일으켜주어야 한다.

엄마가 된다는 건 예측할 수 없는 새로운 세상으로 들어가는 것이다. 그것은 수없이 많은 고통과 쓰디쓴 인내라는 좁은 길을 통과해야 한다. 그 길을 통과하며 우리는 인생에서 가장 달콤한 행복과 축복 그리고 내적 성장이라는 선물을 받는다.

**자존감은 작지만 반복된 성취를 통해 만들어지는 기술입니다**

잘 못하는 것은 아직 '익숙하지 않기' 때문입니다. 익숙해지면 그렇게 나를 괴롭히고 힘들게 했던 것들도 아무렇지 않게 됩니다. 내 성격이나 기질 탓이 아니라 '익숙함의 문제'로 모든 것을 돌려버리세요. 익숙해지는 속도는 물론 개인차가 있지만, 그것은 어쩔 수 없는 부분입니다. 익숙해지면 다 똑같습니다. 이 '익숙함'을 위해 의식적으로 꾸준히 연습해야 '기술'을 얻을 수 있습니다. 자존감은 작지만 반복된 성취를 통해 만들어지는 기술입니다.

– 사이토 다카시, 『결국은, 자존감』

# 03 나는 과연 좋은 엄마일까?

<blockquote>
다른 사람이 어떻게 생각하는지는 상관없으며,
오직 당신이 어떻게 생각하는지만 중요할 뿐이다.
다른 사람을 용서하는 것만이 천국으로 향하는 길이며,
당신이 원래 있던 곳으로 돌아가는 길이다.
- 마리안 윌리엄슨(미국의 영적 교사, 작가)
</blockquote>

## '좋은 엄마'의 꿈에는 '이상적인 아이'가 따라붙는다

아이의 출산을 준비하며 엄마들은 누구나 좋은 엄마가 되길 꿈꾼다. 많은 엄마들에게 어떤 엄마가 되고 싶은지를 물어보면, '아이와 소통하는 다정하고 친구 같은 엄마'가 되고 싶다고 대답한다. 아이와 더 많은 추억을 만들고, 행복하고 즐거운 육아를 하고 싶다고 한다. 어떤 아이로 키우고 싶으냐는 질문에는 대부분 건강하고 행복한 아이로 키우고 싶다고 말한다. 그리고 자존감 있는 사람이 되기를 바란다고 덧붙인다.

나 또한 그랬다. 밤마다 동화책을 읽어주고 태교 일기도 써가며 아이를 맞을 준비를 했다. 그런데 육아를 하며 '나는 좋은 엄마일까?'라고 스스로에게 물을 때면 나는 내가 생각하는 좋은 엄마가 아니었다. 그런 현실이 나를 힘들게 했다.

다른 아이들에 비해 성장 속도가 뒤떨어지면 마음이 불안하고 조급해졌다. 아이에 대한 책임감으로 몸과 마음, 온 신경까지 곤두세우며 긴장을 풀지 못하고 애를 썼다. 아이를 키우며 늘 쫓기듯이 하루를 보냈다. 그러다 몸의 면역력이 무너지며 대상포진이나 잦은 감기, 몸살 등에 걸렸다. 한동안은 아이와 릴레이 경주를 하듯 감기가 끊이질 않았다. 대수롭지 않게 여겼던 감기몸살도 계속되니 그만한 고역도 없었다. 아이를 키우는 기쁨은 도대체 어디에 있는 것인지 알 수 없는 날들이 이어졌다.

나도 살아야겠다는 생각이 들었다. 어린이집에 적응시킬 때는 우는 아이를 놔두고 매몰차게 돌아서곤 했다. 내 뜻대로 아이를 끌고 다녀 낭패를 보았던 일도 자주 있었다. 발레에 대한 로망으로 문화센터에 등록했다가 내 무릎을 떠나지 못하는 아이들 때문에 녹초가 되기도 했다. 아이들이 4살 때 놀이동산 1년 치 쿠폰을 끊어서 남편이 쉬는 날마다 아이들을 끌고 다니기도 했다. 단지 엄마의 욕심이었다. 그때 아이들은 놀이기구 타는 것을 무서워했다. 너무 많은 자극에 부담스러웠는지 신나게 즐기지 못했다. 아이들의 짜증과 징징거림으로 나도 스트레스를 받고 돌아오곤 했다. 본전 생각에 괜히 아이들을 타박했다.

화내지 않고 울리지 않고 웃으면서 아이를 키우고 싶었다. 아이가 내 뜻에 잘 따라 모범적으로 성장하기를 바라며 육아에 대한 유능감을 느끼고 싶었다. 그러나 현실의 우리 아이들을 보면서 수없이 좌절했다. 돌아보면 '좋은 엄마'에 대한 집착과 '이상적인 아이'에 대한 기대로 인해 더 힘들었던 것 같다.

### 끊임없이 통제하고 잔소리하는 엄마

아이들이 자랄수록 엄마의 아이에 대한 기대와 욕심은 커져만 간다. 자녀가 중고등학생인 엄마들을 만나면 유아를 키우는 엄마들이 겪는 좌절과는 차원이 달라진다. 내 아이가 부모의 기대를 충족시키는 착한 아이거나 모범생일수록 부모의 기대치는 더 높아진다.

많은 엄마들이 아이들을 좋은 대학에 보내고, 사회에서 인정받는 사람으로 만들기 위한 매니저 노릇을 자청한다. 그렇게 하는 것이 마땅히 그래야 할 엄마의 역할이라고 여기는 듯하다. 저학년 때는 예체능, 고학년부터는 본격적인 학업 모드로 들어간다. 엄마들은 경쟁에서 뒤처지지 않는 아이로 만들기 위해 정보를 모으고 연구한다.

현대인의 번아웃 증후군은 이제 성인뿐만 아니라 초등학교 고학년부터 시작된다고 한다. 아이들의 성공을 위해 너무나 많은 엄마들이 자신의 인생을 건다. 우리 부모들은 미래에 대한 불안 때문에 아이들에게 획

일적인 공부를 강요한다. 부모의 욕심과 기대에 아이들이 너무나 지치고 큰 상처를 받고 있는 걸 보면 참 안타깝다.

이미 세상은 과거의 성공 방식이 통하지 않는 새로운 시대로 접어들었다. 인공지능이 대부분의 직업을 대체하게 될 것이며, 열심히 공부하고 암기한 것들은 대부분 쓸모없는 것으로 전락하는 세상이 되어가고 있다. 공부 잘하는 것이 미래의 성공을 보장하지 못하는 세상이다. 그런 세상이기에 아이들의 진정한 성공을 원한다면 더욱 더 내 아이를 제대로 볼 수 있는 눈이 필요하다.

사람은 누구나 자신만의 재능을 씨앗으로 타고난다. 자신만의 개성과 타고난 재능과 강점으로 승부를 걸어야 한다. 우리 아이가 물질적 성공만이 아닌 행복하게 성공하기를 원한다면 더욱 그래야 할 것이다. 자신의 소질을 제대로 발휘할 수 있을 때 우리는 진정한 행복을 느끼기 때문이다. 그러기 위해 엄마인 나부터 의식을 변화시켜야 한다.

누구나 자발적인 의지와 선택이 아니라 누군가로부터 강요받은 것은 하기 싫은 마음이 든다. 누군가에게 강요받을 때 우리 안에 있는 자발적 동기가 훼손되기 때문이다. 공부가 하기 싫고 재미없는 것, 억지로 해야만 하는 것이 된다면 그것은 아이에게서 공부의 즐거움을 빼앗는 것이 된다.

공부에 재능이 있는 아이라면 공부를 할 수 있도록 충분히 지원해주는 것이 맞을 것이다. 그러나 아무리 공부에 재능이 있는 아이라도 공부가 반드시 해야만 하는 것이 될 때는 내적 동기를 잃게 만든다는 것을 명심했으면 좋겠다. 오히려 하지 말라고 하면 더 하고 싶어지는 게 인간의 심리다. 그래서 엄마가 더 지혜로워져야 한다.

가수 이적의 부모님은 세 아들을 모두 서울대학교에 보낸 것으로 유명하다. 그 비결이 무엇인지를 묻는 질문에 이적은 "어머니의 교육비법은 공부를 안 시키는 것"이라고 했다. 단 한 번도 공부를 하라고 이야기한 적이 없다는 것이다. 어머니는 "공부는 엄마를 위한 것이 아니라 네 일이니 네가 알아서 하라"고 강조했다고 한다. 그러니 스스로 자신의 앞가림과 미래에 대해 고민하고 생각해야 했을 것이다.

공부에 재능이 없는 아이라면 분명히 다른 재능을 타고난다. 그런 아이들에게 공부하라는 잔소리는 더욱 더 도움이 되지 않는다. 공부 재능은 여타의 수많은 재능 중에 단 한 가지에 불과할 뿐이다. 아이가 타고난 재능과 강점에 눈을 돌려 그것을 키워주는 것이 아이의 행복한 성공을 위한 지름길이 된다. 스스로의 결정으로 자신이 원하는 것, 좋아서 할 수 있는 일을 찾아내는 것이 눈앞의 성적보다 훨씬 중요하다고 생각한다.

지금 전망 좋은 직업의 대다수는 우리 아이들이 성인이 되는 시기가 오면 대부분 기계가 대체하게 될 것이다. 대체 불가능한 자신만의 잠재력을 갈고닦는 것이 더 중요하지 않을까? 아이 스스로 선택할 수 있는 자율성과 어려움을 극복할 수 있는 회복탄력성을 키워주는 게 더 필요하다는 생각이 든다.

많은 엄마들이 오늘도 좋은 엄마가 되기 위해 고군분투하고 있다. 그런데 정작 중요한 것은 놓치고 있는 것 같다. 내 아이를 행복한 아이로 키우고 싶다는 마음은 현실의 제도권 속에서 자꾸만 길을 잃고 만다. 아이가 커갈수록 나 또한 이 부분에 대해 더 고민하게 될 것이다.

### 아이를 있는 그대로 보는 엄마, 스스로 행복한 엄마

과연 좋은 엄마는 어떤 엄마일까? 아이를 위해 희생하고 헌신하는 엄마가 좋은 엄마일까? 아무리 힘들어도 인내하고 사랑으로 대하는 엄마는 현실적으로 불가능하다는 것을 알았다. 물론 아이가 너무 순하거나 천성적으로 아이를 돌보는 데 탁월한 능력을 갖고 있는 엄마들도 분명 있다. 하지만 나와 같은 보통의 엄마들한테는 너무나 쉽지 않은 일이다. 아이를 위해 희생하고 참다가 쌓아둔 감정을 더 크게 폭발시키는 악순환이 반복된다.

내가 내린 결론은 '좋은 엄마 콤플렉스'를 내려놓고, 적당히 괜찮은 엄마가 되자는 것이다. 자신에 대한 기대치를 현실에 맞게 조정해보자. 좋은 엄마가 되려고 하기보다는 나답게 건강하고 행복한 엄마가 되었으면 좋겠다. 나는 내 상태가 좋을 때 더 좋은 엄마가 될 수 있었다. 내 상태가 안 좋으면 똑같은 일로 더 많이 짜증내게 되기 때문이다.

그리고 내 아이에 대한 기대를 조금씩만 내려놓자고 말하고 싶다. 아이들의 스케줄을 짜고, 내 뜻대로 끌고 다니며 압박하는 엄마는 되지 않았으면 좋겠다. 엄마에게도 아이의 인생에도 결코 도움이 되지 않기 때문이다.

내가 생각하는 좋은 엄마는 아이를 있는 그대로 보는 엄마다. 아이가 타고난 씨앗이 무엇인지에 관심을 갖고, 그것을 꽃피울 수 있도록 믿어주고 지지해주는 엄마다. 엄마의 생각을 강요하는 것이 아니라 "네가 정말 원하는 것은 뭐니? 네가 요즘 하고 싶은 것은 뭐니? 무엇에 관심이 있니?"라고 묻고 아이의 대답에 귀 기울여주는 엄마다. 아이에게 선택의 기회를 줘서 스스로 선택하고 자신의 인생을 살아갈 수 있도록 격려해주는 엄마다.

한쪽으로만 너무 치우치지 않고, 엄마의 행복과 아이의 행복이 적절한 균형점에서 만나는 것. 이것이 내가 추구하는 목표다. 물론 균형점을 찾아가는 과정은 지금도 그렇고 앞으로도 여러 번 비틀거릴 것이다. 하지만 자전거를 배울 때 언젠가 보조 바퀴를 떼고 두발 자전거를 탈 수 있게 되듯이 언젠가 신나게 달리게 될 것이라 믿는다. 우리 아이들이 어느 정도 자라면 이야기해줄 것이다. 엄마는 일방적으로 희생하는 좋은 엄마보다 너희와 함께 행복한 엄마가 되기를 원한다고.

**강해야 할 때는 강하게 부드러워야 할 때는 부드럽게**

타인을 과도하게 허용하는 것은 자신에 대한 학대다. 온화하고 선량한 것도 좋지만 필요하다면 자신을 위해 싸울 수 있는 무기인 까칠함도 갖춰야 한다. 강해야 할 때는 강하게 부드러워야 할 때는 부드럽게 변할 줄 아는 사람들이 인간관계에서 자신을 지킬 수 있다.

– 무옌거, 『착하게, 그러나 단호하게』

# 04 엄마가 아닌 나는 어디로 가버린 걸까?

당신은 최고의 행복을 누릴 자격이 있습니다.
– 루이스 헤이(미국의 강연가, 작가)

## 엄마는 아이를 위한 24시간 비상대기조

"언니, 도대체 언제쯤이면 육아가 수월해질까요? 혼자서 애들 감당하는 게 너무 힘드네요."

그녀는 이번 주말에 남편의 출장으로 독박육아를 해야 하는데 벌써부터 겁이 난다고 한다. 장난꾸러기 아이들을 상대하다 보니 점점 잔소리가 늘어나고 매일 소리를 지르게 된다고 한다. 누구보다도 아이들을 사랑하고, 아이들과 행복한 시간을 보내고 싶은데 그게 잘 안 된다는 것이다. 그렇게 아들 둘과 씨름하며 정신없는 하루를 보내고 나면 자신이 사라져버린 듯한 기분이 든다고 한다. 사실 많은 엄마들의 고민과 다르지 않을 것이다.

아이를 낳고 키우는 순간부터 우리가 사용하는 시간과 공간은 지금까지와 완전히 달라진다. 한가롭고 평화로운 시간을 보내는 것은 그림의 떡이 되어버린다. 집안 곳곳은 온통 아기용품으로 점령당한다. 아이의 울음소리에 자다가도 벌떡벌떡 일어나 기저귀를 갈고 젖을 먹인다. 매일 아이를 씻기고 옷을 갈아입히며 아이를 살핀다. 어디서든 아기의 울음소리가 들리면 내 아이가 우는 것 같아서 정신이 번쩍 든다. 엄마는 늘 긴장 상태로 아이 옆에서 비상대기조가 된다.

아이들이 좀 자라면 행동반경이 점점 커진다. 그리고 자아를 형성해간다. 자기 마음대로 하겠다고 고집을 부리며 집안을 초토화시키곤 한다. "싫어.", "내가 할 거야."를 연발하며 엄마의 인내심을 테스트하기도 한다. 뭔가에 마음이 상하면 온몸으로 분노를 터뜨리며 거침없이 울어댄다. 롤러코스터처럼 자유로운 아이들의 감정은 엄마의 혼을 쏙 빼놓기 일쑤다.

엄마는 아이의 몸과 마음을 돌보기 위해 온갖 노력을 다 기울인다. 엄마의 하루는 쉼 없는 육체노동과 감정노동으로 빼곡하게 채워진다. 그래서 정작 엄마 자신의 감정은 위태위태하게 날이 서곤 한다. 그러다 참고 있던 감정이 폭발하는 악순환을 반복하게 된다.

### 내가 지금 뭐하는 거지? 이러려고 사는 건가?

그럴 때면 '미친년처럼 소리 지르고 협박하고…. 내가 지금 뭘 한 거지? 우리 아이 제대로 키우고 있는 건가?' 하는 생각이 들기도 한다. 그러다가 '난 뭐하고 있는 거지? 하루 종일 아이 뒤치다꺼리하고 밥하고 빨래하고 살림하려고 내가 태어났나? 나 제대로 살고 있나?' 하는 생각에 빠지기도 한다. 아이들과 지지고 볶으며 하루 일상을 보내다 보면 자신이 초라하고 보잘것없이 여겨지기도 한다.

아프지라도 않으면 그나마 다행이다. 그런데 아이들은 면역력이 약해 걸핏하면 아프기 마련이다. 아이들이 아플 때 엄마의 마음은 더욱더 애탄다. 하루가 다르게 성장하는 아이들을 위해 매일매일 무얼 먹일까 고민하는 것도 보통 일이 아니다. 밥상을 차리고 치우고 집안을 정리하다 보면 하루해가 다 간다. 그렇게 반복되는 일상을 보내다 보면 어느 순간 '나는 어디에 있지?'라는 생각이 드는 날이 있다.

엄마들은 그날그날 쌓인 임무를 완수하기 위해 자신을 던진다. 행복보다는 책임감으로, 사랑보다는 의무감으로 하루를 보내곤 한다. 그러다 보니 정작 중요한 나 자신은 완전히 뒷전이 되어버린다. '엄마가 아닌 나는 어디로 가버린 걸까?' 나는 텅 비어버리고 사라져버린 것만 같다. 이 허전하고 공허한 느낌의 정체는 뭐지? 엄마들의 몸과 마음 건강에 적신호가 켜진다.


나도 그랬다. 계속되는 고강도 감정노동과 체력의 고갈로 한동안 수렁에 빠진 듯한 나날을 보냈다. 초라하고 시든 나의 모습을 보며 점점 더 무기력하고 우울해졌다. 몸도 마음도 한없이 추락하는 것 같았다.

어느 날 외면하고 피해왔던 거울 속의 나를 마주했다. 나의 모습은 너무나 지치고 힘들어 보였다. 좋은 엄마가 되고 싶었다. 행복하고 다정한 엄마가 되겠다고 결심했었다. 그런데 거울 속의 나는 하나도 행복하거나 다정해 보이지 않았다. 뭔가 불만족스럽고 성이 난 듯 보였다.

그런 내 모습을 보던 어느 날, 달라져야겠다고 결심했다. 때때로 우리 아이들에게 무시무시한 마녀로 둔갑해버리는 내 모습을 보면서 내가 먼저 변해야겠다는 생각이 들었다. '내가 정말 원하는 것은 뭐지? 어떻게 하면 내가 더 행복하고 건강한 엄마가 될 수 있지? 어떻게 하면 달라질 수 있을까?'라고 나에게 다시 묻기 시작했다. 나는 시간을 내어 그동안 보지 못했던 나를 돌아보고, 돌보기 시작했다.

## 진정한 나를 찾고 무너진 자존감을 바로 세울 때

아이들이 자라면 조금씩 육체적으로 힘든 점이 줄어든다. 대신 정신적인 스트레스가 많아진다. 친한 언니의 아들은 중학교 때 사춘기를 맞이했다. 언니는 외동아들을 잘 키우기 위해 물심양면의 헌신을 아끼지 않았다. 아이는 반에서 반장도 하고 공부도 곧잘 했다. 선생님으로부터 칭찬도 자주 듣고 주변 엄마들로부터 부러움도 많이 받았다. 그래서 언니는 엄마로서 자부심을 많이 느끼곤 했다. 그런데 그렇게 애지중지 키우고 자랑스럽던 아들이 중학생이 되자 달라졌다고 한다. 자기 방문을 딱 걸어 잠그며 엄마는 들어오지도 못하게 했다. 그게 참 기가 막히고 서운하더란다.

그보다 더한 것은 언니가 몸이 아파 한동안 병원 신세를 진 적이 있었다. 그런데 아이가 무관심하더란다. 엄마가 몸이 불편하니 도와달라고 하면 모른 척하고 신경 쓰지 않는 아들을 보면서 자존감이 무너져 내렸다. '내가 아이를 잘못 키웠구나. 어떻게 키운 자식인데 우리 아이가 이럴 수 있을까?' 하는 속상함과 배신감에 한동안 우울증까지 왔다고 한다.

사춘기를 키우는 많은 엄마들의 고민이다. 요즘은 초등 고학년만 되어도 사춘기에 접어든다. 급격히 변화한 아이의 모습에 엄마들은 혼란스럽다. 우리 아이는 안 그럴 줄 알았는데 눈앞의 현실은 냉정하기만 하다. 그동안 엄마로서 모든 걸 감내하고 희생했는데 그에 대한 결과에 실망스럽기만 하다. 엄마는 갑자기 마음 둘 곳이 없어져버린다. 마치 낙동강 오리알 신세가 되어버린 듯하다.


어느 날 문득 엄마들은 영혼에 구멍이 뚫린 듯한 헛헛함과 공허함을 느낀다. '그럼 나는 뭐지?' 하면서 잃어버린 자기 자신을 찾는다. 사실 그때가 진정한 나를 돌아보는 여행을 시작할 기회가 된다. 이제 역할이 아닌 존재에 대한 물음이 필요하다.

나는 엄마, 아내, 며느리, 직장에서의 어떤 역할이기 이전에 '나'다. '나는 누구인지, 내가 진정 원하는 것은 무엇인지. 나는 어떻게 살고 싶은지'

에 대한 답을 찾아야 할 때이다.

엄마가 되어 누군가를 키운다는 건 생명에 대한 책임을 지는 거다. 엄마는 아이의 가장 중요한 롤모델이다. 엄마가 바로 서야 아이가 제대로 큰다. 흔들리지 않는 엄마 마음의 중심 잡기가 필요하다. 그것은 진정한 나를 만나고 찾을 때 가능하다고 본다.

'행복할 거라 믿었던 육아가 왜 이렇게 힘겹기만 한 것일까? 나는 엄마로서 자격이 부족한 걸까?', '내 마음에 채워지지 않는 허전함과 공허함은 뭐지? 엄마가 아닌 나는 어디로 가버린 걸까?' 지금 이런 생각들이 자신을 괴롭힌다면 우울해하는 대신 자신을 격려해주자.

그동안 당신은 아이를 위해 충분히 애쓰고 고군분투하며 노력해왔다. 이제 시간을 갖고 나를 돌아볼 때가 되었다. 지금부터 나 자신을 위한 여행을 떠나보자. 진정한 나를 만나고, 무너진 자존감을 바로 세울 때이다. 끊임없이 흔들리고 불안한 엄마 대신 나답게 건강한 엄마가 되자. 이 책이 무너진 자존감을 회복하고 행복한 엄마가 되는 데 도움이 되기를 바란다.

**자신을 부정적으로 보는 것은 습관 때문이다**

자존감이 낮은 이들의 마음은 '밑 빠진 독'과 같다. 마음이 비어 있기에 외부 자극이나 타인의 반응에 쉽게 흔들리고 늘 공허함을 느낀다. 그럴수록 외부에서 무언가를 찾아 그 구멍을 메꾸려 한다. 그것은 사랑일 수도 있고, 돈일 수도 있고, 칭찬이나 인정, 끊임없는 성취욕일 수도 있다. 못나게 태어나서가 아니라 어려서부터 자신에 대해 부정적으로 바라보도록 오랜 시간 습관이 되었기 때문이다.

— 문요한, 『굿바이 게으름』의 저자

# 05 세상에 어떻게 이럴 수 있어?

자신이 완벽해야만 자신을 사랑할 수 있다면,
당신은 온 인생을 낭비하게 될 것이다.
당신은 있는 그대로 완벽하다.
－루이스 L. 헤이(미국의 강연가, 작가)

## 완벽주의가 엄마와 아이 모두를 병들게 한다

완벽주의는 자기 자신뿐 아니라 주변 사람들까지 지치고 아프게 만든
다. 일을 할 때 완벽함에 대한 추구는 능력을 발휘하게 하고 우리를 발전
시키기도 한다. 하지만 그것에 너무 집착할 때 삶의 균형이 깨지고 관계
에 문제가 생긴다.

완벽에 집착할 때 자존감은 떨어지고 삶을 즐길 수 없게 된다. 끊임없
이 무언가를 해야 한다는 강박으로 마음이 쉬지 못하고 늘 쫓기듯이 살
아가게 된다. 속도에 대한 압박이 자신을 짓눌러 삶의 여유를 잃어버리
고 녹초가 되기도 한다. 완벽주의는 언제나 빈틈과 부족한 것에 집중하
기에 만족을 모른다. 그래서 마음이 늘 불안하고 허전하다.

나는 어떤지 자문해보자. 모든 것을 너무 잘하려고 하는 마음으로 긴장하고 애쓰면서 살고 있지는 않은가? 높은 기준과 엄격한 잣대를 들이대 현실의 나는 열등하고 부족한 것투성이로 보이는가? 나 스스로 자신을 혼내고 다그치며 아프게 하고 있지는 않은가? 다른 사람의 시선과 밖에서 보이는 나의 겉모습에 너무 많은 신경을 쓰면서 살고 있는가?

사소한 것들에 신경 쓰느라 정작 중요한 것들은 놓치고 있지는 않은가? 행복하고 좋은 모습만 보이고 싶어서 그렇지 않아도 늘 괜찮은 척하며 살고 있지는 않은가? 다른 사람의 평가와 실수에 대한 두려움으로 도전을 피하다 보니 그렇고 그런 시든 삶을 살고 있지는 않은가?

완벽주의는 사실 우리 누구에게나 있다. 분야가 다를 뿐, 정도의 차이가 있을 뿐 나를 힘들게 하는 그곳에 완벽주의가 있다. 완벽주의의 생각은 '아직 부족해.', '반드시 ~해야만 해.', '절대로 ~하면 안 돼.' 등이 있다. 그리고 그런 생각이 진리인 양 붙잡는다. 그것에서 빠져나올 수 있다는 걸 허락하지 않는다. '어떻게 그럴 수 있어? 절대로 용납 못 해.'라는 말을 사용한다. 경직된 사고로 엄격한 심판자와 감시자가 되어버린다.

완벽주의는 자기 자신뿐만 아니라 아이를 병들게 한다. 완벽주의 부모는 내 아이를 사랑하고 위한다는 명목으로 '자기 자신'이 아닌' 다른 나'가 되라고 강요한다. 아이에게 정말 필요한 것이 무엇인지보다 사회에서 인정받는 아이가 되는 걸 더 중시한다. 그래서 아이의 목소리를 듣기보다 내 아이를 고쳐야 할 대상으로 바라본다. 나도 모르게 내 뜻대로 아이를 통제하고 심판한다.

아이가 어릴 때는 힘이 없기에 부모가 강압적이고 통제적일수록 부모에게 맞춘다. 하지만 어느 정도 머리가 크면 가슴에 부모에 대한 원망과 분노를 쌓아간다. 아이들은 부모의 기대와 강요로 인해 자신의 자유와 선택에 대한 욕구를 빼앗긴 것에 반발심을 느끼고 저항하게 된다. '학생은 무조건 공부해야만 해.'라는 공부에 대한 압박이 대표적인 예이다. 많은 부모들이 자녀의 미래에 대한 걱정과 불안으로 공부 잘하는 모범적인 아이를 만들기 위해 노력한다.

## 아이를 엄마의 자랑거리로 만들려고 하지 마라

『엄마 반성문』이라는 책의 저자인 이유남 씨는 잘나가는 학교 선생님이었다. 그녀는 자신이 원하는 대로 아이들을 누구나 부러워하는 '엄친아'로 키웠다고 한다. 공부 잘하는 아이, 상을 많이 받는 아이, 임원을 하는 아이가 목표였고, 아이들은 늘 엄마의 기대를 충족시켜주었다. 그녀는 아이들을 엄마의 자랑거리로 키우려고 했다고 고백한다. 그런데 그렇게 잘나가던 아이들이 갑자기 돌변했다. 고3, 고2 때 돌연 자퇴를 선언한 것이다. 힘들어서 더 이상 학교에 못 가겠다는 것이 그 이유였다.

그녀가 얼마나 큰 충격을 받았을까? 아마도 하늘이 무너지는 것 같은 심정이었을 것이다. 그 사건으로 인해 그동안 쌓아왔던 자랑스러운 아이들의 완벽한 엄마라는 자존심은 무참히 짓밟혔다. 한편 얼마나 힘들었으면 아이들이 그런 선택을 했을까 싶다. 그녀는 어떻게든 마음을 돌려보려고 협박을 하기도 하고, 구슬리고 달래봤다고 한다. 하지만 어떤 방법으로도 아이들의 닫힌 마음을 열 수는 없었다.

학교를 그만둔 아이들은 오로지 집에만 틀어박혀 지냈다. 두 아이는 양쪽 방문을 걸어 잠그고 그 안에서 홀로 생활했다. 먹고 자는 시간 외에는 게임 중독, 미디어 중독으로 폐인 같은 생활을 보냈다. 그런 생활이 무려 1년 반 동안이나 이어졌다.

그녀의 자존감은 땅바닥에 떨어졌다. 하지만 이 사건을 계기로 그 동안 엄마로서 자신이 무엇을 잘못했는지 뼈저리게 돌아보는 계기가 되었다고 한다. 그래서 가슴이 녹아내리는 심정으로 자신을 반성하며 『엄마 반성문』이라는 책을 쓰게 되었다고 한다. 그녀는 '사랑'이라는 이름으로 자녀들을 불행하게 만들고 있는 이 땅의 부모들이 더 이상 자신과 같은 실수를 저지르지 않았으면 좋겠다고 말한다. 자녀를 엄마의 자랑거리로 삼으려는 어리석음을 내려놓자고 이야기한다.

### 아이가 마음대로 안 된다니, 누구를 위해서인가?

아이가 내 마음대로 되지 않아 힘들다면 한번 멈추어 생각해보자. 우리 아이들에게 하는 말과 행동이 정말 우리 아이를 위한 것일까? 아이에 대한 나의 기대가 사랑에서 나온 것일까? 아니면 내 안에 있는 어떤 결핍이나 두려움에서 나온 것일까? 아이를 통해 자신의 과거를 보상받고 싶은 마음이 아이에 대한 과한 기대와 집착을 만드는 것은 아닐까?

내 아이는 내 뜻대로 되지 않는다. 내 마음대로 통제하려고 할 때 문제가 된다. 오히려 엄마의 욕심과 기대를 내려놓으면 아이는 더 잘 자란다. 아이가 보여주는 단기간의 성과가 아이 인생의 성공과 행복을 보장해주지 않는다는 걸 기억했으면 좋겠다.

완벽주의의 안경을 벗고 바라보면 내 아이는 이미 완전하다. 나에게 맡겨진 완벽하게 아름답고 귀한 영혼이다. 완벽주의는 열등감과 피해의식이 투사되어 세상에 반응하는 방식이다. 완벽주의라는 안경을 낄 때 우리는 이미 잘하고 있는 것, 이미 충분한 것은 보지 못한다. 잘못된 것과 부족한 것에 초점을 맞춘다. 완벽주의 마음 감옥에서 벗어날 때 나와 내 가족이 더 행복해진다.

그러면 어떻게 완벽주의에서 벗어나 좀 더 자유로워질 수 있을까? 몇 가지 방법을 제안한다.

첫째, 나의 집착이 나 자신과 주변을 얼마나 지치고 힘들게 하고 있는지를 자각한다. 사용하는 언어 중에 '절대로, 결코, 반드시, 무조건, 당연히, 어떻게 그럴 수 있어?'와 같은 말을 많이 사용하는가? 그런 말 이면에 나의 집착된 생각이 무엇인지 알아차려야 한다. '이 생각이 과연 진실일까? 꼭 그래야만 할까? 좀 더 유연해질 수 있는 방법은 없을까?'라고 자신에게 질문해본다.

둘째, 나의 부족함을 있는 그대로 받아들인다. 나는 부족하고 불완전한 존재라는 열등감을 허용하라. 내 안에 내가 억압하고 외면했던 나를 있는 그대로 인정하라. 숨기고 싶고 내가 싫어하는 못난 부분도 나다. 내 안에 있지만 내가 억누르고 외면하고 있는 나는 누구인가? 조급한 나, 불안한 나, 위축된 나, 가장 취약한 모습의 나를 있는 그대로 받아들이고 인정하라.

셋째, 빈틈없이 잘해야 한다는 압박과 기대를 내려놓고, 실수를 허용하라. 누구도 완벽한 사람이 될 수 없다. 성장이란 이상적인 나로 변신하거나 그런 척해서 얻을 수 있는 것이 아니다. 지금 있는 그대로의 나로 살 때 진짜 나(부족한 나)가 조금씩 자라는 것. 그것이 성장이다. 조금 더 실수할 수 있도록 자신을 격려하라. 자신이 원하는 일을 성패와 상관없이 시도하고 배워갈 수 있도록 자신을 응원하라.

우리는 모두 불완전한 존재이다. 불완전한 그대로 온전하게 가치 있는 존재다. 완벽하지 않은 나를, 부족함투성이의 나를 있는 그대로 받아들이는 연습을 해보자. 나는 우주의 관점에서 보면 티끌과도 같은 작은 존재이다. 그러면서 동시에 고귀한 가치를 지닌 영혼이라는 것을 안다. 아직도 자꾸만 다른 것을 걸치려고 하고, 누군가의 평가에 주눅 드는 것도 나다. 그러나 한편으로 점점 더 나다운 나가 되어가는 과정에 있다는 것을 안다. 우리 함께 완벽한 엄마에서 벗어나서 그냥 나다운 내가 되자. 그럴 때 가장 자연스럽고, 가장 아름다우며, 가장 힘 있는 내가 된다.

## 엄마의 자존감을 위한 한 줄 메시지

**아이의 문제를 대신 해결해주면 아이를 무능력하게 만든다**

자존감은 자기에 대한 신뢰에서 온다. 문제를 스스로 해결하고 극복해본 경험에서 온다.

부모의 과잉보호는 아이가 자신감을 가질 기회를 박탈한다. 아이가 마땅히 당해야 할 고통이라면 당하게 해야 한다. 아이의 문제를 대신 해결해주면 아이를 무능력하게 만든다.

– 이무석, 『나를 사랑하게 하는 자존감』

# 06 나는왜이모양이꼴이지

매일 명상하고, 기도하고, 용기를 주는 책들을 읽고, 대자연과 교감하라.
그럼으로써 당신 내면의 평화를 깨뜨리는 일상의
요소들로부터 거리를 둘 수 있다.
– 스티븐 R. 코비 (미국의 기업인, 작가)

## 밑도 끝도 없는 자기비난이 계속된다!

늦깎이 초보 엄마였던 나는 수없이 많은 날을 울면서 쌍둥이를 키웠
다. 늘 열심히 노력했지만 하루하루 전전긍긍하며 한계에 부딪히곤 했
다. 나의 지친 몸은 아이들의 강한 욕구를 제대로 충족시켜주기엔 역부
족이었다. 매일매일 아이들을 울리고 나도 따라 우는 육아전쟁이 이어졌
다. 특히, 아이들의 성장과정을 다른 아이들과 비교할 때면 마음이 전쟁
터가 되어버렸다.

우리 아이들은 무엇인가를 기다리는 것을 무척 힘들어했다. 원하는 것
이 있으면 바로바로 대령해 바쳐야지, 조금이라도 지체되면 서로 경쟁하

듯 울어댔다. 그래서 나는 늘 신경을 곤두세우고 긴장 상태로 있어야 했다. 하루에도 몇 번씩 긴급 상황이 발생했다. 그러면 어김없이 비상경보가 내려진다. 마치 사이렌이 울리는 것 같았다.

이 아이를 챙기면 저 아이가 울고, 저 아이를 챙기면 이 아이가 자지러졌다. 어디 가서 줄을 서서 기다리는 상황이 되면 바로 울음이 터져 나왔다. 두 아이를 달래고 진정시키느라 나는 진땀을 뺐다. 진득하니 의젓하게 기다리는 아이들과 비교하면 우리 아이들이 모자라고 한심해 보였다. 나는 기다리지 못하는 아이들을 성급하게 재촉하는 '기다리지 못하는 엄마'였다.


또한 우리 아이들은 낯가림이 많고 수줍은 기질이 있었다. 그러다 보니 누군가에게 인사하는 걸 힘들어했다. 할아버지는 손녀딸들의 인사를 받고 싶고 안아주고도 싶어 하셨다. 그런데 우리 아이들은 오로지 엄마 껌딱지였다. 친척들이 많이 모인 명절 같은 날에는 더 심해졌다. 다른 사람들에게도 예쁜 짓도 하고 팍팍 안기기라도 하면 좀 좋으련만 누가 쳐다보기만 해도 울었다. 낯가림이 없는 무던한 아이들과 비교하면 우리 아이들이 부족하고 문제가 있는 것처럼 보이기도 했다.

사실 아이들의 기질은 타고나는 것이라고 한다. 우리 아이들은 민감하고 수줍음이 많은 성향을 가지고 있다. 아주대학교 정신건강의학과 조선미 박사는 수줍은 기질의 아이들일수록 때가 될 때까지 강요하거나 재촉하지 말라고 말한다. 기다려주는 게 최선이라는 것이다. 하지만 나는 그런 아이들의 특성을 충분히 받아들이지 못했다. 까칠하고 예민한 성격의 아이들을 탓하며 못마땅해하곤 했다. 나도 모르게 다른 아이들과 비교하며 아이들을 바꿔보려 했다. 나는 부끄러워하는 아이들을 야속해하며 '부끄러워하는 엄마'였다.

다른 아이들과의 비교는 한순간에 내 아이를 못난이로 만든다. 비교를 통해 열등감이 생기면 그 마음을 아이들에게 투사한다. 있는 그대로 완전하고 사랑스럽던 아이들이 부족하고 한심하게 느껴지기 시작한다. 그렇게 내 아이의 부족한 면에 집중하면 그 화살은 다시 나에게 쏟아진다.

'내가 뭘 잘못하고 있나? 내가 태교를 잘못했나?'

'나는 엄마 자격이 부족한가봐. 나는 하던 일도 접고 쉬고 있으면서 아이들도 하나 제대로 못 키우고 있네.'

'나는 매일 밥하는 것도 청소하는 것도 힘들고, 제대로 할 줄 아는 게 도대체 뭐지? 어떤 엄마들은 일도 하면서 살림도 잘하고, 아이도 똑 부러지게 키우는데 나는 왜 이 모양 이 꼴이지?'

머릿속 생각들은 점점 더 확대되고 반복되면서 자꾸만 자신을 비하하고 아프게 한다. 비교에서 시작해서 밑도 끝도 없는 자기평가와 자기비난으로 가는 것. 이게 '마음지옥'에 빠지는 공식이다.

## 엄마의 무너진 자존감을 회복하는 방법

나뿐 아니라 대부분의 많은 엄마들이 아이를 키우며 자존감이 떨어진다. 어찌 보면 당연한 일이란 생각이 든다. 아이를 키운다는 건 예측 불가능한 혼돈의 세상에 발을 들여놓는 것과 같기 때문이다. 1살을 키우든 15살을 키우든 아이 나이만큼 볼 수 있으니 엄마는 늘 초보 엄마다. 우리는 아이에 대해 알지 못했고, 그것은 미지의 영역이다. 한편 아이를 키우며 나도 몰랐던 내 안의 상처와 열등감이 아이를 통해서 드러난다. 우는 아이, 자신감 없는 아이, 공부 못하는 아이를 참아내는 게 더 힘든 이유이다.

자존감이 중요한 이유는 그것이 우리 삶 전체에 영향을 미치기 때문이다. 건강한 자존감은 어떤 어려운 상황도 잘 극복하고 이겨낼 수 있는 마음의 바탕이 된다. 그래서 자존감은 마음 건강의 척도라고 할 수 있다.

많은 엄마가 내 아이가 행복하길 바라고, 아이의 자존감을 키워주기 위해 많은 노력을 하고 있다. 하지만 정작 중요한 자신의 자존감은 돌보지 않는다. 기억해야 할 건 엄마의 자존감이 곧 아이의 자존감이 된다는 것이다. 아이들은 엄마가 가지고 있는 자존감을 무의식중에 그대로 보고 배우기 때문이다. 그래서 내 아이의 자존감을 높이고 싶다면 먼저 엄마인 나의 자존감을 돌아보아야 한다.

어떻게 하면 엄마의 무너진 자존감을 세울 수 있을까? 내가 자존감을 회복하는 데 도움이 되었던 몇 가지 방법을 제안한다.

첫째, 비교를 내려놓고, 나를 사랑하는 연습을 하라는 것이다.

어느 날 돌아보니 내가 만든 부정적인 생각의 덫에 걸려서 허우적거리고 있다는 생각이 들었다. 비교와 비난의 목소리들이 나를 때리고 있었다. 나는 더 이상 시시콜콜 다른 아이들과 내 아이들의 속도와 기질을 비교하지 않기로 결심했다. 다른 아이가 아닌 내 아이를 보기로 했다. 나를 상처 입히고 아프게 하는 자기 학대를 내려놓고, 나를 사랑하는 연습을 시작했다. 그 결과 육아가 훨씬 쉬워지고 행복해졌다.

둘째, 몸을 단련하고 훈련하라.

아무리 마음이 건강해도 체력의 한계를 넘어서는 건 쉽지 않은 일이다. 몸이 무너지면 자존감도 함께 무너진다. 아이가 어릴수록 더 그렇다. 육아는 체력전이기 때문이다. 아이가 자랄수록 감정과 정신노동으로 옮아가는 것이 엄마의 일이다. 그렇다 해도 중요한 건 역시 몸의 건강이다. 건강한 몸에서 건강한 정신과 지혜가 나오기 때문이다.

셋째, 작은 목표를 세우고, 작은 성공을 많이 쌓아라.

지금 엄마로서 자존감이 없다고 여겨진다면 그것은 당신이 부족해서가 아니라 경험이 부족하기 때문이다. 아직 잘 알지 못하고 배워야 할 것이 많기 때문이다. 어떤 분야든 누구나 처음엔 서툴고 힘들지만 결국엔 점점 더 능숙해진다. 언젠가 당신은 노련한 엄마가 되고, 단단한 자존감을 갖추게 될 것이다.

매일매일 행동으로 옮길 수 있는 작은 목표를 세워보길 권한다. 그것은 아기 이유식 만들기, 반찬 만들기, 아이와 교감하기, 아이의 성장 기록하기 등 아이와 관련된 것일 수 있다. 더 나아가 생활의 활력을 주는 취미생활이나 하고 있는 일 또는 여러 가지 배움을 위한 활동일 수도 있다. 그것이 무엇이든 매일 조금씩 나아지고 있다는 성취감을 느낄 수 있는 작은 목표를 만들어보라. 그것에 도전하고 조금씩이라도 숙달되는 자기 자신에 감탄하라. 하루가 달라질 것이다.


넷째, 나 자신을 매일매일 인정해주자.

자존감은 자기 스스로를 좋게 여기는 마음이다. 언제 어디서든 '난 꽤 괜찮은 사람이야.'라는 생각이 든다면 건강한 자존감을 지닌 것이다. 자존감은 내가 무엇인가를 잘 해냈을 때 성취의 경험을 통해서 '자기효능감'과 함께 자란다. 또한 나는 존재 자체로 귀하고 가치 있는 사람이라는 내적 믿음에서도 나온다. 자기 인정은 자신에 대한 믿음을 회복하는 힘이 된다.

엄마로서 우리에게 어느 누구도 잘하고 있다고 칭찬해주지 않을지 모른다. 누군가 알아주지 않더라도 우리 스스로 먼저 인정해주자. 생명을 잉태하고, 미래의 꿈을 성장시키는 우리는 대단한 일을 해내고 있다. 오늘 하루도 잘 살아내느라 애쓴 자기 자신을 충분히 격려하고 인정해주길 바란다.

# 07 아이 말고 나한테 필요한 건 뭘까?

아무도 당신을 사랑해주지 않을 것이다. 게다가 당신도 아무도 사랑해줄 수 없다.
사랑은 자신을 사랑하는 것에서 시작한다.
– 웨인 W. 다이어(미국의 심리학자, 작가)

## 쉴 틈 없는 육아와 가사에 엄마는 번아웃 일보 직전

직장인들은 쉬는 날이라도 있지만, 엄마들은 휴일도 없다. 일터에서 파김치가 되어 집에 돌아오면 놀아달라고 보채는 아이들과 한차례 씨름해야 한다. 개야 할 빨래는 산처럼 쌓여 있고 닦아야 할 먼지도 차곡차곡 쌓여 있다. 유치원이나 학교에 가는 날이면 간신히 일어나는 아이들이 빨간 날엔 용케도 일찍 일어난다. 아이들의 왕성한 에너지는 집에만 있으면 '똘기'가 되어 나오곤 한다. 어떻게든 밖에 나가 넘치는 에너지를 풀어주어야 한다.

휴일도 없이 계속되는 육아와 가사노동에 엄마들은 오늘도 에너지가 방전된다. 끊임없이 아이들의 욕구를 돌보면서 자기 자신은 저만치 뒷전으로 밀린다. 그러다 보면 내면이 텅 비어버린 듯한 허전함을 느끼곤 한다. 육아로 인해 번아웃된 마음의 결핍감과 스트레스를 풀기 위해 엄마들은 나름의 해소법들을 찾는다.

어쩌다 아이들이 일찍 잠든 날에는 로또에라도 당첨된 기분이다. 그런 날은 모처럼의 자유 시간을 놓치는 게 아까워 언제 피곤했냐는 듯 정신이 번쩍 든다. 영화를 보거나 SNS를 하다 보면 하얗게 날이 밝아온다. 그러고 나면 다음 날은 더 고생이다. 음식으로 풀면 먹을 때는 좋지만 먹고 난 뒤 두둑해진 뱃살을 보면 쓰나미급 후회가 몰려든다. 이웃집 엄마와의 수다도 근본적인 해결책은 되지 못한다.

## 엄마의 에너지가 충분해야 아이를 받아줄 수 있다

엄마가 지치고 에너지가 고갈되었을 때는 아이들의 계속되는 요구나 작은 실수에도 벌컥 화를 내게 된다. 큰소리로 화를 내거나 아이를 울린 날엔 아이가 잠들고 나서 한없이 미안한 마음이 든다. 그게 몇 번 반복되다가 나중에는 습관이 되고 일상이 된다.

내 감정을 내가 컨트롤할 수 없게 되니 스스로 자괴감이 들고 자존감은 더 떨어진다. 그런 상태에서는 아이를 제대로 돌볼 수가 없다. 마음은 사랑을 주고 싶은데 실제로는 상처만 주고받는다.

엄마 노릇 참 쉽지 않다. 어떻게 하면 흔들리는 마음에 중심을 잡고,

행복한 육아를 할 수 있을까? 어떻게 하면 자꾸만 무너지는 엄마의 자존감을 지키며 우리 아이들을 더 사랑해줄 수 있을까? 무엇보다 엄마가 먼저 자기 자신을 더 돌보고 사랑해줘야 한다고 생각한다. 나를 사랑한다는 건 나를 위한 시간을 허락하는 것이다. 엄마에겐 자신의 내면을 돌보기 위한 시간이 필요하다. 아이를 돌보는 것과 자기 자신을 돌보는 것 사이에서 적당한 균형을 찾아내는 것이 핵심이다.

그리고 나에게 중요한 욕구가 무엇인지 돌아보고 그것을 자신에게 주어야 한다. 나에게 필요한 것은 무엇이지? 나를 기운 나게 만드는 것은 뭘까? 내 몸에 좋은 건강한 음식 또는 충분한 휴식이 필요한가? 그렇다면 자기 자신을 위해 짬을 내서 시간을 써야 한다. 좋은 책, 긍정적인 생각, 운동, 새로운 것 시도하기 등 무엇이든 좋다. 나를 더 살아나게 하고, 더 활력 있게 만들어주는 것들은 무엇일까? 한번 적어본다면 더 명확하게 알 수 있게 된다.


"언니, 우리 애는 유치원에 갈 때 밥을 1시간이나 먹어요. 아침마다 밥 먹이느라 전쟁이 따로 없어요. 어떻게 해야 할지 모르겠어요."

후배의 고민이다. 식사 시간만큼은 가족과 함께 오붓하게 먹고 싶다고 한다. 반찬 서너 가지에 국까지 차려주지만 꾸물거리기만 하고 잘 안 먹는다고 한다. 사실 아이 키우는 엄마에게는 이런 사소한 일거수일투족이 아주 큰 고민거리가 된다. 아이를 키우는 게 처음이니까 당연한 일이다.

그럴 땐 어떻게 하는 게 좋을까?

내 경우에 아침 식사는 거의 아이들과 함께 먹지 않는다. 아이들을 깨우기 전에 나부터 먼저 밥을 먹는다. 내가 배가 부르고 기분이 좋아야 아이들을 여유 있게 챙길 수 있기 때문이다. 꼭 아침부터 밥을 함께 먹어야만 아이들에게 좋은 식습관을 만들어주는 것은 아니다. 내가 배가 고플 때 아이들이 미적거리고 있으면 당연히 짜증이 나고, 그러다 보면 잔소리가 나올 수밖에 없다. 그리고 오히려 나는 밥을 잘 차려 먹어도 아이들의 아침은 가볍게 먹인다.

아이들을 챙기기 전에 나를 먼저 챙기면 훨씬 더 마음에 여유를 갖고 아이를 돌볼 수 있다. 쌍둥이들이 두 돌 무렵까지는 밥 먹이는 것도 그야말로 전쟁이었다. 외식이라도 하면 밥이 입으로 들어가는지 코로 들어가는지 모를 정도로 정신이 없었다. 그러다 보니 생존을 위해 짬이 날 때마다 스스로를 챙기는 습관을 갖게 되었다.

## 엄마인 나부터 챙기기 시작하면 육아가 쉽다

꼭 이렇게 해야 한다는 완벽한 원칙을 살짝만 내려놓아도 육아가 훨씬 쉬워진다. 육아에 정답은 없다. 우리 아이와 나를 가장 행복하게 하는 방법은 다른 사람의 방법이나 책에서 나온 것과 같을 수 없다. 이리저리 참고하면서 내게 맞는 방법을 찾아가는 게 중요하다고 본다.

나를 먼저 챙기고 사랑하는 것이 결코 잘못된 일이 아니다. 비행기를 타면 승무원이 앞에서 안전교육을 하면서 이렇게 이야기한다. "아이와 동반한 부모님들은 비상 상황 시에 반드시 먼저 산소호흡기를 착용하시기 바랍니다. 그 다음에 아이의 착용을 도와주십시오." 순서가 중요하다. 먼저 내게 힘이 있어야 남도 도울 수 있다. 엄마가 나 자신을 먼저 돌보고 사랑해야 우리 아이들에게도 충분한 사랑을 줄 수 있다.

나를 사랑한다는 건 나의 욕구를 돌보는 것부터 시작된다. 아이의 욕구와 나의 욕구를 함께 돌보기 위해 나의 시간과 에너지를 잘 나눌 수 있어야 한다. 내 경우엔 아이들이 두 돌 무렵까지 머릿속의 98%가 온통 아이들 생각으로 꽉 차 있다고 여겨졌다. 쌍둥이 아가를 동시에 키우다 보니 산책할 시간이나 혼자만의 여유도 내지 못했다. 그러다 보니 나는 완전히 고갈되어 있었다. 아이들이 어린이집에 다니기 시작했을 때 내가 제일 먼저 시작한 일은 무너진 건강을 돌보는 것이었다.

아이들이 없을 때 부지런히 운동했고, 운동 후엔 그동안 부족했던 낮잠을 잤다. 내 시간과 감정, 에너지를 엉뚱한 곳에 낭비하지 않고 우선은 나를 충전하는 시간을 가졌다. 그러면서 바닥까지 내려갔던 체력을 점차 회복할 수 있었다. 몸이 회복되면 마음도 더 건강해진다. 충전된 에너지를 다시 아이들과의 시간에 나누어 쓸 수 있었다.

몸의 에너지가 어느 정도 회복되자 내 안에서 또 다른 욕구들이 올라왔다. 바로 공부를 하는 것이었다. 나는 육아와 공부를 병행하고 싶어서 방송대학교 청소년교육과에 편입했다. 집에서 아이들을 돌보며 내가 하고 싶은 공부를 할 수 있었다. 아이들의 기질과 발달심리, 상담과 치료 등에 대해 공부할 수 있어서 좋았다.

어렸을 때 하는 공부와 성인이 되어 자발적 의지로 선택해서 하는 공부는 엄청난 차이가 난다. 성인 때의 공부는 누가 시켜서 해야 하는 공부가 아니기 때문이다. 배움은 그때 내가 정말로 원하는 것이었고 내 가슴을 뛰게 했다. 내게 필요한 것들을 배우며 나는 새로운 에너지와 활력을 얻었다.

## 엄마가 스스로 소중히 여겨야 아이도 배운다

'지금 나에게 가장 필요한 게 뭘까? 어떤 것을 하면 내가 더 행복해질 수 있을까? 나를 더 사랑하기 위해 무엇을 하면 좋을까?' 스스로 이런 질문들을 해보자. 내 안의 내가 답을 알려줄 것이다. 우리는 누구나 자신 안에 자기를 행복하게 하는 답을 갖고 있다.

나를 사랑한다는 건 자기 자신을 귀하게 여기는 마음을 갖는 것이다. 많은 엄마가 일상에 파묻혀 자기 자신을 평가절하하는 경향이 있다. 나는 보잘것없는 사람이라고 자신을 깎아내린다. 그런데 중요한 건 내가 나를 사랑하고 존중할 때 다른 사람도 나를 더 인정하고 존중한다는 것이다. 엄마가 자기 자신을 소중히 여길 때 아이도 그걸 알고 엄마를 함부로 여기지 않는 아이로 자란다.

엄마들은 아이를 보살피듯 엄마 자신도 돌봐야 한다. 자기 자신을 세상에서 가장 소중하게 여기고 사랑해줘야 한다. 가진 것이 없으면 줄 수도 없기 때문이다. 내가 원하는 것과 필요한 것이 무엇인지 자기 자신에게 물어보고, 자신에게 선물을 주면 어떨까? 내 안에서 에너지가 흘러넘쳐야 누군가에게 사랑을 줄 수 있다. 아이에게 더 많은 사랑을 주기 위해서라도 엄마인 나부터 먼저 사랑하고 소중히 여기자.

> **엄마의 자존감을 위한 한 줄 메시지**
>
> **자신을 사랑하는 데는 조건과 이유가 필요 없습니다**
>
> 임사 체험에서의 깨달음 덕분에 나는 내 자신을 판단하지 않는 것, 스스로에게 두려움을 심어주지 않는 것이 얼마나 중요한지 느끼게 되었다. 나는 무조건적으로 사랑을 받고 또 받아들여진다는 말이 내 안에서 들려올 때, 나는 이 에너지를 바깥으로 퍼뜨리게 되고 그에 따라 내 주변의 세계도 바뀌게 된다. 외부의 삶은 이처럼 내 내면 상태의 반영이다.
>
> —아니타 무르자니, 『그리고 모든 것이 변했다』

# 08 엄마를 위한 위로가 필요할 때

당신은 신의 완벽한 작품이다. 신은 실수하지 않는다.
다른 누군가를 부러워하거나 그처럼 되려고 노력할 필요가 없다.
모든 사람들은 각자 다른 방식으로 축복받았다.
스스로를 사랑하라.
– 테비스 스마일리(미국의 방송인)

## 오늘 따라 내가 마음에 들지 않는다면

살다 보면 자신이 마음에 드는 날보다 그렇지 않은 날이 더 많을지 모른다. 많은 엄마가 사회인으로서 그리고 엄마로서 자신이 무능하고 자격이 없다고 생각하곤 한다. 내가 잘하고 있는 것은 당연하게 여기고 부족한 것만 더 크게 보인다. 그러니 바람 빠진 풍선처럼 마음에 힘이 생기지 않는다.

주변에서 잘나가는 사람들과의 비교는 자신을 스스로 작고 초라하게 만든다. 그렇게 위축되고 자신 없는 나를 만나면 자신에게 힘을 주는 대신 스스로가 한심하다며 자신을 또 비난한다. 우리는 어쩌면 자기 자신에게 가장 못되고 엄격하게 구는지 모르겠다. 나에게 가장 큰 상처를 주는 것은 다른 사람이 아니라 바로 나 자신이 아닐까?

내가 멋져 보이지 않는 날일수록 자기 자신을 보듬어주고 사랑해주면 좋겠다. 내가 초라하고 형편없게 느껴지는 날일수록 자신을 더 사랑해주어야 할 때이다. 사실 우리는 자신을 사랑하는 법을 가정이나 학교에서 배운 적이 없다. 어떤 수학 공식보다도 우리 인생과 삶의 질에 지대한 영향을 미치는데도 말이다.

자신을 더 사랑하라는 말이 왠지 어색하고 이기적이게 여겨지기도 한다. 그러나 자신을 사랑하는 것은 절대 이기적인 것이 아니다. 자신을 진정으로 사랑하는 사람이 다른 사람을 사랑할 수 있기 때문이다. 우리는 자신을 사랑하지 못하는 열등감과 피해의식이 많을 때, 스스로를 방어하기 위해 다른 사람에게도 상처를 준다. 자기 사랑은 우리가 자존감을 가지고 행복하게 살기 위해 반드시 배워야 할 삶의 기술이다.

과거에 나는 자존감이 매우 낮았다. 다른 사람들과 나를 비교하면서 내가 가지지 못한 것에 더 집중하곤 했다. 나는 완벽주의에 집착했다. 턱없이 높은 기준을 갖고 자신을 가혹하게 몰아세우고 채찍질했다. 내 안의 자기비판의 목소리는 작은 실수 하나도 그냥 지나치지 않았다. 그러다 보니 누군가 칭찬을 해줘도 그것을 나의 것으로 받아들이고 기뻐하지 못했다.

그로 인해 오랫동안 내 안에 있던 행복을 보지 못했다. 삶의 의미와 가치를 몰라 사는 게 재미없었다. 늘 여기저기 몸이 아팠고 관계는 순탄치 않았다. 한동안 대인기피증이 생기고 심한 무기력증에 빠져 있었다. 그러던 어느 날 더는 이렇게 살면 안 되겠다는 생각이 들었다. 무언가 변화가 필요했다. 나는 내 삶을 변화시켜야겠다고 마음먹었다. 내 안에 있는 용기를 끌어내어 새로운 도전을 시작했다.

'나는 누구인가? 나는 어떤 사람인가? 내가 이 세상에 온 목적은 무엇이지? 어떻게 하면 마음의 고통에서 해방되어 자유로워질 수 있을까? 어떻게 하면 행복하게 살 수 있지?'

나는 행복하게 살 수 있는 삶의 비밀을 발견하고 싶었다. 그렇게 구하고 찾다 보니 마침내 자신에게 던졌던 질문들에 대한 단순하지만 확고한 답을 찾을 수 있었다. 진짜 내가 누구인지를 깨닫자 세상을 보는 관점이 달라졌다. 혼란스러웠던 삶의 의미와 목적을 발견하자 하루하루의 삶에 의미가 생기고 의욕과 열정이 살아났다.

나를 찾는 여행에서 내가 깨달은 것은 '나의 본성은 사랑이구나. 우리는 모두 하나로 연결된 존재구나. 내 안에 엄청난 사랑이 있구나.'라는 것이었다. 그리고 '내 안에 있는 사랑과 행복을 나누면서 살아야겠다.'라는 삶의 의미를 갖게 되었다. 그런 자각 이후 눈에 보이는 모든 것이 아름답게 보였다. 그동안 내가 봐왔던 세상과 완전히 다른 세상에 사는 것 같았다.

내 안에 있던 작은 틀 속에 갇혀 살다가 넓은 세상을 볼 수 있는 마음의 눈이 뜨였다. 나는 운이 좋게도 내가 했던 교육 일을 통해 그런 경험과 깨달음을 나눌 수 있어서 감사하고 행복했다. 많은 교육생 분들이 변하는 모습에 큰 보람을 느꼈다.

## "지금 힘들구나, 정말 열심히 했어"

그런데 쌍둥이를 낳고 육아에 전념하면서 어느 순간 나의 내면은 다시 고갈되어 있었다. 처음 해보는 엄마라는 역할의 거대한 산 앞에 자존감은 무너져 내렸다. 몸을 돌보지 못해 체력은 바닥을 쳤다. 내 안의 목소리는 다시 자책과 자학으로 채워지고 있었다. 나는 또 길을 잃고 헤매고 있었다. 거울에 비친 나의 모습은 지치고 외로워 보였다. 한때 내 안에 가득했던 사랑 대신 두려움이 나를 채웠다. 아이들이나 남편에 대해서도 부족한 점만 크게 보이고 눈앞의 현실도 불만족스러웠다.

어느 날 거울에 비친 내 모습을 보는데 갑자기 안쓰러운 마음이 들었다. 나는 나의 눈동자를 보며 말을 걸기 시작했다. "네가 지금 많이 힘들구나. 많이 지쳐 있구나. 그동안 내가 너를 너무 소홀히 했구나. 미안하다. 내가 너를 잊고 있었어. 내가 너를 더 많이 사랑해주어야 하는데 그러지 못했네."

오랜만에 거울을 보며 스스로에게 말을 거는데 내 눈빛은 왠지 슬퍼

보였다. 그것을 느끼자 주르르 눈물이 흘러내렸다. 나에게 정말 필요했던 게 무엇인지 알았다. 그것은 나를 위한 '공감'과 '위로'였다. 내 안에 위로받는 자와 위로하는 자가 함께 있었다.

"세영아, 그동안 많이 힘들었구나. 그동안 외로웠지? 내가 한동안 너를 돌보지 않고 외면한 것 같아 미안해. 자꾸만 너를 아프게 하지 않을게. 이제 내가 너에게 힘을 줄게. 그동안 정말 애쓰고 열심히 살아온 네가 너무나 기특하고 자랑스러워. 나는 너를 사랑해. 부족한 나도 사랑하고, 실수하는 나도 사랑해. 나는 너를 가장 사랑하는 친구가 될게. 네가 다시 행복해졌으면 좋겠다. 어떻게 하면 네가 다시 살아날 수 있을까? 그 방법을 찾아보자."

## 자신을 있는 그대로 인정하라

내가 좋은 엄마라는 역할에 빠져 있는 동안 나 자신을 놓치고 있었다는 것을 깨달았다. 아이들에게 사랑을 주기 위해서 나를 희생하고, 다그치고 있었다. 서툴고 형편없다고 비난하고 있었다. 내 안에 가득했던 사랑의 에너지는 도대체 어디에 있었던 것일까? 그것은 여전히 내 안에서 자신을 알아주고 깨워주기를 기다리고 있었다. 좋은 엄마가 되길 원했다. 그러기 위해서는 먼저 부족한 나를 인정하고 다시 사랑해주는 것이 중요하다는 것을 다시 깨달을 수 있었다.

"그래, 육아가 힘든 것이 어찌 보면 당연한 거지. 그래도 노력하고 있 잖아. 아이들은 이런 엄마의 노력과 사랑을 알게 될 거야. 점점 더 좋아 질 거야."

그 후로 나는 틈틈이 내면의 나와 대화하며 자신을 위로하고 격려하곤 했다. 나 자신이 힘을 낼 수 있는 말들을 찾아서 계속해서 들려주었다. 그러다 보니 육아가 좀 더 가벼워졌다. 아이들의 칭얼댐이 덜 고통스러 워졌고, 나의 무능함에 좌절하지 않게 되었다.


우리는 갓 태어난 아기들을 조건 없이 사랑하듯이 우리 자신도 무조건 적으로 사랑해야 한다. 나를 사랑한다는 것은 나 자신을 있는 그대로 인 정하는 것이다. 나의 모습 그대로를 괜찮다고 받아주는 것이다. 내 안에 는 잘난 나도 있고 못난 나도 있다. 잘난 나만 괜찮고 못난 나는 외면하 는 것이 아니다. 마음에 들지 않는 부분까지 수용하고 인정해주는 것이 다. 다른 사람의 기준이나 세상의 틀로 나를 바라보는 것이 아니라 신의 관점에서 소중한 존재로서 나를 축복해주는 것이다.

멋진 나도 좋고, 찌질한 나도 괜찮다. 다 괜찮다고 품어주는 마음이 조 건 없는 인정과 수용이다. 어느 한 부분의 나만 떼어서 인정하는 것이 아 니다. 그냥 나라는 사람 전체를 괜찮게 여기는 것이 중요하다. 우리는 모 두 끊임없이 실수하며 배우고 성장해가는 과정에 있다.

나는 세상에 단 하나뿐인 고유한 존재로서 특별하고 위대한 존재이다.

동시에 아무것도 아닌 돌멩이 한 조각과 같은 존재기도 하다. 우주의 관점에서 보면 그냥 먼지에 불과할 수도 있다. 이렇게 특별하기도 하고 아무것도 아니기도 한 존재가 바로 나이다. 별 볼 일 없어서 초라해지는 것이 아니라 아무것도 아니기에 가벼워질 수 있다. 크고 위대한 존재이며 동시에 작고 가벼운 존재다. 이런 이원성을 받아들인다면 이제껏 나를 괴롭히던 열등감도 별것 아닌 일로 받아들일 수 있게 된다. 과거에 나를 묶어두었던 상처도 툭툭 털고 다시 일어날 수 있게 된다.

　나 자신을 있는 그대로 받아들이고 사랑할 때 그 힘을 바탕으로 자신의 삶을 더 건강하고 행복하게 만들어갈 수 있다. 좋은 엄마의 시작은 자존감이다. 자존감의 시작은 자기 자신을 있는 그대로 사랑하는 것이다. 우리는 우리 자신을 바라보는 관점대로 세상을 바라보게 된다. 자기 자신을 대하는 것과 같은 방식으로 내 아이를 대하게 된다. 내 안에 조건 없는 인정과 사랑이 가득할 때 나의 삶과 일상에 기적 같은 변화가 시작된다. 그러니 이제 자신의 모습을 있는 그대로 전부 다 사랑해보자. 자신을 사랑하는 일이야말로 당신이 해야 할 가장 중요한 일이다.

**고통스런 감정도 허용하고 인정해주세요**

우리는 늘 기분이 좋아야 하고, 하루하루가 즐거운 날이 되어야 하며 인생에 고통 따위는 없는 것처럼 마땅히 행복해야 한다고 생각한다. 감정은 그것을 있는 그대로 느껴보고, 충분히 받아들일 때 해소된다. 고통스러운 감정조차도 모두 허용하고 받아들임으로써 고통을 감당할 수 있다는 느낌이 들고 실제로 그것을 견뎌낼 수 있다.

－안드레아스 크누프, 『나를 사랑하지 못하는 나에게』

엄마의 자존감 회복 수업

자신을 사랑하는 일이야말로 당신이 해야 할 가장 중요한 일이다.

## 엄마의 가치는 돈으로 환산할 수 없습니다

엄마들은 하루에도 몇 번씩 멘탈이 무너지고, 영혼이 탈탈 털리곤 한다. 당신이 엄마가 된 순간부터 단 하루도 바쁘지 않고 평화로운 날들이 없었을지도 모른다. 아이들이 어느 정도 클 때까지 엄마는 아이들을 제대로 된 인간으로 키워내느라 하루도 긴장의 끈을 놓을 수가 없다. 일하는 워킹맘은 밖에서 일하고 와서 살림과 육아까지 챙겨야 하니 정말 대단하다. 전업맘은 집에서 하루 종일 아이와 씨름하며 지내는 것만으로도 어쩌면 더 대단하다. 전업주부든 워킹맘이든 엄마라면 모두가 대단하고 위대하다. 우리는 모두 한 생명의 거룩한 성장을 돕고 있는 위대한 존재들이기 때문이다.

하루 24시간 평생 동안 무보수로 일하는 것이 엄마라는 직업이다. 미국 〈비즈니스 인사이더Business Insider〉란 잡지에서 "엄마라는 역할은 미국에서 가장 저평가된 커리어다."라는 내용의 기사를 본 적이 있다. 그 기사에서는 엄마의 역할을 돈으로 환산해서 분석했다. 6천 명의 엄마들을 대상으로 요리, 청소, 육아, 숙제 지도 등 엄마들이 주로 많은 시간을 보내는 일들의 실질적인 가치를 조사했다. 그 결과 엄마가 하는 역할의 연봉이 1억 2천만 원이 넘는 수준으로 측정됐다. 시간외 수당까지 합하면 2억 원에 육박한다고 한다.

그러나 엄마인 우리 스스로도 우리가 하는 일의 가치를 저평가하는 경우가 대부분이다. 이 비용에는 엄마의 사랑까지 포함되지는 않았다. 과연 엄마의 사랑과 헌신까지 돈으로 환산할 수 있을까? 그것은 돈으로 환산할 수도 누군가에 의해 대체될 수도 없을 것이다. 그러니 엄마 스스로가 먼저 자신이 얼마나 가치 있는 일을 하고 있는지 자부심을 가질 수 있었으면 한다. 누가 알아주지 않더라도 나 자신의 가치는 내가 만들어가기 때문이다.

엄마로서 우리에게 어느 누구도 잘하고 있다고 칭찬해주지 않을지 모른다. 이 시대의 엄마들은 매일매일 고군분투하고 애쓰면서 하루하루를 살아내고 있다. 그런 엄마에게 누구 하나 "넌 정말 대단해."라고 말해주지 않는다. 네가 하는 일이 세상에서 가장 가치가 있는 일이며 가장 어렵고 힘든 일이라고 알아주지 않는다. 오히려 엄마가 되는 순간 희생과 헌신은 당연한 거라며 몰아세운다.

아무도 인정해주지 않더라도 우리 스스로가 먼저 인정해주자. 생명을 잉태하고, 미래의 꿈을 성장시키는 우리는 대단한 일을 해내고 있다. 오늘도 수없이 무너져 내리고, 참을 인忍자를 새기며 남모를 눈물을 흘렸을 당신은 위대한 엄마다.

# 2장

*Mom's Self Esteem*

# 행복

엄마가 행복할 때 아이도 행복하다

긴장을 풀고 즐거운 시간을 보내라.
당신 내면에 숨어 있던 아이가 뛰어나오게 하라.
인생을 즐겨라!

– 태비스 스마일리(미국의 방송인)

# 01 자존감 : 엄마가 줄 수 있는 최고의 선물

우리가 우리 아이에게 줄 수 있는 가장 큰 선물은
우리가 가진 귀중한 것을 아이들과 함께 나누는 것만 아니다.
자신이 얼마나 값진 것을 가지고 있는지 스스로 알게 해주는 것이다.
– 스와힐리 격언

## 놓치고 있던 가장 중요한 것

아이가 초등학교에 입학하고 얼마 되지 않아 주말에 키즈카페에 다녀온 적이 있었다. 그런데 재미있게 놀고 나서 나오기 직전에 문제가 생겼다. 아이들이 스티커사진 기계로 사진을 찍고 싶다고 해서 3번 정도 찍도록 해주었다. 돈을 넣고 좋아하는 캐릭터와 함께 스티커를 찍었다. 사진을 찍고 난 후 아이들은 스티커사진 기계와 가위바위보 게임을 했다. 한 아이는 연달아 이겨서 의기양양해졌다. 한편 다른 아이는 연달아 게임에 지면서 금방이라도 눈물을 떨어뜨릴 듯한 기세가 되었다. 대충 달래고 무마시켜서 자동차에 올라탔다.

그런데 차에 타자마자 사건이 터져버렸다. 가위바위보에 이긴 아이가

진 아이에게 "넌 아까 가위바위보에서도 계속 졌잖아."라는 말을 해버린 것이다. 자동차에 탈 때까지 속상함을 못내 누르고 있던 아이는 그 한마디에 뒤집어지고 말았다. 차 안은 금방 아수라장으로 변했고, 순식간에 두 아이의 울음바다가 되어버렸다. 서로 흥분해서 소리를 지르다가 분에 겨워서 손으로 치고 발로 차면서 서로의 분함을 표현했다.

이미 키즈카페에서 에너지를 다 써버린 나는 차에서 쉬면서 가고 싶은 마음이 굴뚝같았다. 그래서 나 또한 아이들의 싸움에 참지 못하고 화를 터뜨리고 말았다. 강하게 제압당한 아이들은 둘 다 한참을 티격태격했던 터라 어느새 울음을 그치고 잠이 들어버렸다.

집에 도착해 주차장에 차를 대자 잠에서 깬 아이가 비몽사몽 문을 열더니 총알처럼 뛰어 나갔다. 짐을 챙겨 나가보니 집 앞 주차장에 차 한 대가 가로로 서 있고 웅성웅성 사람들이 모여 있었다. 아뿔싸! 순간 가슴이 철렁 내려앉았다. 아이의 날카로운 울음소리가 귀에 꽂혔다. 달려가보니 주차하러 들어오던 차와 접촉사고가 났던 것 같다. 남편이 먼저 아이를 번쩍 안아 올렸다. 아이에게 아픈지 물어보니 모르겠다며 소리를 질러댔다.

"괜찮아요. 신경 쓰지 마세요. 빨리 집에 가고 싶어요."

아이의 고함 소리에 가슴이 쿵쾅거렸다. 동네 사람들이 우리 아이가 뛰어오다가 자동차 앞바퀴에 발이 깔리는 걸 봤다고 했다. 그러니 병원에 꼭 가보라고 이야기해주었다. 아이가 신고 있던 부츠를 벗겨보니 복사뼈 언저리가 빨갛게 부어 있었다. 처음 겪는 사고라 뭐부터 어떻게 해야 할지 모르겠고 가슴은 방망이질을 치고 있었다. 일단 길길이 날뛰는 아이를 차에 태우고 나도 뒷좌석에 앉았다. 나도 이렇게 놀랐는데 아이는 더 그렇겠지…. 우선 깊게 호흡하면서 나부터 정신을 차렸다. 그리고 씩씩거리는 아이를 꼭 안고 토닥이며 진정시켜주었다.

"예원이 많이 놀랐구나. 놀랐어. 이젠 괜찮아. 괜찮을 거야. 엄마가 꼭 안고 병원에 갈 거니까 걱정하지 않아도 돼. 그리고 네가 괜찮은 것 같아도 나중에 어떨지 모르니까 병원에는 한번 가봐야 해. 알겠지?"

자동차 사고를 낸 이웃 분도 놀란 얼굴로 걱정하시며 함께 병원으로 향했다. 응급실에서 엑스레이 사진을 찍고 나자 조금 정신이 돌아왔다. 함께 동반해준 이웃 분께 먼저 집에 가시라고 했다. 결과가 나오면 전화로 말해주기로 했다. 생각해보니 아이가 자동차 사이에서 툭 튀어나와 방어할 틈도 없었겠다는 생각이 들었다. 검사 결과를 들으러 갈 때 다시한 번 가슴이 두근거렸다. 의사 선생님은 다행히 아이에게는 이상이 없다고 하셨다. 다만 2주 정도 멍이 들 수 있을 거라고 이야기해주었다.

돌아오는 차 안에서 사고를 낸 이웃에게 전화로 아이한테 이상이 없다는 소식을 전했다. 아이가 튀어나와서 놀라셨겠다고, 우리도 앞으로 주의를 주겠다고 이야기했다. 많이 놀랐던 아이도 이제 편안해져 있었다.

조금 전까지는 징징거리며 싸우는 아이들에게 그렇게 짜증이 났는데, 아이가 무사한 것에 오직 감사한 마음만 들었다. '이렇게 건강하게 자라는 것만으로도 너무나 감사한 거구나.'라는 생각이 들었다. 아이들이 아기였을 때는 오로지 건강하게 태어나고 건강하게 자라는 것만으로도 감사했는데…. 한동안 가장 중요한 것을 놓치고 있었다는 생각이 들었다.

## 아이는 엄마를 통해 자존감을 배운다

아이들끼리 안정을 찾고, 다시 종알종알 재잘거리며 노는 모습은 하늘나라의 천사들이 노는 것 같았다. 며칠 후 밤에 자는데 예원이가 불쑥 말을 꺼냈다. "엄마, 있잖아요. 그때 만약 사고가 나서 예원이가 다쳤다면 예원이는 내가 너무나 미웠을 거 같아요." 그 이야기를 듣는데 왠지 짠한 마음이 들었다. 만약에 크게 다쳤다면 자신을 벌주고 미워하며 힘들어했을 아이의 모습을 생각하니 가슴이 먹먹해졌다. '그 사고로 인해 크게 놀랐겠지. 그래서 이런저런 생각을 한 모양이구나.' 하고 생각했다.

"왜 그런 생각을 했어?" 하니, "그냥요, 예원이가 다쳤으면 엄마도 속상하고 힘들었을 거잖아요." 그 말에 또 울컥해졌다. 아이가 언제 이렇게 커서 이런 말까지 다 할까 싶었다. 벌써 엄마의 마음까지 신경 쓰고 있는 아이였다.

"예원이가 다쳤다고 엄마는 너를 미워하거나 싫어하지 않아. 만약에 다쳤어도 넌 엄마에게 가장 소중한 아이야. 그리고 금방 나았을 거야. 다행히 예원이가 안 다쳐서 정말 기쁘고 감사해. 예원이가 엄마에게 와줘서 정말 고맙고 사랑해."

"예원이도 엄마가 고맙고 사랑해요. 엄마가 세상에서 제일 좋아요."

차도를 건널 때도 천방지축이던 아이들은 그 사건을 계기로 차를 조심하는 아이들이 되었다. 때론 너무 조심하고 겁이 많아진 모습에 안쓰럽기도 했지만 다행히 큰 트라우마를 남기진 않은 것 같다. 아이들은 그렇게 경험을 통해 하나하나 배워간다.

이 사고의 경험은 아이의 자존감에 대해서 생각하는 계기가 되었다. 아이들은 크고 작은 성공과 실패, 사고를 경험하며 자신의 자존감을 형성해간다. 태어날 때 이미 존재로서 소중한 자존감을 타고난 아이들이지만 자라는 과정에서 자존감은 손상되기 시작한다.

아이들은 자라면서 자신에게 가장 의미 있는 타인, 즉 부모에게서 받는 반영에 의해 자신의 자아를 형성해간다. 이것을 쿨리의 '거울 자아 이론'이라고 한다. 아이들은 부모의 눈에 자기가 어떻게 비치고 평가받는지에 따라 자신의 자아를 받아들인다고 한다.

엄마의 눈에 괜찮으면 나도 괜찮은 것이고, 엄마의 눈에 안 괜찮으면 나도 안 괜찮은 것이다. 그래서 아이는 자꾸만 부모에게 자신을 확인받고자 한다. 내가 어떤 사람인지 알기 위해서…. 엄마인 나의 눈빛과 표정, 말 한마디를 거울처럼 받아들이는 아이들에게 나는 어떤 엄마인가?

아이에게 "왜 그것도 못하니? 자신감을 가지고 똑바로 좀 해봐."라고 말한다고 해서 아이의 자존감이 자라지는 않는다. 엄마가 아이의 이야기에 귀 기울여주고, 아이의 감정을 이해해주는 것이 핵심이다. 아이의 감정을 있는 그대로 받아주면 아이는 있는 그대로 인정받는다고 느낀다.

## 있는 그대로 아이를 인정하고 사랑하라

우리의 아이들은 있는 그대로 인정받고 사랑받기를 원한다. 있는 그대로 소중한 존재로서 인정받는 것은 아이의 자존감을 키우는 가장 소중한 경험이 된다. 그리고 자신을 긍정적으로 반영해주는 누군가를 통해 건강한 자존감을 갖게 된다. 아이는 속상하면 속상한 대로 기쁘면 기쁜 대로 있는 그대로의 감정을 공감 받을 때 자신을 소중히 여기는 법을 배운다.

그러기 위해 엄마가 먼저 자신의 감정을 이해하고 잘 다룰 수 있어야 한다. 자존감이 있는 엄마는 감정을 억압하는 대신 지혜롭게 표현한다. 감정을 두려워하는 대신 감정을 통해 배운다. 자신의 감정을 소중히 여기는 엄마는 아이의 감정에 귀를 기울일 수 있다.

아이는 엄마가 자신에게 해주는 말과 눈빛과 표정을 통해 자신의 자아상을 형성해간다. 그리고 자신의 감정을 억압하지 않고 이해해줄 때 자신을 숨기지 않고 표현할 수 있게 된다. 자신을 있는 그대로 받아들이고 소중히 여길 수 있는 아이는 세상을 살아가는 데 필요한 가장 든든한 창과 방패를 가진 것이라 생각한다. 그 무기를 사용하면서 아이는 세상이라는 무대에서 자신을 지키고, 더 나아가 자신을 활짝 꽃피울 수 있을 것이라 믿는다. 엄마가 아이에게 줄 수 있는 최고의 선물은 자존감이다. 아이에게 자존감을 주기 위해서는 엄마가 먼저 건강한 자존감을 가져야 할 것이다.

## 엄마의 자존감을 위한 한 줄 메시지

만일 내가 다시 아이를 키운다면
먼저 아이의 자존심을 세워주고 집은 나중에 지으리라.
아이와 함께 손으로 그림을 더 많이 그리고
손가락으로 지적하는 일은 덜 하리라.

아이를 바로잡으려는 노력을 덜 하고
아이와 하나가 되려는 노력을 더 많이 하리라.
시계에서 눈을 떼고 아이를 더 많이 바라보리라.

만일 내가 다시 아이를 키운다면

더 많이 아는 데 관심 갖지 않고

더 많이 관심 갖는 법을 배우리라.

자전거도 더 많이 타고 연도 더 많이 날리리라.

들판을 더 많이 뛰어다니고 별들도 더 오래 바라보리라.


만일 내가 다시 아이를 키운다면

더 많이 껴안고 더 적게 다투리라.

도토리 속의 떡갈나무를 더 자주 보리라.

덜 단호하고 더 많이 긍정하리라.

힘을 사랑하는 사람으로 보이지 않고

사랑의 힘을 가진 사람으로 보이리라.

– 다이안 루먼스, 「만일 내가 다시 아이를 키운다면」

# 02 열등감 : 엄마가 불안하면 아이도 불안하다

> 어린 시절의 크고 작은 상처들을 품은 채로 우리는 성인이 되어서 살아간다.
> 치유되지 않은 상처들은 아직도 우리 안에 남아 있으며
> 가장 가까운 사람들에게 그 상처를 전달하며 살아가게 된다.
> – 『상처받은 내면아이 치유』 중에서

## 엄마의 열등감을 내려놓을 때 진짜 내 아이가 보인다

우리 쌍둥이가 6살 때 유치원에서 영어 뮤지컬 발표회를 한 적이 있다. 대강당에 자리를 잡고 앉아 아이들이 어떤 모습으로 등장할지 무척 궁금했다. 한 아이는 엄지공주라는 주인공 역할을 맡아 제법 씩씩하게 자신의 역할을 해냈다. 그 모습이 사뭇 기특하고 대견했다. 그리고 한 아이는 행복한 마을의 뮤지션이라는 엑스트라 단역을 맡았다. 그런데 우리 아이는 엄마인 내 눈에만 보일 정도로 무대의 구석에서 구석으로 동선을 옮겼다. 그리고 들릴 듯 말 듯한 목소리로 부끄러워하며 대사를 읊었다.

아이가 밖에 나가면 낯을 많이 가리는 성향이란 걸 알고 있었다. 하지

만 집에서처럼 밝고 에너지 넘치는 모습을 볼 수 없어서 아쉬웠다. 그리고 많은 아이들 틈에서 잘 보이지 않는 모습에 실망스러운 마음이 들었다. 선생님께도 야속한 마음이 들었다. '아무리 못해도 그렇지 우리 아이를 구석에만 두시다니 너무한 거 아니야?' 사진을 찍어주고 싶은데 너무 한쪽에만 있어서 앵글이 잡히지 않는 것도 속상했다.

이렇게 자연스레 올라오는 복잡한 생각과 감정에 빠져 있을 때였다. 함께 갔던 남편이 옆구리를 툭 치더니 이렇게 말하는 거다. "우리 예솔이 좀 봐! 쟤 어쩜 저렇게 몸짓이 귀엽냐? 표현력이 예술이야 예술. 몸매하고 동작이 예쁜 게 타고났어. 진짜 귀엽지?" 그 말을 하는 남편을 돌아보니 시선이 아이에게 고정된 상태로 입이 귀까지 쫘악 걸려 있었다. 딸내미에게 홀딱 반해버린 딸바보 아빠의 표정이었다.

다시 우리 아이를 바라보니 엄마를 발견하곤 방글방글 생글생글 좋아 죽는다. 엄마를 찾아낸 기쁨에 발까지 동동 굴러가며 손을 흔들고 행복한 표정을 지어 보인다. 입 모양으로 '엄마, 엄마, 엄마다.' 하고 있다.

갑자기 머리를 한 대 얻어맞은 거 같았다. 내가 지금 뭘 보고 있었던 거지? 남편은 그냥 우리 아이를 보고 있었다. 그런데 나는 내 아이를 본 게 아니라 내 안의 열등감과 피해의식을 보고 있었다. 우리 아이가 아니라 어린 시절 주눅 들고 위축되었던 나를 보고 있었다. '저렇게 부끄러움이 많아서 앞으로 어떻게 하지? 세상 살기 힘들겠다.' 하고 지레 걱정을 하고 있었다. '다른 아이들은 다 잘하는 거 같은데 우리 아이는 왜 저렇게 목소리가 작지?'라며 비교하고 불안해하고 있었다. 열등감의 상자에서 나와 우리 아이를 바라보니 우리 아이는 밝게 빛나고 있었다. 괴로워하기보다는 엄마가 지켜봐주고 있는 무대를 자기 나름대로 온전히 즐기고 있었다.

내향적인 기질의 아이들은 외향적인 아이들처럼 많은 사람들 속에서 자신을 표현하는 게 어려울 수 있다. 그렇다고 절대 내향형 아이들이 더 열등하다고 할 수 없다. 내향형이기에 쏟아지는 시선에 더 많이 민감하고 사람들을 의식하고 주춤할 수는 있다. 하지만 외향형 아이들에게 부족할 수 있는 다른 재능들이 있다. 우리 아이의 경우는 엄청난 집중력과 창의적이고 섬세한 감각들을 갖고 있다. 그리고 내향성 기질을 타고났어도 세계적인 연설가가 되었거나 사회에 큰 영향력을 주는 사람들은 얼마든지 많이 있다.

나 또한 마흔이 넘도록 낯선 사람들 속에 있을 때 불안과 긴장을 느끼는데, 우리 아이는 이제 고작 6살이었다. 그런 아이한테 나는 외향적인 아이들처럼 못 한다고 못마땅해하고 조급해하고 있었던 거다. 내 마음이 달라지자 우리 아이가 애쓰고 있는 게 보였다. 낯선 무대와 수많은 관객들의 시선 속에 긴장되고 어색하지만 엄마를 보며 최선을 다하고 있었다. 남편의 말대로 얼마나 귀여운 표정과 몸짓을 보여주는지, 마음이 짠해졌다. 우리 아이가 신통방통하고 기특해 보였다. 그래서 무대를 끝내고 내려온 아이를 힘껏 안아주고 사랑을 가득 담아 격려하고 응원해줄 수 있었다. 그러자 우리 아이는 어느새 긴장을 풀고 천진하고 행복한 아이로 돌아와 있었다.

## 아이는 엄마의 불안을 그대로 전달받는다

나는 어린 시절에 마음이 자주 불안했다. 엄마와 아빠의 잦은 불화로 마음이 조마조마하곤 했다. 아빠는 눈이 부리부리하게 크시고 목소리도 보통 사람들보다 3배 정도 크셨다. 평소에 무뚝뚝하시고 말씀이 없으셨지만 한번 말씀을 하시면 화가 난 사람처럼 호통을 치시곤 했다. 하루 종일 줄담배를 피우시고, 매일 술을 많이 드셨다.

엄마는 그런 아빠를 무서워하셨다. 아빠가 계실 때는 아빠에게 맞추셨지만 안 계시면 아빠에게 받은 스트레스를 나에게 푸시곤 했다. 내가 곧잘 들어주는 성격인지라 오빠와 동생에게는 하지 않는 말들을 큰딸인 나에게 하셨던 거 같다. 지금이야 엄마의 넋두리를 한 귀로 듣고 가볍게 흘려보낼 수 있지만 어린 시절은 그렇지 않았다. 나는 아빠와는 거의 소통을 하지 않고 어린 시절과 청소년기를 보냈다. 엄마와 마찬가지로 아빠가 늘 무서웠다. 사춘기 때 아빠한테 몇 번 대들었다가 부리부리하고 매

서운 눈빛과 고함으로 제압을 당한 적이 있었다. 아빠의 목소리는 천둥소리만큼이나 크고 거칠고 화가 나 있었다.

엄마는 한쪽 구석으로 물러나서 쪼그려 울고 있는 나에게 다가왔다. 그러곤 쉬쉬하는 목소리로 이렇게 말씀하셨다. "네 아빠 무서운 거 몰라? 그러게 왜 대들었어. 우는 소리 들으면 아빠 더 화나니까 아무 말도 하지 말고 방에 들어가." 나는 너무 떨려서 소리도 나지 않는 울음을 삼키며 부들거리는 가슴을 혼자서 진정시켜야 했다.

아이들에게 엄마의 영향력은 절대적이다. 엄마의 감정을 고스란히 전달받는다. 우리 엄마는 아빠 말고 또 한 가지 정말로 무서워하는 게 있었는데 그건 바로 개다. 길을 가다가 개만 보면 무섭다고 깜짝 놀라곤 하셨다. 아주 어린 시절부터 나는 자연스럽게 개를 무서워했다. 더군다나 오빠가 8살 무렵 이웃집 개에게 무릎을 물린 적이 있었다. 그 사건을 계기로 해서 나는 확고부동한 개 트라우마를 갖게 되었다.

초등학교 6학년 때 등굣길 중간에 있는 넓은 공터엔 큰 개가 있었다. 묶여 있는 날도 있고 풀려 있는 날도 있었던 것 같다. 나에게 등굣길은 무시무시한 지옥의 길이었다. 그 개는 또 얼마나 사납게 컹컹하고 짖어댔는지 오금이 저릴 정도로 공포에 떨면서 학교에 갔던 기억이 있다. 개 트라우마를 해결하는 데는 상당히 오랜 시간이 걸렸다. 나중에 내가 개를 키우면서부터 서서히 괜찮아졌다. 하지만 아직도 길을 가다가 갑자기

개를 만날 때면 심장이 멎을 것처럼 놀랄 때가 있다. 예전과 달라진 점은 공포에 압도당하지 않고 가볍게 나를 진정시키고 가던 길을 갈 수 있게 된 것이다.

나는 청소년기부터 성인이 될 때까지 심한 정서불안에 시달렸다. 마음이 늘 불안하고 긴장되고 다른 사람들을 지나치게 의식했다. 손톱깎이가 필요 없을 정도로 매일매일 손톱을 물어뜯었다. 그리고 사람들의 눈을 바라보지 못했다. 당시 나는 사람들의 눈이 무서워서 쳐다보지 못하고 시선을 회피하곤 했다. 그러다보니 대인기피증도 생기고 사는 게 두려웠다. 그런 내가 한심하고 바보 같다고 생각했다.

성인이 된 이후 불안했던 나의 내면의 아이를 만날 수 있었다. 잔뜩 위축되어 숨죽이고 있던 내면의 아이를 끌어안고 보듬어주었다. 지금은 마음이 많이 건강해졌지만 그때는 죽고 싶을 만큼의 고통이었다. 가장 힘들었던 건 그 고통이 나 혼자만의 고민이었다는 것이다. 어느 누구에게도 털어놓지 못했다. 사람들의 시선을 지나치게 의식하고 늘 불안한 마음을 들킬까봐 나 자신을 숨기고 방어했다. 누구에게도 말하지 못한 채 거의 10년 동안 병을 키워갔다.

모든 병은 마음에서 시작된다. 그리고 마음에서 시작된 병은 누군가에게 털어놓고 집중적인 관심과 사랑을 받으며 치유된다. 그 다음 해결책을 찾아갈 수 있다. 그런데 나는 가장 의지했던 엄마에게도 마음의 불안에 대해 말하지 못했다. 안 그래도 걱정을 안고 사시는 엄마에게 나까지 근심거리를 더해주고 싶지 않았기 때문이다.

엄마가 불안하면 아이도 불안하다. 아이는 엄마의 사랑과 행복도 먹고 자라지만 엄마의 불안도 먹고 자란다. 불안을 많이 먹고 자란 아이는 불안한 어른으로 성장하고 자기 자신을 신뢰하지 못하는 사람이 된다. 내 아이가 불안해한다면 나 자신의 마음을 한번 돌아보아야 한다.

나는 왜 불안할까? 엄마의 불안은 과거의 상처나 비교로 인한 열등감 혹은 미래에 대한 두려움에서 온다. 일단은 내가 먼저 나의 불안을 알아차려야 한다. 상처가 깊어 자꾸만 문제가 된다면 전문가의 도움을 받기를 권한다. 내면의 고통을 이해하고 치유하는 시간을 스스로에게 허락하라. 억압된 상처는 고통을 만들지만 치유된 상처는 자유를 준다. 모든 상처는 치유되고 나면 축복이 된다.

**내 안에 내면아이를 끌어안게 될 때 진정한 치유가 가능하다**

누구든지 자신의 진정한 변화를 원한다면 자신의 어린 시절로 돌아가 거기서부터 다시 시작해야 한다. 내 안에 내면아이를 끌어안게 될 때 진정한 치유가 가능하다. 내가 사랑해주지 않았던 그 부분을 소중한 것으로 받아들이게 될 때 손상된 인격의 조화와 화해가 이루어지며 비로소 인격의 자유를 경험하게 된다.

— 존 브래드쇼, 『상처받은 내면아이 치유』

# 03 죄책감 : 실수를 인정하고 허용하라

케케묵은 죄책감은 놓아버리고 당신은 신의 완벽한 작품이라는 것을 기억하라.
- 도린 버추(미국의 심리치료사, 작가)

## 모든 문제가 전부 엄마 탓은 아니다

아이를 키우는 엄마들을 가장 힘들게 하는 감정 중 하나는 죄책감이 아닐까? 과도한 죄책감은 엄마의 자존감을 갉아먹는 해로운 마음이다. 무슨 일이든 '내가 잘못했다. 내 탓이다.'라고 여기는 마음은 자기 자신을 때리고, 마음 한구석을 멍들게 하고, 한없이 위축시키기 때문이다. 내 경우도 아이들을 키우며 이 죄책감이라는 녀석이 나를 쫓아다녔다.

모유수유에 실패했을 때 내가 뭔가 큰 잘못을 한 것 같은 죄책감과 낭패감에 괴로웠다. 아이의 성장 과정에서 일어나는 크고 작은 문제들에 직면할 때도 죄책감에 시달리곤 했다. 아이가 보이는 상당수의 문제는 시간이 지나면 해결된다는 것을 알게 되면서 조금은 더 편안해질 수 있었다.

　나는 대부분의 엄마들과 마찬가지로 아이를 낳기 전엔 아기를 제대로 안아본 적이 없었다. 아가는 신생아 때가 제일 무겁다는 것을 아이를 낳고 처음으로 알았다. 오히려 아기가 엄마의 품을 알아서 몸의 힘을 뺄 수 있게 되고, 목에 힘이 생기면 훨씬 더 가볍게 느껴진다. 신생아는 목에 힘이 없으니 목 부분을 팔과 손으로 잘 받쳐주어야 한다. 그 휘청이는 가냘픈 목이 꺾어질까봐 어깨와 팔 전체에 잔뜩 힘을 주며 아기를 안아야 했다. 온몸에 힘을 주며 버티듯이 울어 재끼는 아가는 천근만근 돌덩이처럼 무겁다.

　밤이건 낮이건 유축을 하고 아기를 안다 보니 '손목 터널 증후군'이 왔다. 손가락과 손목이 욱신거리고 힘이 없었다. 그러다 보니 잡았던 물건을 자꾸만 놓치거나 떨어뜨리는 일이 생겼다. 그래서인지 나는 갓 태어난 아기를 목욕시키는 것에 특히 겁을 냈다. 친정집에서 친정엄마가 나 대신 아기 목욕을 시켜주셨다. 태어난 지 2달이 넘은 어느 날 아기를 목욕시키는데 그때 뒤통수를 처음 만져보았다. 그리고 깜짝 놀랐다. 절벽이었던 것이다.

　신생아 때부터 메밀 베개를 사용한 것 때문에 그렇게 된 것 같아 그렇게 속상할 수가 없었다. 아이들 두상은 유전이라고 하지만 그때는 두상이 납작한 것이 다 내 잘못인 것만 같았다. 뒤통수 모양을 이야기 안 해 준 친정엄마를 괜스레 원망하기도 했다.

그러다 아이들 두상 만드는 법을 폭풍검색했다. 뒤늦게 짱구베개를 사 들였다. 옆으로 눕히기도 하고, 뒤집어 눕혀 놓기도 했다. 하지만 아이들은 그 자세를 싫어했다. 반듯하게 천장을 보고 누워 있기를 좋아했다. 한동안 아이들 뒤통수만 봐도 그렇게 미안하고 속상했다.

## 엄마는 늘 최선을 다하지만, 없는 것을 줄 순 없다

우리 아이 중에 한 명은 영아 사시가 있었다. 백일사진이나 돌사진을 보면 눈이 안쪽으로 조금씩 몰려 있다. 초점을 정확하게 맞추기 시작하면서 사시가 아닌가 하는 의심이 들었다. 그러던 어느 날, 눈매가 아주 또렷해지는 두 돌 무렵이었다. 아이는 분명 정면을 보고 있었는데 오른쪽 눈동자만 안쪽에 들어가 있는 것이 보였다. 가슴이 철렁 내려앉았다. 가운데로 들어간 눈동자를 보며 마음이 무너지는 듯 주저앉았다. 그날 밤 얼마나 놀랐던지 밤에 잠이 오지 않았다. 밤이 새도록 인터넷을 검색했다. 아이의 눈이 잘못되기라도 하면 어쩌나 하는 걱정이 구름같이 몰려들었다. 아이에게 안쓰러운 마음과 내가 뭘 잘못한 것만 같은 미안한 마음이 들었다.

다음날 병원에 데리고 갔더니 원시로 인해 생기는 '조절성 내사시'라고 했다. 안경을 잘 쓰고 다니면 치료가 가능할 수도 있다는 말을 들었다. 하지만 아이는 한사코 안경을 거부했다. 그러다가 몇 달 후에 다시 병원에 갔다. 안경으로 치료가 안 되면 수술을 해야 한다는 말을 들었다. 아이를 설득해서 그때부터 안경을 쓰고 다녔다. 병원도 동네 안과에서 A병원으로 옮겼다. 그런데 1년 반 동안 다니던 병원에서 황당한 말을 들었다. 수술을 해야 하는데 자기 병원에서는 1년 반을 더 기다려야 한다는 것이다. 빨리 수술할 수 있는 곳에서 하라며 소견서를 써주겠다고 했다.

병원에 대한 원망과 분노로 머리털까지 다 곤두서는 느낌이었다. 항의를 했지만 소용이 없었다. 한편 제대로 알아보지 못해서 고생만 시키고 시간만 보낸 것 같아서 마음이 괴로웠다. 하지만 이미 일어난 일은 돌이킬 수 없으니 내가 할 수 있는 일에 집중하기로 했다. 나는 B병원으로 병원을 옮기고 처음부터 다시 시작했다.

소아사시로 가장 유명한 C병원은 초진 날짜를 예약하는 것만도 2년 가까이 기다려야 했다. 그래서 나는 병원을 옮기자마자 의사 선생님께 이야기했다. 어차피 수술을 해야 할 거라면 빠른 수술을 원한다고 말이다. 하지만 수술 날짜를 잡기 위해 여기서도 1년 반을 기다려야 했다. 그렇게 기다리다가 아이가 7살 3월이 되었을 때 수술을 할 수 있었다. 다행히 수술은 성공적이었다. 아직도 가끔씩 눈이 안으로 몰릴 때도 있지만 대부분의 날은 정상에 가깝다.

아이에게 뭔가 문제가 생기면 엄마는 죄책감부터 느껴 자책하곤 한다. 우리 사회도 아이의 문제를 전부 엄마의 문제로 귀결시키곤 한다. 물론 엄마가 바뀌면 아이도 바뀐다. 엄마가 불안하면 아이도 불안감을 느끼고, 엄마 마음이 행복하면 아이도 행복하게 자란다. 하지만 모든 문제의 원인을 엄마에게 돌리고 죄책감을 주는 건 옳지 않다고 생각한다. 엄마도 본인이 아는 한에서는 가장 최선을 다해 아이를 키운다. 자신이 모르는 것, 자신에게 없는 것을 아이에게 줄 수 없을 뿐이다.

### 자신을 용서하고, 실수를 허용하라

죄책감을 갖는 것은 엄마에게나 아이에게 크게 도움이 되지 않는다. 물론 적당한 선에서 갖는 죄책감은 자신을 변화시키는 원동력이 되기도 한다. 그로 인해 과거를 반성하고 책임을 지려고 한다. 문제를 해결하기 위해 에너지를 쓰고, 더 나은 방향으로 움직이고 행동하게 된다. 하지만 과도하게 내면화된 죄책감은 자신을 탓하고, 작아지게 만든다. 더 나은 행동을 하는 대신 자신을 상처 주는 데에 에너지를 낭비하게 된다.

아이를 키우며 일어나는 모든 문제가 다 엄마의 탓은 아니다. 유전적인 것도 있고 환경에 의해 어쩔 수 없는 것도 있다. 설사 엄마에게 문제가 있다고 해도 죄책감을 오래 가지고 있는 것은 좋지 못하다. 문제를 받아들이고 책임질 것은 인정하고, 해결하는 방향으로 에너지를 쓰는 것이 중요하다. 그러기 위해서는 내가 할 수 없는 것과 할 수 있는 것을 구분하는 지혜가 필요하다. 내가 바꿀 수 없는 것과 내가 할 수 없는 것에 대해서는 과감하게 내려놓을 수 있어야 한다. 대신 내가 바꿀 수 있는 것과 내가 할 수 있는 한 가지를 행동에 옮기는 것이 중요하다.

'~했어야 했는데.', '~하지 말았어야 했는데.' 하는 후회와 당위의 생각에 집착하면 마음이 굳어진다. 때론 바늘 하나 들어갈 틈도 없이 융통성이 없어진다. '~를 반드시 해야만 한다'는 당위적인 사고는 나 자신을 옥죄는 엄격한 심판자로 만든다.

부모가 완벽주의적 성향과 죄책감이 크면 아이에게도 죄책감을 주는 경향이 있다. 작은 잘못 하나에도 마치 큰 잘못을 저지른 것 마냥 아이를 단죄한다. 조금 큰 실수를 하면 아이는 부모 앞에서 대역죄인이 되고 만다. '네가 어떻게 그럴 수 있느냐'며 죽일 놈 살릴 놈 한다. 무릎을 꿇고 빌어도 용서될 수 없는 잘못이라며 상처가 난 마음에 화살을 꽂는다. 가족이기에, 사랑하기에, 가장 가깝기에 원수가 된다.

우리가 조금만 마음의 문을 연다면 어떠한 것도 용서할 수 있고 실수를 허용할 수 있을 것이다. 어떠한 경우에도 '그래, 그럴 수도 있지.'라고 생각하는 마음은 실수를 허용하는 융통성을 만들어준다. 성장의 과정에서 일어날 수 있는 실수임을 인정할 수 있을 때 내 아이를 있는 그대로 받아줄 수 있다. 잘못한 행동에 대해서는 훈계하되 아이에 대한 사랑은 온전하게 지켜낼 수 있다.

그러기 위해서는 나 자신에게 먼저 실수를 허용하는 마음을 가질 필요가 있다. '꼭 ~해야만 한다'는 당위를 조금만 내려놓아도 훨씬 자유로워진다. 과거에 있었던 죄책감을 아직까지 붙들고 있지는 않은지 생각해보자. 나를 용서하라. 모든 게 결코 내 탓은 아니다. 우리는 모두 실수를 통해 배워나가는 완벽하지 않은 인간이다.

## 엄마의 자존감을 위한 한 줄 메시지

**무엇이든 우월함과 열등함, 좋고 나쁨으로 구분하는 습관에서 벗어나야 한다**

자신이 열등하다는 생각은, 세상을 열등한 것과 우등한 것으로 구분 짓는 데에서 출발한다. 낮은 학력이 열등감의 중심인 사람들은 학력에 따라 우열을 나눈다. 가난 때문에 열등감이 있는 사람들은 빈부로 세상을 구분한다. 열등감을 근본적으로 버리려면 무엇이든 우월함과 열등함, 좋고 나쁨으로 구분하는 습관에서 벗어나야 한다.

− 윤홍균, 『자존감 수업』

# 04 조바심 : 인내심을 가지고 여유 있는 엄마가 되라

우리의 말보다 우리의 사람됨이 아이에게 훨씬 더 많은 가르침을 준다.
따라서 우리는 우리 아이들에게 바라는 바로 그 모습이어야 한다.
- 조셉 칠튼 피어스(미국의 자기계발 분야 작가)

## 엄마의 기준과 잣대를 내려놓기

엄마들은 이런저런 시도와 많은 시행착오를 거치면서 내 아이에 대해 배우고 알아간다. 엄마가 하고 싶은 게 아니라 아이들을 잘 보면 아이들이 원하는 게 뭔지, 무엇을 필요로 하는지, 그리고 내 아이의 성장발달 속도를 파악할 수 있다. 엄마의 기준과 잣대를 내려놓을 때 내 아이의 눈높이에 맞출 수 있다.

우리 아이들은 5살 초반까지 쌍둥이 유모차를 타고 다니는 걸 정말 좋아했다. 얼마나 그 유모차를 좋아했는지 집에서 5분 거리에 있던 유치원에 등원할 때도 늘 유모차를 타고 가길 원했다. 나는 5살이 다 되도록 유모차를 타고 등원하려는 아이들을 이해할 수가 없었다.

이제는 몸무게도 제법 나가는데다 너무 많이 타서 핸들링도 잘 되지 않는 쌍둥이 유모차를 끄는 게 힘이 들었다. 그리고 다 큰 아이들을 유모차로 등원시키는 것에 대해 창피한 마음도 들었다. 그래서 아이들을 설득해서 셔틀버스를 타고 가자고 구슬렸다.

유치원에 적응도 하지 않았던 3일 만에 셔틀버스를 태운 게 화근이었다. 혹시나 해서 셔틀을 같이 타고 갔는데 버스에서 내릴 때가 되자 울고불고 난리가 났다. 그 이후 걸어가자고 설득했지만 들을 리 만무했다. 아이들은 엄마가 밀어주는 익숙한 유모차에 탈 때 심리적으로 안정감을 느꼈던 거 같다. 처음 경험하는 큰 세상에 발을 들이기 위해 아이들은 용기를 낼 수 있는 버팀목이 필요했나보다. 유모차 등원은 유치원 적응을 위해, 우리 아이들이 불안감을 해소하기 위해 필요했던 지지대였다.

그렇게 유치원에 적응할 무렵 몇 개월 만에 유치원이 문을 닫게 되었다. 단지 재건축이 서둘러 확정되면서 일어난 일이었다. 그래서 새로운 유치원으로 갑자기 옮기게 되었다. 셔틀버스로 10여 분 정도 떨어진 곳에 있는 유치원이었다. 아이들과 새로운 유치원에 방문해서 마음의 준비를 시켰지만 셔틀버스를 타고 가야 한다는 게 큰 걱정이었다. 그런데 웬걸 새로운 유치원에 등원하는 첫날부터 울음 떼 없이 셔틀버스를 타더니 바로 적응했다.

언제나 때가 되면 아이들은 훌쩍 성장해 있다. 걷는 게 느린 아이, 말하는 게 늦은 아이도 결국엔 걷는 법을 배우고 말하는 걸 배운다. 이웃집 아이들과 비교하면 엄마 마음이 조급해지고 애가 탄다. 그로 인해 엄마가 스트레스를 받아 아이를 다그치거나 불안하게 바라보면 아이에게도 결코 좋지 않은 영향을 미친다. 엄마의 불안이 아이에게 고스란히 전염되기 때문이다.

어떻게 하면 조급하지 않고 좀 더 여유 있는 엄마가 될 수 있을까?

## 조급하지 않고 여유 있는 엄마가 되는 법

첫째, 내 아이만의 속도와 기질을 인정해주자.

목도 가누지 못하고 누워만 있던 아이가 목에 힘이 생겨 고개를 들고, 배밀이를 한다. 그러다 길 수 있게 되고, 마침내 걷게 되었다. 모든 과정 하나하나에 감동하고 격하게 응원해주었다. 하루에도 수십 번, 수백 번씩 엉덩방아를 찧으며 마침내 걷게 되었다. 누가 시키지 않아도 막 뛰어다닌다. 아직 기어다니는 아이에게 걷지 못한다고, 뛰지 못한다고 다그치진 않을 것이다.

남들보다 성장이 더뎌 속으로 애가 탈 수는 있지만 아이마다 성장 속도가 다르다는 것을 명심하자. 지긋이 기다리다 보면 언젠가는 걷고 언젠가는 뛰게 된다. 아이 때 느리더라도 결코 인생이 뒤처지는 것이 아님을 기억하라.

둘째, 나 자신을 이해하고, 자신에게 좀 더 친절해지자.

자기 자신에 대해서도 좀 느긋해질 필요가 있다. 누구나 자신만의 속도가 있다. 다른 사람들보다 느리다고 해서 자신을 다그치며 너무 가혹하게 굴지 말자. 나 자신이 가야 할 방향을 안다면 조금 천천히 가더라도 괜찮다. 자기 자신의 속도를 믿고 존중해주자. 자신이 엄마로서 서툴다고 느끼는 건 이제 시작했기 때문이며 아직 배워야 할 것이 많기 때문이다. 자기 자신에게 좀 더 친절해지자. 그러면 여유를 갖고 내 아이를 있는 그대로 인정할 수 있게 된다.

셋째, 육아 철학과 큰 그림을 갖고 넓은 관점에서 바라보자.

지도와 목적지가 있으면 올바른 길을 찾아갈 수 있을 것이다. 당신이 중요하게 생각하는 건 무엇인가? 내가 아이를 키우며 주로 했던 질문들 중 2가지는 '우리 아이들이 어떤 사람으로 성장하기를 바라는가?'와 '나는 어떤 엄마가 되고 싶은가?'였다. 이 2가지 질문에 대한 대답을 통해 좀 더 넓은 관점에서 육아를 바라보자.

**엄마가 꿈꾸는 아이의 모습**

우리 아이들이 어떤 사람으로 성장하기를 바라는가?

하나, 몸과 마음이 건강하고 행복한 사람.

둘, 자신을 사랑하고 소중하게 여기는 사람.

셋, 자신을 잘 이해하고 제대로 표현할 수 있는 사람.

넷, 다른 사람을 공감하고 배려할 수 있는 사람.

다섯, 자신의 고유함과 가치를 잘 알고, 자신의 재능을 충분히 꽃피우는 사람.

여섯, 꿈을 갖고, 즐겁게 노력할 수 있는 사람.

나는 우리 아이가 공부 잘하고, 좋은 대학을 나오고 최고의 스펙을 쌓는 데 혈안이 되지 않기를 원한다. 사회적으로 인정을 받거나 타인의 칭찬을 얻기 위해 애쓰는 삶을 살아가지 않기를 원한다. 그보다 자신의 재능과 강점을 찾아 노력할 수 있는 사람이 되기를 바란다. 어려운 상황에 처하더라도 자신을 사랑하고 스스로를 일으키는 건강한 마음을 가진 사람으로 성장하기를 바란다.

또한 자신만의 개성과 생각을 창조적으로 표현할 수 있는 사람이 되었으면 한다. 그리고 다른 사람들과 지혜롭게 소통할 수 있는 역량을 갖추게 되기를 원한다. 무엇보다 자신의 소중한 가치를 알고, 기꺼이 노력해서 자신을 활짝 꽃피우는 사람이 되기를 희망한다.

이러한 것들을 방향으로 삼을 뿐 엄마의 욕심과 집착이 되지 않기를 바란다. 내 곁에서 건강하게 살아 숨쉬며 존재하는 것만으로도 감사할 수 있기를 바란다.

그렇기 위해서 우리 아이들에게 내가 먼저 그런 엄마가 되어야겠다고 생각한다. 나부터 나를 사랑하는 엄마, 건강하고 지혜로운 엄마, 나 자신의 장점과 가치를 알고 꿈을 향해 도전하는 엄마가 되겠다고 다짐한다. 삶을 즐기는 행복한 엄마, 다정하게 소통하는 엄마, 자기 스스로를 일으키는 자존감 있는 엄마가 되어줄 것이다.

이렇게 내 아이와 내가 되고자 하는 모습에 대한 청사진과 육아철학은 엄마로서 마음의 중심을 잡는 데 도움을 주었다. 물론 아이가 당장 그렇게 되지는 않는다. 나와 마찬가지로 우리 아이들에게 필요한 건 믿음과 기다림이다. 눈에 보이는 현실에 일희일비하지 말고, 좀 더 멀리 보고 넓게 보는 마음의 공간을 허락해보자. 당신은 당신의 아이가 어떤 사람으로 자라기를 바라는가? 그리고 나는 어떤 엄마가 되고 싶은가?

육아는 엄마에게 기다릴 줄 아는 마음의 여유와 지긋한 인내심을 배우게 하는 수행의 과정과 비슷하다. 물론 초보 엄마이기에 아이들이 성장하면서 겪는 일거수일투족에 예민해지고 신경이 쓰이는 건 당연하다. 그런데 중요한 것은 우리 아이가 자신만의 속도로 성장하고 있다는 믿음을 잃지 말아야 한다는 것이다. 세상의 평균적인 기준과 잣대로 내 아이를 재단하지 말고 있는 그대로 내 아이를 보자. 내 아이만의 고유함과 특성을 있는 그대로 존중하고 인정해주자. 엄마의 중심 잡힌 철학과 믿음 속에서 오늘도 우리 아이들은 눈부시게 성장하고 있다.

**위험과 문제에 직면하고 괴로워하면서 아이는 성장한다**

아이들이 태어날 때부터 갖고 있는 성장 능력과 문제 해결 능력을 인정해야 한다. 위험에 노출되어보지 않고는 위험을 극복하는 방법을 터득할 수가 없다. 위험은 인생의 도처에 도사리고 있다. 절대적으로 안전한 곳이란 세상에 없다. 위험과 문제에 직면하고 괴로워하면서 아이는 성장한다.

– 이무석, 『나를 사랑하게 하는 자존감』

# 05 자기 이해 : 감정을 억압하지 말고 이해하라

평평 울어라. 슬픔은 가장 깊숙이 위치한 자아로 통하는 문이다.
– 쉐릴 리처드슨 (미국의 작가, 상담가)

## 나의 감정에 대해 제대로 이해하자

육아는 노동이다. 그것도 극심한 감정노동이다. 하루 종일 아이의 기분을 맞추고 욕구를 돌보느라 나의 감정은 돌보지 못한다. 수시로 오락가락하는 아이의 감정선을 따라 수없이 롤러코스터를 탄다. 아이가 자아가 생겨 고집을 부리고 떼를 쓰기 시작하면 엄마와 아이 사이에는 감정에너지 쟁탈전이 시작된다. 끊임없이 감정을 자극하는 아이들 앞에서 엄마의 감정조절 능력은 시험대에 올라간다.

참고 참았던 화가 폭발해버린다. 욱하고 버럭 소리를 지르고 아이를 울린다. 돌아서면 짠하고 미안해진다. 울다가 잠든 아이를 보며 '내가 미쳤지. 미친년이야. 저 어린 것에게 무슨 짓을 한 거야.'라며 후회가 몰려든다. 하지만 그 다음날도 똑같은 일상이 반복되곤 한다. '나 왜 이러지? 감정조절 불능인가? 감정 컨트롤이 왜 이렇게 안 되는 거야? 어디 가서 치료라도 받아야 하나? 난 엄마 자격이 없나봐. 아이 키우는 데 소질이 없나봐.' 스스로의 모습이 실망스럽고 자책이 이어진다. 그런 마음지옥에 빠져 자존감이 추락하면 육아가 괴롭고 인생이 고달프다는 생각까지 든다.

어떻게 하면 덜 욱하고 덜 소리 지르고 덜 미안해하며 아이를 키울 수 있을까? 어떻게 하면 내 감정을 잘 컨트롤하며 우리 아이를 더 사랑해줄 수 있을까? 어떻게 하면 내 감정의 주인이 되어 감정을 잘 다루는 현명한 엄마가 될 수 있을까?

그러기 위해 먼저 감정에 대해 제대로 이해할 필요가 있다. 당신은 감정에 대해 어떤 생각과 느낌을 품고 있는가? '감정을 표현하는 것은 미성숙하다. 부정적인 감정은 백해무익하다. 감정은 위험한 것이다.'와 같은 생각으로 감정을 두려워하고 있지는 않는가?

한번 생각해보자. 감정은 과연 위험하고 나쁜 것일까? 우리는 왜 감정을 불편해할까? 사실 감정은 나쁜 것이 아니다. 감정은 우리를 더 살아나게 하고 행복하게 하는 에너지이다. 부정적인 감정도 꼭 필요한 자연스런 감정이며, 우리를 이롭게 한다.

역사 이래 인간은 '두려움'의 감정을 느낄 수 있었기에 외부의 위험에 대처해 자신을 보호할 수 있었다. '분노'의 감정은 자신의 경계를 침범하는 외부에 대해 자신을 지킬 수 있는 힘을 준다. 오늘날의 민주주의는 사회적 억압과 불평등에 대항해 자신의 권리를 찾으려는 많은 사람들의 정의로운 분노를 통해 발전해올 수 있었다. 자신을 함부로 여기거나 이용하려는 사람들에게 화를 표현함으로써 우리는 자신을 지키며 앞으로 나아갈 수 있다. '부러움'의 감정이 있기에 더 잘하고 싶은 마음이 들고 자신을 더 향상시킬 수 있다. '슬픔'의 감정을 느낄 수 있기에 이별의 아픔과 고통으로부터 치유될 수 있다.

부정적인 감정 자체가 나쁜 것이 아니다. 부정적인 감정을 제대로 느끼고 표현하면 우리의 마음은 다시 기쁨과 활력으로 채워진다. 〈인사이드 아웃〉이라는 애니메이션 영화를 참 재미있게 보았다. '라일리'라는 주인공 안에 기쁨이, 슬픔이, 버럭이, 까칠이 등의 감정들이 살고 있다. 이 영화는 우리가 제대로 행복하게 살기 위해서는 모든 감정이 다 필요하다는 것을 보여준다. 슬픔이가 충분히 슬퍼했을 때 기쁨이가 다시 자신의 역할을 제대로 할 수 있다. 슬픔과 두려움이 억압되면 기쁨도 제대로 느낄 수 없게 된다.

우리가 부정적 감정을 두려워하는 이유는 부정적인 감정에 깊이 집착해 헤어나지 못하기 때문이다. 극도의 분노, 절망감, 우울함 등 부정적 감정의 수렁에 빠지면 자신을 망가뜨리고, 주변의 사람들에게까지 깊은 상처를 주게 된다.

그런데 이렇게 부정적인 감정에 휩싸이고, 때때로 폭발하는 원인은 무엇일까? 그 이유는 바로 감정을 자꾸만 누르고 억압하기 때문이다. 감정은 억압당하고 무시한다고 없어지지 않는다. 억눌린 감정은 언젠가 폭발한다. 공기가 가득 찬 풍선이 계속 부풀어 오르다가 '뻥!' 하고 터져버리는 것과 같다. 그렇게 터져 나온 감정은 때로 폭력이나 전쟁과 같은 엄청난 결과를 초래하기도 한다.

## 감정의 주인인 현명한 엄마가 되는 법

우리 대부분은 감정을 억압하는 가정과 사회 분위기 속에서 성장했다. 전쟁 시에 군인들에게는 분명 감정이 비효율적일 수 있다. 과거 먹고살기 바빴던 우리 부모님 세대는 개인의 행복이 중요한 이슈가 아니었다. 역사의 상당 기간 동안 우리는 전쟁 속에 있었다. 그리고 가장 큰 이슈는 굶주림으로부터의 해방이었다. 우리의 감정과 행복에 대해 이해하고 다룰 여유가 없었다. 그러나 이제는 개인의 행복과 창의성이 가장 중요한 이슈가 되는 사회로 발전해왔다.

억눌린 감정은 무엇보다 자기 자신을 병들게 만든다. 늘 화가 나 있고, 무력감을 느끼면 사는 게 재미가 없어진다. 엄마가 이런 상태가 되면 내 아이는 무방비 상태로 위험에 노출된다. 아이는 엄마의 감정을 고스란히 흡수하며 성장하기 때문이다.

엄마가 자신의 감정을 잘 다룰 수 있을 때 아이도 마음이 건강해지고 나답게 살 수 있다. 어떻게 하면 감정에 휘둘려 내면의 병을 키우는 것이 아니라 감정의 주인이 되어 즐거운 육아를 할 수 있을까? 몇 가지 방법을 소개한다.

첫째, 엄마인 나부터 자신의 감정을 소중히 여긴다.

불쾌한 감정, 불편한 감정이 드는 것은 일종의 신호다. '나를 돌아보라.' 내 안에 해결되지 못한 욕구가 있다는 내면의 안내이다. 그러니 억압하지 말고 짬을 내어 내 안의 감정을 살펴보자. 나는 소중한 존재이고, 내가 느끼는 모든 감정도 다 소중하다는 것을 기억하자.

둘째, 내 감정과 욕구를 스스로 공감해준다.

스트레스를 받고 힘든 일이 있을 때 내 감정을 느끼고 표현해본다. '내가 지금 많이 화가 났구나. 속상하구나. 외롭구나.' 하면서 나부터 나를 공감하고 위로해준다. 종이와 펜을 꺼내서 내가 느끼고 있는 감정을 적어본다. 그리고 감정의 원인은 무엇인지 찾아본다. 부정적인 감정은 나에게 중요한 어떤 욕구가 채워지지 않고 있다는 신호다.

나에게 지금 필요한 것이 무엇인지 찾아본다. 내가 돌보아야 할 욕구는 무엇인지 살펴보라.

감정을 표현하고 이해해주면 우리의 감정은 다시 흐르게 된다. 이것은 팽팽하게 부풀어 있는 풍선의 바람을 조금씩 빼내는 것과 같다.

셋째, 자신의 감정을 적절하게 표현하라. 아이에게 말할 때도 엄마의 화가 난 감정이나 속상한 감정을 표현해야 한다. "너 또 그럴래? 바보같이 왜 이래?"라고 아이를 비난하는 대신 엄마의 감정을 표현한다. 너무 화가 난 상태에서 폭발하지 않으려면 평소에 내 감정을 수시로 공감해주어야 한다. 아이들에게는 어떤 행동을 할 때 아이를 비난하지 말고 엄마가 어떤 기분이 드는지 표현해줄 필요가 있다. 그래야 아이도 자기 자신을 방어하거나 엄마를 탓하는 대신 엄마의 마음을 이해할 수 있게 된다.

넷째, 긍정적인 감정일수록 수시로 표현하라. 감정은 전염성과 확장성이 있다. "엄마가 오늘 이렇게 기분이 좋아. 행복해. 사랑해. 기뻐." 아이를 키우는 엄마일수록 감정 표현의 달인이 되어야 한다. 그렇게 나를 표현할 때 내 기분도 더 밝아지고 우리 아이도 안정감을 느낀다. 아이는 엄마를 통해 불편한 감정을 해소하는 법과 유쾌한 감정을 표현하는 법을 배운다.

감정은 죄가 없다. 감정은 감추고 억압하고 회피해야 할 대상이 아니다. 감정을 억압하면 할수록 자존감은 떨어지고 삶의 기쁨과 의욕까지 사라진다. 부정적인 감정의 노예가 되지 않으려면 제때에 감정을 표현하는 법을 익혀야 한다. 자연스럽게 감정을 표현하고 불편한 감정에 휘둘리지 않을 때 우리의 삶은 더 충만해진다.

### 엄마의 자존감을 위한 한 줄 메시지

**감정과 거리를 두고 살아온 사람들은 감정과 함께 활기까지 잃어버린다**

수년 동안 울어보지 않았거나 자신의 감정과 접촉하지 않을 정도로 감정과 거리를 두고 살아온 사람들은 감정과 함께 활기까지 잃어버린다. 몸과 마음이 원치 않는 감정을 떨쳐버리는 데 고도로 자동화되면 불쾌한 감정뿐만 아니라 즐거운 감정까지 밀어낸다.
– 안드레아스 크누프, 『나를 사랑하지 못하는 나에게』

# 06 감정 표현 : 엄마는 행복한 사람이라고 말하라

자신을 기쁘게 만들어라.
기쁨은 당신이 다른 사람에게 줄 수 있는 가장 큰 선물이다.
당신이 기쁘지 않으면, 당신이 다른 사람에게 베풀 수 있는 것은 아무것도 없다.
– 아브라함 힉스(미국의 영성지도자, 작가)

### 아이 역시 엄마가 행복하기를 바란다

어린 시절 나의 부모님은 사이가 좋지 않으셨다. 엄마와 아빠를 보면 '소와 사자의 사랑 이야기'라는 우화가 생각난다. 아빠는 술과 고기를 좋아하셨고, 엄마는 과일과 채소를 좋아하셨다. 아빠와 엄마는 서로에게 기대하는 것이 달랐고, 각자의 방식으로 서로에게 사랑을 주셨다. 하지만 상대방은 그걸 사랑이라고 느끼지 못하셨다. 아빠는 자신을 인정하는 대신 맞추기만 하는 엄마에 대해 참고 참았다가 감정을 폭발시키셨다.

우리 부모님들 세대가 대부분 그렇듯 엄마는 감정 표현에 서투르셨다. 아빠가 화를 내시면 불을 끄기 위해 어떻게든 맞추셨다. 아빠는 화를 내야만 자신을 알아주는 엄마가 못마땅하셨고 엄마는 감정적이게 되고 폭발하시는 아빠를 도무지 이해할 수 없었다.

내가 중학교 시절 부모님은 부부동반 여행을 많이 다녀오셨다. 법무사를 하시는 아빠는 여러 사회단체와 클럽에서 활동하고 계셨다. 가끔 해외여행을 다녀오시고 나면 나는 엄마에게 묻곤 했다. "엄마, 이번 여행은 어땠어? 좋았어?"

엄마에게서 나오는 답변은 늘 한결같았다.

"좋긴, 뭐가 좋니? 엄마는 하나도 재미없었어. 다음부터는 여행 안 가고 싶어. 너희 아빠는 하루 종일 담배 피워대지, 술 먹고 소리 지르지, 정말 창피해 죽겠다."

나는 엄마의 입에서 그런 말이 나오리라는 것을 이미 알고 있었지만 들을 때마다 매번 마음이 무겁고 우울했다. 엄마에게 듣고 싶었던 말이 도대체 '무엇'이었기에 나는 자꾸만 똑같은 걸 물었을까? 내가 정말로 듣고 싶었던 말은 "엄마는 행복하다"는 한마디였던 것 같다.

"이번에는 어디에 가서 뭘 먹었는데 정말 맛있었어. 거기에 가서 뭘 했는데 정말 좋더라. 날씨는 또 얼마나 좋았는지 모른단다. 나중에 너희도 꼭 같이 가자. 아빠가 이런 걸 해주었는데 엄마는 감동을 받았단다. 든든한 아빠가 있어 해외여행도 다니고 참 감사해. 너희들이 많이 커서 엄마와 아빠가 여행도 다닐 수 있고 엄마는 참 행복해."

만약에 엄마가 이렇게 이야기해줬다면 어땠을까? 내 마음도 참 행복하고 편안했을 것 같다. '우리 엄마가 참 행복하구나. 아빠 덕분에 감사하고, 나 때문에 행복하구나. 그러니 나도 실컷 행복해도 되겠구나.'

나뿐 아니라 모든 아이들은 엄마와 아빠의 감정에 예민한 촉수를 갖고 있다. 그리고 부모의 감정 습관을 무의식적으로 학습한다. 그래서 엄마인 우리는 아이의 행복만 바랄 것이 아니라 나 자신이 더 행복해져야 한다. 엄마가 행복할 때 우리 아이도 행복하기 때문이다.

결혼하면 부부가 닮아간다. 매일 서로 바라보고 함께 이야기하며 생각과 감정, 에너지를 가장 많이 주고받는다. 그러니 자연히 닮은 꼴이 될 수밖에 없다. 우리가 주로 하는 생각과 감정대로 우리의 얼굴 표정이 변해가기 때문이다.

10여 년 전쯤 엄마의 얼굴은 험상궂게 변해 있었다. 그 당시 집안에 닥친 경제적인 어려움과 아빠의 병환으로 인해 엄마는 마음고생을 많이 하셨다. 그 곱디고왔던 엄마의 얼굴은 화가 난 아빠의 표정처럼 변해 있었다. 친정집에 들르면 엄마는 화난 것 같은 얼굴을 하고 계셨다. 고단한 세월의 흔적을 고스란히 담고 있는 엄마의 표정을 볼 때면 마음이 안 좋았다.

그런데 엄마와 아빠에게 무슨 일이 일어난 걸까? 지금 나의 부모님은 과거와는 많이 달라진 모습이다. 두 분의 표정에는 잔잔한 행복과 평화가 묻어 있다. 수많은 희로애락과 삶의 풍파를 함께 이겨내고 경험하면서 부부의 동지애가 생기신 걸까? 내려놓을 건 내려놓고 인정할 건 인정하는 삶의 지혜를 터득하신 걸까?

엄마는 요즘 당신의 삶을 나름 잘 즐기고 계신다. 매일 공원을 산책하고, 아쿠아로빅도 다니신다. 가끔 짬을 내어 가벼운 여행도 다녀오신다. 공원을 산책할 때 그렇게 좋을 수가 없단다. 풀 한 포기, 꽃 한 송이, 돋아난 새싹 하나에도 감동하고 행복해하신다. 동네 수영장에서 하는 아쿠아로빅이 그렇게 신나고 재미있으시단다.

엄마뿐 아니라 아빠도 정말 많이 변하셨다. 몸이 많이 불편하시지만 표정은 훨씬 편안해지셨다. 예전의 사납고 거칠었던 말투는 부드럽게 바뀌었다. 우리가 집에 가면 따뜻한 음성으로 "왔냐?" 하고 반겨주신다. 아이들이 나오는 육아프로그램을 보시면서 "예전에 너희들 키울 때는 저런 걸 몰랐어."라고 말하시는 아빠의 목소리에는 미안함이 묻어 있다.

## 엄마의 행복은 아이에게 주는 소중한 선물이다

어느 날 엄마가 배꼽을 잡고 웃으며 말씀하셨다. 요리프로그램을 보다가 "저 사람들은 저렇게 예쁘고 맛있게 요리를 하는데, 난 솜씨가 없어서 못해."라고 이야기했더니 아빠가 "당신, 그만하면 최고지. 당신 요리 솜씨가 정말 좋아."라고 하셨단다. 그런데 그 이야기를 듣고 너무 웃음이 나와서 엄마는 1시간 동안이나 혼자 웃으셨단다. 그러면서 나에게 그 이야기를 하며 또 배꼽을 잡으신다.

뭐가 그렇게 엄마를 웃게 했을까? 과거의 아빠는 요리의 '요'자도 못하시지만 요리프로그램을 즐겨 보면서 엄마에게 늘 면박을 주곤 하셨다. 요리를 하려면 제대로 해야지. 저렇게 좀 해보라며 잔소리를 하시곤 했다. 그러던 아빠가 엄마에게 요리를 잘한다고 칭찬을 하신 거다. 물론 엄마의 웃음엔 순수한 기쁨만이 아니라 다양한 감정이 묻어 있다는 걸 안다. 어쨌든 아빠의 말 한마디에 엄마는 한참을 웃으셨고, 엄마의 말 한마디에 나도 큰 행복을 느꼈다.

어렸을 때 내가 그토록 바랐던 것이 이런 거였다는 생각이 들었다. 거창한 게 아니었다. 부모님의 소소한 행복과 웃음이 내가 가장 바랐던 것이라는 것을 알았다. 나이 드신 부모님이 보여주는 잔잔한 행복은 내 안의 아이에게도 마음의 평화와 웃음을 선물해주었다. 나도 부모님께 효도하고 감사를 전하는 딸이 되어야겠다고 다시 한번 다짐하게 되었다.


우리는 모두 내 아이를 행복한 아이로 키우기를 원한다. 그러나 정작 엄마인 나 자신의 행복은 놓치고 있는 게 아닐까? 그리고 우리의 행복한 기분과 감정을 아이들에게 표현하는 것에 소홀하거나 인색하지는 않은지 생각해보자. 내 아이에게 나는 주로 어떤 말을 자주 하고 있는가?

"야, 그만 좀 해. 너 그렇게 엄마 힘들게 할래?", "내가 너 때문에 못 산다. 못 살아. 너 빨리 숙제 안 해?", "똑바로 해. 제대로 안 하면 가만 안

둔다. 좋은 말로 할 때 빨리 안 해?", "너희 아빠는 도대체 왜 그러니? 넌 절대 아빠 닮지 마라.", "으이구, 너희 아빠랑 어쩌면 그렇게 똑 닮았니?", "왜 그것도 못해, 넌 누굴 닮아서 그 모양이니? 자꾸 엄마 화나게 할래?"

어렸을 때 내가 정말로 듣기 싫어했던 말, 지금 들어도 싫은 그 말을 지금 우리 아이에게 자꾸 반복하고 있지는 않은가?

최근에 내가 아이에게 "엄마는 행복해."라고 말한 게 언제였는지 잘 기억이 나지 않는다면 오늘 당장 아이와 눈을 맞추고 이렇게 이야기해보자.

"너희들이 있어서 엄마가 정말 행복해."

"예원이의 예쁜 미소를 보니 엄마가 너무 기분이 좋아지네."

"엄마는 정말 기뻐. 오늘 엄마에게 이러한 좋은 일이 있었거든. 그래서 엄마 기분이 참 좋아."

"아빠 오늘 참 멋지다. 엄마는 아빠의 이런 점에 반했단다. 엄마는 참 행복한 사람이야."

밤에 잠자리에 들기 전에 나는 이렇게 아이들과 행복을 나누곤 한다. 그러면 우리 아이들의 얼굴에도 행복의 꽃이 피어난다. 아이는 "엄마, 예솔이 마음에도 행복이 가득해요."라고 말하곤 한다. 어떤 날은 "엄마,

오늘은 마음에 행복이 200개 있는데, 슬픔은 10개가 있어요. 왜냐하면 요….”라고 속에 있던 이야기를 끄집어놓는다.

우리는 자신의 행복에 책임이 있다. 내 안에 있는 행복은 우리가 쳐다봐주고 발견해주기를 항상 기다리고 있다. 그러니 행복을 꺼내어 한 번 더 표현해보자. 아이는 진심으로 당신의 행복을 기뻐하고 좋아한다. 당신의 행복을 자녀에게 자주 표현해주자. 엄마의 행복은 아이에게 주는 소중한 선물이다.

> ### 엄마의 자존감을 위한 한 줄 메시지
>
> **우리에게 일어난 모든 일들은 결국 우리를 위한 것이다.**
> 우리에게 일어난 모든 일들은 결국 우리를 위한 것이다. 나에게 일어난 모든 고통과 불행의 시간들은 기쁨과 행복을 위해 반드시 필요했다. 우리는 진정한 행복과 사랑을 깨닫기 위해 그 고통스럽고 괴롭고 두려웠던 시간들이 꼭 필요했는지 모른다.
> – 아니타 무르자니, 『나로 살아가는 기쁨』

# 07 관점 : 나와 세상에 대한 관점을 바꿔라

행복으로 가는 열쇠는
당신에게 일어나는 일이 중요한 게 아니라는 것을 깨닫는 데 있다.
중요한 것은 당신이 그것에 어떻게 반응하겠다고 생각하느냐이다.
- 키스 D. 해럴(미국의 동기부여가, 작가)

## 행복은 밖이 아니라 내면에서 온다

'소확행'이라는 단어가 이슈다. 지금 여기서 누리는 작지만 확실한 행복을 중요하게 여기는 가치관이 대세가 되고 있다. 시대가 바뀌어 미래의 행복을 위해 더 이상 현재를 희생하지 않는 사람들이 늘고 있다.

감성을 돋우는 분위기 좋은 카페에서 커피 한 잔을 마시는 것이 중요한 일과가 되었다. 커피 한 잔 값이 점심 식사 값에 맞먹지만 작은 행복을 포기하고 싶진 않다. 다가오는 연휴엔 남들이 부러워할 만한 끝내주는 여행지에 다녀오기 위해 미리미리 계획을 세운다. 생활비가 부족해도 카드가 있으니 일단 저질러보자고 자신을 독려한다.

예전보다 우리는 물질적으로 풍요로운 시대에 살고 있다. 하지만 우리의 내면은 어떨까? 분위기 좋은 카페에 가고 남들이 부러워하는 것들을 SNS에 올린다고 해서 과연 나의 내면이 행복으로 채워지고 있을까?

행복한 삶을 위해서 먼저 나의 행복에 관심을 갖고, 내 마음을 들여다볼 필요가 있다. 진정한 행복은 외부의 조건이 아닌 내면에서 오는 것이기 때문이다. 행복하지 않을 때 우리는 행복하기 위한 조건에 매달린다.

'우리 아이가 좀 더 자라면, 엄마 말을 잘 들으면, 공부를 더 잘하면 행복할거야. 남편이 이렇게 해주면, 좋은 차를 사고 넓은 집에 이사하면 행복할거야.'

지금은 개인의 행복을 위해 소비하는 시대다. 갖고 싶던 핸드백을 사고, 가고 싶던 여행지에 다녀온다. 보는 것만으로도 즐거운 산해진미를 먹는다. 물론 그런 소비를 통해 우리는 삶의 소소한 기쁨과 만족을 얻는다. 그러나 외부에서 찾은 행복의 유효기간은 너무나 짧다는 한계가 있다. 또한 그렇지 못할 때 느끼는 비교에 의한 상대적 박탈감은 우리의 마음을 지옥으로 만든다.

하버드대 심리학과 대니얼 길버트 교수의 연구에 의하면 로또가 주는 행복도 평균 3개월이 지나면 사라진다고 한다. 노스웨스턴대학 심리학과의 필립 브릭맨 교수는 복권에 당첨된 사람들의 행복에 대해 조사했다. 당첨된 순간의 행복 수준은 상당히 높았지만 시간이 지나면 그 행복은 원래대로 돌아와서 보통 사람들의 것과 다르지 않았다. 어느 정도 시간이 지나면 본인이 지녔던 원래의 행복 수준으로 돌아온다는 것이다.

긍정심리학자들은 행복한 삶을 위해서는 조건에 의존하는 것이 아닌 행복한 마음의 습관을 기르라고 이야기한다. 행복은 우리 마음의 습관이기 때문이다. 어떻게 하면 상황이나 조건과 상관없이 행복해지는 습관을 만들 수 있을까?

## 행복하려면 세상을 보는 관점부터 바꿔라

'보이지 않는 고릴라'로 불리는 유명한 심리학 실험이 있다. 한 영상에서 흰 옷과 검은 옷을 입은 선수들이 팀을 나누어 농구공을 패스한다. 영상을 보는 사람들에게 흰 옷을 입은 팀이 몇 번 패스하는지 세어보라는 미션을 준다. 영상 중간에 검은색 고릴라 옷을 입은 사람이 중앙으로 나왔다가 사라진다. 재밌는 사실은 영상이 끝나고 나서 사람들에게 고릴라를 보았냐고 질문하면 상당수가 보지 못했다고 답한다는 것이다.

나도 예전에 이 영상을 처음 보았을 때 중간에 고릴라가 나온다는 것을 들었음에도 불구하고 고릴라를 보지 못했다. 흰 옷을 입은 사람들이 공을 패스하는 횟수를 세는 데만 집중했기 때문이다. 검은색에 집중하여 다시 영상을 보고서야 고릴라의 모습을 볼 수 있었다. 덩치가 큰 고릴라 옷을 입은 사람이 무대 가운데로 버젓이 나와 가슴을 두드리고 여유 있게 퇴장하고 있었다.

심리학자들은 이런 현상을 '선택적 지각'이라고 한다. 본인이 보고 싶은 것과 알고 싶은 정보만 받아들이는 현상을 말한다. 우리가 하나의 관점에 집중하다 보면 다른 것들은 제대로 보지 못한다. 의식적으로 주의를 기울이는 것만 우리의 레이더에 잡히는 것이다.

예를 들어 아이들 유모차를 사야겠다고 마음먹으면 보이지 않던 유모차들이 눈에 들어오기 시작한다. 자동차를 바꾸고 싶을 때는 자동차만 보인다. 특히 내가 마음에 두고 있는 차가 있다면 별로 안 보이던 그 자동차가 계속 눈에 띄기 시작한다. 내가 쌍둥이를 임신한 후에 얼마나 많은 쌍둥이 엄마들과 쌍둥이들, 쌍둥이 유모차들이 보였는지 깜짝 놀랄 정도였다.

내가 바라보고 인지하고 받아들이는 세상은 이렇게 나의 관심 영역에 따라 달라진다. 똑같은 상황에서도 나의 관점이 어디를 향하느냐에 따라 우리는 다른 것을 경험한다. 우리 마음의 행복도 마찬가지다.

행복과 불행도 관점의 차이에서 온다. 행복한 사람들은 행복한 것을 주로 보고 행복한 생각을 하는 습관이 있다. 반면 불행한 사람들은 불행한 것을 주로 보기에 불행한 생각을 하는 습관이 있다.

그래서 지금 내 마음이 행복하지 않다면 나의 관점이 어디를 향하고 있는지 살펴볼 필요가 있다. 우리가 시각을 바꿔 내면을 바라본다면 내 안에는 언제나 행복이라는 녀석이 나와 함께하고 있다. 언제나 내가 발견하고 함께해주길 바란다. 행복은 조건 충족의 결과가 아니라 내 마음의 관점이기 때문이다.

 상황은 똑같아도 나에게 없는 것과 부족한 점을 바라보고 있으면 마음이 조급하고 불행해진다. 이웃집 아이는 씩씩하게 말도 잘하는데, 우리 아이는 인사도 제대로 못하고 내 뒤로 숨는 것을 보면 한심하고 부족해 보인다. 다른 집 남편은 집 청소도 잘 도와준다는데, 내 남편은 소파에 기대어 TV만 보고 있으면 남편이 미워진다. 친구의 인테리어 잘된 깨끗한 집에 놀러 갔다 돌아오면 내가 사는 집은 한없이 작고 초라해 보인다. 잘 차려입고 좋은 곳에 여행을 다녀온 이웃 엄마를 보면 헐렁한 옷을 입고 아이와 씨름하고 있는 내 신세가 더 처량해진다.

 반면 이미 내가 가진 것, 내가 누리고 있는 것들을 바라보면 내가 행복한 사람이라는 것을 깨닫게 된다. 아이가 안 생겨 몇 년을 고생하며 힘들어하는 사람들도 많은데 우리에겐 건강한 아이가 있다. 남편이 쓰러져 일을 못 하거나 집안을 내팽개치는 사람도 있는데 내 남편은 성실하게 일만 한다. 집이나 가족이 없어 하루하루 떠도는 사람도 있는데 내게는 따뜻하고 안락한 집이 있다. 내가 살아 있고 온전한 신체가 있다면 그것만으로도 엄청난 축복이다.
 우리는 내가 갖지 않은 것들, 나에게 없는 부족한 것들만 집중해서 보는 습관이 있다. 반면, 내가 갖고 있는 것들은 당연시한다. 이런 마음의 습관이 우리의 행복을 막는 주범이다. 99가지의 황금 덩어리를 품에 안고 있어도 나에게 없는 한 가지에 집중한다. 그리고 저걸 가지지 못해서 내가 불행하다고 느낀다.

## 매일매일 행복해지는 방법

구체적으로 어떻게 하면 행복한 관점을 갖고 매일매일 행복을 느끼며 살 수 있을까? 몇 가지 방법을 소개한다.

첫째, '행복 일기'를 쓰는 것이다. 하루의 일과를 마감하기 전에 오늘 내가 행복한 이유, 감사한 것, 오늘 내가 잘 해낸 것, 작은 성취는 무엇인지를 적어보는 것이다. 힘든 상황을 보내고 있다면 그 상황 속에서 배울 수 있는 교훈과 의미를 찾아보라. 모든 힘든 일에는 그것이 수반하는 그로 인해 좋은 점들도 반드시 있기 마련이다. 나에게 이로운 점 아니면 다행인 점이라도 분명히 있을 것이다. 그것을 찾아내고 거기에 집중하라. 지나고 나면 가장 큰 약이 될 것이다. 행복 일기는 부정적이고 불행한 이유를 찾는 데 익숙한 우리 뇌의 관점을 바꾸어준다.

둘째, 아침에 일어나면서부터 '행복을 선언하는 것'이다. 하루를 어떤 마음으로 여느냐에 따라 그날 하루가 달라진다. '나는 행복해. 나는 행복한 사람이야. 모든 좋은 것들이 나에게 오고 있어. 나는 충분히 행복할 자격이 있어. 오늘은 새롭고 행복한 날이 될 거야.'라고 일어나자마자 스스로에게 말해보라. 단순해 보이지만 효과는 막강하다. 우리는 생각하고 말한 대로 자신의 현실을 창조해가는 존재이기 때문이다.

셋째, 행복과 감사를 표현한다. 우리 아이들에게, 남편에게, 소중한 사람들에게 하루에 한 번씩 행복과 감사를 표현하라. 행복과 감사를 표현하면 할수록 더 행복하고 감사할 일이 생길 것이다.

넷째, 칭찬하고 격려한다. 부부관계전문가인 존 가트먼 박사는 말한다. "행복한 관계를 이어가기 위해서는 1번 비난할 때 4~5번은 칭찬해주어야 합니다. 칭찬을 아끼지 마세요." 좋은 관계를 유지하는 부부는 긍정적인 소통과 부정적인 소통의 비율이 5:1이라고 한다. 적어도 하루에 세 가지씩 아이들과 남편을 칭찬해주자. 이것은 당신의 소중한 이들뿐만 아니라 당신 자신을 가장 행복하게 할 것이다.

다섯째, 행복을 위한 활동을 한 가지씩 한다. 운동, 휴식, 수다, 봉사활동, 취미생활 등 무엇이 나를 기운 나게 하고 행복하게 하는지를 찾아라. 그리고 그것을 행동으로 옮겨라. 작은 실천과 작은 성취를 통해 자존감과 행복이 자란다.

우리는 엄마인 나 자신의 행복에 책임이 있다. 다른 사람에게 있고 나에게 없는 것만 바라보는 대신, 내가 이미 가진 것들에 눈을 돌리자. 행복한 이유를 찾고, 행복을 말하고, 행복한 행동을 하자. 당신은 행복한 엄마가 될 자격이 충분하다.

## 엄마의 자존감을 위한 한 줄 메시지

**행복은 주는 능력을 더 키워줍니다**

당신이 행복해야 하는 이유는
당신이 이 우주의 소중한 자식이기 때문입니다.
당신은 주위의 모든 경이로운 일들을
경험하기 위해 태어났습니다.
당신이 행복할 때 다른 사람, 고통 받는 사람들에게 줄 것이 더 많음을 기억하십시오.


당신이 충분히 가지고 있고 또 그것에 만족한다면,
부족한 사람의 입장에서
행동하지는 않을 것이기 때문입니다.

당신은 주위 사람들에게 줄 여분의 것이 있으며

시간, 자신, 돈, 행복을

다른 사람들과 더 많이 나눌 여유가 있다고 느낄 것입니다.


실제로 행복한 사람들은 가장 덜 자기중심적인 사람들입니다.

그들은 불행한 사람들보다 더 자발적으로 자신의 시간을 내주고,

다른 사람을 도우며, 더 친절하고, 더 많이 사랑하고, 용서하고,

배려합니다.

불행은 이기적인 행동을 낳는 반면에, 행복은 주는 능력을 더 키

워줍니다.


– 엘리자베스 퀴블러 로스, 『인생 수업』

# 08 균형 감각 : 엄마의 역할과 나 사이의 균형 잡기

스스로와 사랑의 관계를 쌓아라.
혼자가 되는 것을 두려워하지 말고 스스로의 친구가 되는 것을 즐겨라.
– 크리스티안 노스럽(미국의 의학박사, 산부인과 전문의)

## 나 자신으로서의 나 vs. 엄마로서의 나

엄마가 된 순간부터 우리는 '자기 자신으로서의 삶'보다 오로지 '누군가의 엄마로서의 삶'에 열중하게 된다. 내 아이를 건강하고 행복하며 유능한 아이로 만들기 위한 레이스에 들어가는 것이다. '최고의 아이 만들기 경주'에서 우승하기 위해 자기 자신은 잊어버린 채 열혈 엄마가 되기도 한다. 내 아이에 대한 칭찬을 들으면 한없이 기쁘고 뿌듯하다.

반대로 내 아이가 다른 아이들보다 뭔가가 부족하거나 처진다 싶으면 크게 낙담하고 실망하곤 한다. 아이와 자신을 동일시한 채 뒤처지지 않기 위한 방법을 강구하기도 한다. 그래서 엄마의 마음은 늘 분주하고 혼란스럽다. 엄마들 머릿속 뇌의 지도는 상당 부분이 아이들과 육아로 채워져 있다. 다른 엄마들은 아이를 어떻게 키우는지, 다른 아이들은 어떻게 크는지에 촉각을 곤두세운다.

이러한 경주에서는 남들에게 보이는 모습이 더 중요하게 여겨진다. 엄마인 나와 우리 아이가 다른 사람 눈에 어떻게 비춰지는지가 중요한 관건이다. 나에게 중요한 것보다 다른 사람과 세상의 기준에 부합하는가가 더 큰 관심사가 되는 것이다.

걷다가도 다른 사람이 뛰면 뛰어가는 것이 정답이라고 생각한다. 한참을 가다가 사람들이 다른 쪽을 향해 가는 모습을 보면 다시 방향을 바꾼다. 많은 사람들이 가는 방향을 향해 우르르 몰려드는 식이다. 이렇게 남이 하니까 나도 한다는 식으로 살다보면 어느 순간 '이건 아닌데…'라는 허무함만 남는다. 그건 내가 진정으로 원하는 삶이 아니기 때문이다.

나의 경우 쌍둥이를 키우며 육체적, 정신적으로 한계점에 이르렀을 때 결심했다. 더 이상 나를 헤치는 육아를 하지 않겠다고. 남들의 기준에 끊임없이 흔들리고 휩쓸리지 말아야겠다고. 나는 그동안 나를 힘들게 했던 '좋은 엄마 콤플렉스'를 조금씩 내려놓기로 했다. 그리고 엄마로서의 삶과 나 자신으로서의 삶 사이에서 적절한 균형 찾기를 시작했다.

'어떻게 하면 나답게 살 수 있을까? 어떻게 하면 내가 선택한 경력단절의 기간 동안 육아를 즐기며 내 삶도 꽃피울 수 있을까? 무엇을 하면 내가 더 행복하고 기운이 날까?' 나 자신에게 묻고 답을 구했다.

## 내 시간은 나를 위해서 쓰자

내가 제일 먼저 한 일은 시간의 상당 부분을 나 자신을 위해 쓰도록 허락하는 일이었다. 아이들을 어린이집에 보내고 제일 먼저 한 것은 운동이었다. 무조건 집을 나서서 햇빛을 받으며 동네 공원을 산책했다. 1시간 이상 걷는 데 익숙해지자 달리기를 시작했다. 일주일에 3~4회씩 1시간 정도 달릴 수 있게 되자 내 몸은 점점 더 가벼워지고 건강해졌다.

몸이 건강해지자 우울하고 무기력해졌던 마음에 다시 의욕과 활력이 생겼다. 그리고 문화센터에 들려 내가 하고 싶은 강좌가 있는지 찾아보았다. 예전부터 왠지 모르게 끌렸던 벨리 댄스 강좌에 등록했다. 의상이 좀 민망하고 부담스럽기도 했지만 그래서인지 더 하고 싶은 마음이 들었다. 나이가 들수록 변화된 점이 있다면 과거에 내가 해보지 못했던 것, 하고 싶었지만 선뜻 용기가 나지 않았던 것에 도전할 마음이 생겼다는 것이다.

그 외에 그림도 그려보고, 방송 댄스도 배우고, 놓았던 공부도 다시 시작했다. 사회와 연결되고 접었던 일을 시작하면서 나의 삶은 새로운 흐름을 타고 나아가게 되었다. 그러면서 나의 일과 육아 그리고 내 삶이라는 3가지 축에 새로운 균형점을 만들게 되었다.

## 나를 행복하게 하는 것들을 찾아서 시도하자

나는 잠시 잊고 살았던 내 삶의 방향을 찾았다. 긴 경력단절 기간 동안 방향이 안 보일 때는 지금 나에게 필요로 하는 것이 무엇인지 생각했다. 그리고 내가 원하는 것, 내 가슴을 뛰게 하는 것이 무엇인지 찾았다. 나를 이끄는 무엇인가를 발견해 그것을 시도했다. 자연스럽게 육아맘이 되었던 나는 자발적인 의지로 한동안의 경력단절을 선택했다.

아이들을 키우며 그동안 못 했던 것들을 자유롭게 시도해보는 황금같이 소중한 시간들을 보냈다. 달리기, 좌훈요법, 홈스케치, 색연필 일러스트, 벨리 댄스, 다이어트 댄스, 공부 등 내 마음이 원하는 것들을 그때그때 시작했다. 그중 몇 가지는 중도에 그만두었고, 몇 가지는 몇 년간 꾸준히 하면서 나의 삶을 새롭고 풍성하게 만들었다. 그러면서 내가 하는 모든 것들이 점과 점이 되어 언젠가 하나로 연결될 것이라고 생각했다.

내가 시도했던 많은 것들이 나 자신에 대한 사랑과 열정의 온도를 꾸준히 유지시켜주었다. 덕분에 나는 지치지 않고 매일 새롭게 나를 북돋울 수 있었다. 아이들이 어느 정도 크자 자연스럽게 다시 일을 시작할 기회가 왔다. 예전에 했던 교육 일을 다시 시작했다.

나는 육아와 진로, 삶의 문제로 고민하는 여성들을 위한 강의와 워크숍을 진행하게 되었다. 그들이 자신의 강점을 찾고 자신을 더 긍정할 수 있게 도울 수 있어서 보람을 많이 느꼈다. 아이러니하게 나는 자존감이 많이 부족했던 덕분에 다른 사람들을 더 많이 이해하고 도울 수 있는 역량을 갖추게 되었다. 삶의 의미를 몰라서 방황의 시간을 많이 보냈던 덕분에 지금은 더 긍정적이고 실질적인 영향을 줄 수 있게 되었다.

자존감을 지키며 나답게 살기 위해서는 자신이 원하는 것을 할 수 있는 용기가 필요하다. 다른 사람이 아니라 내가 정말로 원하는 것, 내가 하고 싶은 것을 찾아서 그것을 행동에 옮기는 것이 중요하다. 그러기 위해서는 다른 사람의 시선에서 조금 더 자유로워질 필요가 있다. '이걸 하면 사람들이 어떻게 생각할까?' 하며 망설이다 보면 정작 자신이 하고 싶은 것을 행동에 옮길 수 있는 추진력을 잃어버리게 된다.

내가 원하는 것, 나에게 필요한 것, 내가 하고 싶은 것들을 찾아보자. 그러기 위해서는 다른 사람이 아닌 내가 무엇을 좋아하는지 나 자신에게 물어야 한다. 무엇이 내 가슴을 뛰게 하는지, 나를 행복하게 하고 기운나게 하는 것들은 무엇인지 노트에 적어보자. 그중에서 가장 먼저 실천할 수 있는 건 무엇인지 선택하고, 그것을 행동에 옮겨보라.

나를 행복하게 하는 것들을 찾아서 즐겁게 행하는 것이 나답게 사는 길이다. 넘쳐나는 육아 정보의 홍수 속에서도 나의 기준과 철학에 맞는 방법을 찾아내는 것이 나다운 육아법이다. 시행착오를 통해 나에게 가장 좋은 것들을 걸러내라. 우리는 누구나 내가 하고자 하는 것들을 하며 살아갈 자유가 있다. 누군가에게 피해가 되지 않는다면 말이다.

## 나의 욕구를 이해하고 인정하자

가슴이 이끄는 것을 시도하라. 그것은 엄청 대단한 것이 아니다. 독서나 산책, 댄스나 미술, 요리나 화초 가꾸기, 다양한 배움과 일, 봉사활동 등 무엇이든 하려는 마음이 들었을 때 시작해보는 것이다. 길을 가다 문화센터 광고를 봤는데 왠지 하고 싶은 마음이 들 수 있다. 우연히 접하게 된 유튜브 채널이나 취미나 공부, 운동이나 모임 등 모든 활동 속에 단서가 있다. 점과 점들이 연결되어 선이 된다. 미래에 내가 찍은 점과 점들이 만나 선이 되는 순간이 온다고 믿는다. 뭔가 끌리고 가슴이 뛴다는 것이 증거다.

몸과 마음은 하나로 연결되어 있다. 나답게 살면 마음이 행복하고 건강해져 몸도 건강해진다. 반대로 몸을 단련하면 마음도 튼튼해진다. 산후우울증으로 자존감이 떨어지고 무기력할 때 가장 먼저 몸부터 단련하라. 밖으로 나가 몸을 움직여보자. 우리는 공간장의 에너지에 영향을 받는다. 매일 비슷한 생각들을 반복하는 좁은 집에서만 머물다 보면 내가 만든 작은 생각의 상자에 갇히곤 한다. 그 틀을 벗어나서 새로워지려면 다른 공간으로 이동해야 한다.

일단 밖으로 나가 햇빛을 받으며 걸어라. 나무가 있고, 풀과 꽃과 흙이 있는 곳이면 좋다. 물이 흐르는 곳이라면 더욱 좋다. 물이 흐르는 소리와 새소리를 듣고, 자연의 냄새를 느껴보라. 정체되어 있던 몸과 마음이 정화되고 치유되는 것이 느껴질 것이다. 일단 시작해보자. 문화센터에 등록하고, 배우고 싶은 것들을 찾아서 배워보자. 머지않아 몸의 건강뿐 아니라 마음의 활력을 찾을 수 있을 것이다. 마음에 넘치는 활력은 모든 것을 할 수 있는 힘이 된다.

나답다는 것은 나의 욕구를 이해하고 인정하는 것에서 시작한다. 내가 원하는 것, 내가 필요로 하는 것이 무엇인지 발견하고 그것을 소중하게 여기는 것이다. 나 자신과 만나고 나 자신을 즐겁게 하는 것을 할 때 나답게 살 수 있다. 다른 사람이 하는 대로 눈치만 보면서 살면 삶에 재미가 없고 의욕이 없어진다. 이제 다른 사람을 보기보다 나 자신의 내면을 한 번 더 바라보자. 보여주기 위한 나가 아니라 있는 그대로의 나답게 건강한 엄마가 되자.

### 엄마의 자존감을 위한 한 줄 메시지

**다른 사람처럼 되려고 애쓰지 마라**

우리는 다르게 만들어졌다. 이 사실을 받아들이면 다른 사람과 비교하거나 경쟁하는 일도 없을 것이다. 다른 사람처럼 되려고 애쓰다 보면 영혼이 움츠러든다. 우리는 자신을 표현하기 위해서 이 땅에 왔다.

– 루이스 헤이, 『치유』

## 내면의 나와 마주하세요

우리가 자존감을 지키며 살기 위해서는 자신의 현재 모습 그대로를 수용하고 인정하는 것에서부터 시작해야 한다. 나는 다른 사람이 될 수도 없고, 다른 사람이 될 필요도 없다. 불완전한 모습 그대로의 나를 인정하고 괜찮게 여기는 게 자존감의 시작이다. 엄청난 내가 아니라도 완벽한 내가 아니라도 나를 받아들이고 인정하는 것에서부터 자존감이 자라기 시작한다.

가장 나답고 자연스러운 내가 될 때 우리의 자존감도 아름답게 꽃피울 수 있다고 믿는다. 거울에 비친 자신의 눈을 보며 이야기해보자.

"더 이상 다른 사람이 되지 않아도 돼. 나는 내 모습 그대로를 인정하고 받아들여. 있는 그대로의 너를 사랑해. 너는 세상에 단 하나밖에 없는 귀하고 소중한 사람이야."

내 안의 내가 어떻게 반응하는가? 그 느낌을 그대로 느껴보면 자신과의 거리를 파악할 수 있을 것이다. 왠지 어색한 느낌이 드는가? 슬프거나 안쓰러운 느낌이 드는가? 그렇다면 자기 자신에게 미안하다고 용서를 구하라. 더 이상 너를 외면하지 않겠다고, 이제부터는 누구보다도 나를 사랑하고 함께하겠다고 이야기해보길 바란다. 나의 눈빛을 충분히 바라보고 느껴보라. '내면의 나'가 어떤 반응을 보이는가? 힘들고 지친 나에게 위로와 사랑을 전해보자.

삶이라는 멋진 여행에서 가장 나답게 살기 위해 당신은 다른 누군가가 아닌 자기 자신의 목소리를 듣는 법을 배워야 할 것이다. 그러기 위해 때때로 잠시 멈추고, 자기 자신과 대화하는 시간을 갖자.

# 3장

*Mom's Self Esteem*

# 성장

아이와 함께 성장하는 엄마가 되라

매일 새로운 것, 또는 적어도 다른 것을 시도하라.
결코 삶은 멈추거나 고이거나 낡은 것이 아니다.
매 순간이 새롭고 신선하다.

– 루이스 L. 헤이(미국의 작가)

# 01 나도 아이도 믿는 만큼 성장한다

다른 이들의 좋은 점을 보려고 하라.
당신이 발견한 그들의 좋은 점으로 인해 당신의 시각이 변화되며,
넓은 시야를 가진 사람으로 성장할 수 있다.
– 스티븐 R. 코비(미국의 기업인, 작가)

## 엄마가 가진 믿음이 내 아이의 인생을 만든다

역사상 가장 위대한 과학자로 일컬어지는 아인슈타인의 어린 시절은 어땠을까? 놀랍게도 그는 엄친아라기보다는 문제아였다고 한다. 그는 벙어리가 아닌가 의심이 될 정도로 거의 말없이 혼자 노는 아이였다. 신경질을 잘 내는 성격이었고 여동생을 다치게 하는 등 여러 가지 사고를 치곤 했다. 그를 가르쳤던 선생님들의 평가는 혹독했다.

담임 선생님은 성적표에 이런 기록을 남겼다. "이 학생은 장차 어떤 일을 해도 성공할 수 없을 것으로 판단됨."

그걸 본 엄마의 심정이 어땠을까? 얼마나 속이 상하고 낙담했을까 싶다. 그러나 그의 어머니는 어린 아인슈타인에게 이렇게 말해주었다고 한

다. "너는 남과 다른 아주 특별한 능력을 갖추고 있단다. 남과 같아서야 어떻게 성공하겠니?"

그는 7학년이 되었을 때 교사의 권고로 퇴학을 하게 된다. 권고 사유는 "너의 존재가 내 학급에 대한 존경심을 잃게 한다."라는 것이었다. 그러나 그의 어머니는 절망하지 않고 그를 끝까지 믿어주고 격려해주었다. 그리고 아인슈타인에게 끊임없이 이렇게 말해주었다.

"너는 세상의 다른 아이들에게는 없는 훌륭한 장점이 있단다. 그래서 이 세상에는 너만이 감당할 수 있는 일이 너를 기다리고 있단다. 그 길을 찾아가야 한다. 너는 틀림없이 훌륭한 사람이 될 거야."

교사의 혹평에도 불구하고 아인슈타인은 훗날 모든 사람이 존경해 마지않는 위대한 과학자가 되었다. 어머니의 절대적인 믿음과 지지가 없었다면 그가 인류 역사에 지대한 공헌을 한 훌륭한 과학자가 될 수 있었을까? 엄마의 무조건적인 긍정과 믿음이 아인슈타인 안에 잠재된 천재성을 이끌었다고 생각한다.

발명왕 에디슨은 어린 시절에 아인슈타인보다도 더 문제아 취급을 받았다. 초등 1학년도 마치지 못한 채 퇴학을 당했으니 말이다. 그는 유독 호기심이 많아 남들이 잘 하지 않는 생각을 많이 했다고 한다. 예를 들어 '바람은 왜 불어요? 물고기는 물에 빠져도 왜 죽지 않나요? 씨앗은 어떻게 꽃이 되죠? 알에서 어떻게 병아리가 나와요?' 등 수없이 많은 질문을 했다.

선생님은 그런 그를 저능아로 보았고, 결국 3개월 만에 '학습 불가 판정'을 내렸다. 학교에 찾아간 그의 어머니는 "어딜 봐서 제 아들이 저능아라는 거죠? 시간 낭비를 하느니 차라리 제가 직접 가르치는 것이 낫겠네요."라며 에디슨의 손을 잡고 집으로 돌아왔다고 한다. 그 후 집에서 직접 그를 가르쳤다. 선생님 눈에는 저능아였지만, 엄마는 다른 눈으로 보았다. 끊임없이 질문하고 수없이 돌발행동을 하는 그를 어머니는 늘 지지하고 격려해주었다. 에디슨의 질문에 답할 수 없는 것은 백과사전을 찾아가며 같이 답을 찾아내느라 하루 종일 시간을 보내기도 했다.

에디슨의 기록에는 이런 내용이 적혀 있다. "나는 내가 막힐 때면 언제나 나의 어머니를 생각한다. 어린 시절 보통의 아이들과 많이 달랐던 나를 진정으로 이해해주는 사람은 어머니뿐이었다. 나를 믿어주는 어머니를 실망시키지 않기 위해 훌륭한 사람이 되겠다고 마음먹었다."

결국, 그는 일생 동안 무려 2,332개의 제품을 개발한 세계 최고의 발명가가 되었다. 그는 "천재란 1%의 영감과 99%의 노력으로 이루어진다."라는 명언을 남기기도 했다. 세계적인 기업 제너럴 일렉트릭의 회장이었던 잭 웰치 또한 어린 시절에는 우리가 생각하듯 대단한 아이가 아니었다. 말을 더듬어서 왕따를 당하기도 하고, 많은 스트레스에 시달렸다. 하지만 어머니는 울면서 돌아온 아들을 품에 안고 늘 이렇게 이야기해주었다고 한다.

"잭, 네가 말을 더듬는 건 네가 멍청해서가 아니야. 오히려 네가 똑똑하기 때문이란다. 너의 머리 회전이 너무 빨라서 혀가 못 따라가는 거야."

그는 어머니의 한결같은 지지로 인해 어려움을 극복할 수 있는 용기를 낼 수 있었다고 말한다. 세상은 그들을 문제아로 낙인찍었지만 엄마만큼은 그들을 믿어주었다. 엄마가 가진 믿음의 크기가 아이의 인생을 만든다는 생각이 든다.

만약에 그들이 '우리 아이는 왜 이럴까? 무엇이 문제일까? 왜 다른 아이들처럼 정상적이지 못할까?'에 집중했으면 어땠을까? 그랬다면 오늘의 그들은 존재하지 못했을 것이다. 그들은 내 아이에게 부족한 것이 아니라 잠재된 능력을 보았다. 결핍이 아니라 가능성에 초점을 맞췄다. 그리고 그걸 아이들에게 반복해 말해주고 긍정적으로 반영해주었다.

"엄마는 너를 믿는단다. 너는 너만의 개성과 좋은 점을 가지고 있는 놀라운 아이란다. 다른 아이들과 똑같아질 필요 없단다. 네가 좋아하는 걸 찾으렴. 엄마는 널 무조건 지지하고 응원한단다."

이렇게 엄마가 보내는 무조건적인 믿음과 인정이 아이 안에 있는 고유한 잠재력을 끄집어낸다.

## 엄마도 자신이 가진 믿음만큼 성장한다

아이를 키우는 엄마들은 걱정과 불안이 끊이질 않는다. 아이들이 자라는 과정에서 수없이 많은 문제점들이 얼굴을 내밀기 때문이다. 때론 아이가 보이는 작은 문제를 확대경으로 들여다보며 크게 해석하곤 한다. '내가 아이를 제대로 키우고 있나? 나 때문에 아이가 잘못되면 어떡하지?'라는 생각에 더 불안해진다.

기억해야 할 것은 아이는 믿어준 만큼 자란다는 것이다. 우리 아이는 문제점투성이가 아니라 놀라운 가능성의 존재다. 아이를 키우며 자꾸만 조급하고 불안해진다면 내 마음이 무엇을 보고 있는지를 돌아볼 때다. 우리 아이들이 행복하고 자유로운 아이들로, 세상에 꼭 필요한 가치 있는 사람으로 잘 자랄 것이라는 믿음을 가져라.

아이를 그대로 내버려두거나 방임하라는 것이 아니다. 각자가 타고난 기질과 타고난 운명 그리고 성장에 대한 믿음이 먼저라는 것이다. 잘못된 무언가를 계속 교정하고 바꾸려고 하는 완벽주의의 안경을 벗고 가능성에 좀 더 집중해보자. 엄마인 나만큼은 무조건적인 인정과 믿음의 눈으로 내 아이를 바라보았으면 좋겠다.

그러기 위해서는 먼저, 엄마인 나부터 자신에 대한 믿음을 가져야 한다. 내면에 자기 비판의 목소리를 내려놓고, 나의 모든 면을 허용하고 인정하는 연습을 하라. 온전한 자기 수용이 믿음을 만든다.

또한 세상의 온갖 부정적인 뉴스와 마음을 불안하게 만드는 정보를 때때로 차단할 필요가 있다. 뉴스와 인터넷을 통해 끔찍한 기사들을 자꾸만 보다 보면 '험악한 세상에서 아이 키우기 참 힘들다.'라는 생각을 하게 된다. 우리 마음은 어떤 정보를 접하느냐에 따라 영향을 받는다. 세상의 온갖 위험한 뉴스들에 레이더를 세우는 사람들은 걱정을 달고 다닌다. 마치 당장이라도 세상이 무너져 내릴 듯 혼자서 무거운 짐을 어깨 위에 올리고 산다. 그런데 그런 뉴스거리들이 우리 삶의 문제를 해결해주거나 삶의 질을 높여주지 않는다. 행복도 습관이고 감사도 습관이듯이, 걱정도 습관이고 불안도 습관이 된다.

세상 돌아가는 이야기와 가십거리들을 전부 알아야 할 필요는 없다. 쏟아지는 온갖 뉴스들을 무분별하게 받아들이는 대신 선택적으로 꼭 필요한 정보만 흡수해보자. 마음의 불안이 훨씬 줄어들 것이다.

한편 삶 자체에 대한 믿음을 가져라. 나에게 가장 좋은 것이 가장 적합한 때에 가장 알맞은 방식으로 나에게 일어날 것이다. 어떤 상황 속에서도 보이지 않는 거대한 힘이 나를 이끌어왔음을 자각하라. 그러면 삶은 언제나 내 편이며 모든 것이 잘못될 수 없음을 이해하게 될 것이다.


내 삶은 내가 가진 믿음만큼 성장한다. 내 아이도 엄마인 내가 믿어주는 만큼 성장한다. 내 아이가 지금 남과 같지 않다고 해서 좌절하지 말기를 바란다. 우리는 남들과 비슷해지기 위해서가 아니라 나답게 살기 위해 태어났다는 것을 기억하라. 우리 아이에게 가장 필요한 것은 바로 엄마인 나의 지지와 믿음이다. 그러기 위해 먼저 나부터 나 자신을 있는 그대로 수용하고 성장에 대한 믿음을 갖자.

## 엄마의 자존감을 위한 한 줄 메시지

"그래, 너는 잘하고 있어. 엄마는 믿어."

흔히 부모들이 자식의 부족한 점을 보면서 '우리 아이 잘되게 해주세요'라고 기도합니다. 그러나 이것은 '우리 아이가 지금 잘못되고 있어요'라고 말하는 것과 같습니다. 그러면 어떻게 기도해야 할까요? '우리 아이는 아무 문제가 없습니다. 다 잘될 거예요. 감사합니다.' 이렇게 긍정적으로 기도해야 합니다. 어려운 일이 생겨도 엄마가 믿어 주고 "괜찮아, 너는 잘될 거야", "그래, 너는 잘하고 있어. 엄마는 믿어." 이렇게 말해줘야 합니다.

– 법륜 스님, 『엄마 수업』

# 02 엄마니까 더 배워야 한다

부모의 가장 큰 어리석음은 자식을 자랑거리로 만들고자 함이다.
부모의 가장 큰 지혜는 자신의 삶이 자식의 자랑거리가 되게 하는 것이다.
– 『엄마반성문』 중에서

## 엄마가 되어도 배움과 성장을 멈추지 마라

아이들은 저마다의 속도로 하루하루가 다르게 성장한다. 때론 더딘
듯, 정지된 듯해도 아이들은 결코 성장을 멈추지 않는다. 말이 늦어 엄마
의 애를 태우는 아이도 결국은 말하는 법을 배우고, 기저귀를 떼지 못해
걱정스럽던 아이도 언젠가는 기저귀 떼는 법을 배운다. 아이의 기질이나
유전에 따라 또는 환경의 영향에 따라 어떤 것은 빠르고 어떤 것은 느리
다. 그러나 모든 아이는 결국엔 자란다. 자신의 속도로 차곡차곡 단계를
밟아 성장해간다. 물론 그러기 위해선 엄마의 사랑과 정성이 필요하다.

아이들은 환경과 상호작용하면서 몸뿐만 아니라 보이지 않는 마음과
정신까지 끊임없이 자란다. 이렇게 자라나는 아이들에게 미치는 엄마의

영향력은 실로 막강하다. 엄마는 아이의 신체뿐 아니라 아이의 감정과 정신, 영혼까지 같이 돌본다는 것을 기억해야 한다.

육아를 하다 보면, 특히 전업맘의 경우 혼자서 아이만 돌보다 보면 산후우울증에 걸리기 쉽다. 물도 고여 있으면 썩어버린다. 아이는 매일매일 자라는데 엄마는 성장하지 않고 정체되면 점점 무기력해진다. 아이가 자라면서 엄마도 함께 배우고 성장해야 한다. 멈춰 있으면 흐르지 않고, 흐르지 않으면 썩게 된다.


어른이 되었다고 엄마가 되었다고 성장을 멈추면 안 된다. 오히려 엄마이기에 배움에 더 많이 열려 있고, 자기 자신을 흐르게 해야 한다. 아이와의 일상 속에서도 배울 수 있는 많은 것들이 있다. 아이가 크면 엄마는 아이를 이끌어주는 코치이자 상담가가 될 수 있다. 진로와 관계 등 수많은 고민과 갈등에 대해 함께 공감하고 해결책을 찾도록 도울 수 있다.

그러려면 자녀와 소통하는 법, 판단하지 말고 들어주는 법, 공감하고 경청하는 법, 자신의 감정을 제대로 표현하는 법, 다른 사람의 마음을 살피는 법, 행복한 삶의 지혜 등 많은 것들을 다시 배워야 한다. 학창 시절에 공부는 해야만 하는 공부, 누가 시켜서 하는 공부였지만 엄마가 되어 하는 공부는 그렇지 않다. 아이를 키우며 내가 필요해서, 내가 원해서 하는 공부다. 다시 공부를 시작한 엄마들이 하나같이 배움이 너무 재미있다고 말하는 이유이다.

내 경우도 그랬다. 아이가 어느 정도 자라자 24시간도 모자라던 하루 일과에 조금씩 여유가 생기기 시작했다. 나는 그 시간을 어떻게 하면 나와 우리 아이가 더 행복해지도록 사용할 수 있을까를 고민했다.

시간은 채워 넣지 않으면 흩어져버린다. 흘러가는 시간은 그 어떤 누구도 되돌리거나 잡을 수 없다. 깨어 있지 않으면 자신도 모르는 사이에 시간 도둑에게 자신의 시간을 몽땅 털려버릴 수 있다. 시간의 가치를 모르는 사람은 인생의 많은 날들을 후회하면서 보내게 된다. 반면, 시간은 자신의 소중함을 알고 소중하게 사용하는 사람들에게는 엄청난 보상을 안겨준다.

나는 아이를 낳기 전에 수없이 많은 시간들을 낭비하며 살았다는 것을 깨닫고 후회가 되었다. 38살에 노산으로 쌍둥이 아이를 낳았다. 그러다 보니 아이들이 아기 티를 갓 벗을 만큼 자라자 내 나이는 40이 훌쩍 넘어 있었다. 아이를 낳고 40대가 되자 인생을 바라보는 시각이 완전히 달라져 있었다.

내 인생을 만들어가는 것은 오로지 나 자신이다. 그러니 내 인생에 대한 책임은 전적으로 나 자신에게 있다. 다른 어떤 누구도 탓할 필요가 없다. 나는 매일매일의 선택으로 나의 삶을 디자인하고 만들어간다.

### 주어진 환경에서 최선을 다해 배워라

나는 몰빵투자로 내가 쓸 수 있는 시간의 거의 대부분을 건강에 투자했다. 두 돌 무렵 내 몸의 상태는 아이들을 온전히 키울 수 있을 만한 체력이 안 되었다. 몸의 면역력은 바닥이었고 거의 환자에 가까웠다. 자궁근종으로 늘 피곤에 찌들어 있던 나는 여성의 몸과 면역력에 가장 좋다는 좌훈을 시작했다. 그리고 벨리 댄스, 다이어트 댄스, 달리기, 명상 등 내가 할 수 있는 것들을 찾아서 시작했다. 그러다보니 몸의 건강은 물론 마음의 활력까지 되찾았다. 그렇게 만든 에너지를 통해 아이들에게 더 좋은 영향을 주었다고 생각한다. 그리고 나는 배움에 시간을 투자했다.

예전에 나는 성신여대 경제학과에 다니며 경영학을 부전공했다. 나는 기업체에 교육을 하는 강사였다. 주로 셀프리더십과 긍정적인 마인드, 태도, 소통에 대한 교육을 했다. 나는 내가 하는 일을 누구보다 즐겼고 사랑했다. 하지만 아이들이 유치원에 다닐 때까지는 스스로 아이들을 돌보고 키우겠다고 결심했다.


나는 다시 일을 시작하는 것을 조금 미루었다. 대신에 아이들이 좀 더 클 때까지 내가 하고 싶었던 공부를 해야겠다고 마음먹었다. 아이들을 맡기고 공부하러 다닐 수는 없었다. 그래서 내가 할 수 있는 것을 찾다 보니 집에서 공부할 수 있는 방송대가 눈에 들어왔다. 나의 관심 분야는 심리와 상담, 교육 쪽이었다. 그러면서 아이들을 키우는 데도 도움이 되는 분야를 찾다 보니 청소년교육과가 제격이라는 생각이 들었다.

내가 하고 싶어서 나의 의지와 선택으로 시작한 공부였다. 나는 방송대에 편입해서 2년 동안 스펀지가 물을 흡수하듯 열정적으로 공부했다. 거의 전 과목을 A+를 받고 전 학기 동안 최우수 장학금을 받으며 등록금을 면제받았다. 물론 좋은 성적과 장학금에 뿌듯했고 성취감을 느꼈다. 하지만 더 중요한 건 다시 공부를 시작하고 무언가를 배운다는 것이 나를 살아 있게 만들었다는 것이다. 배움의 즐거움이 내 가슴을 다시 뛰게 만들었다.

내 안에 배움에 대한 열정이 그렇게 많다는 것에 놀랐다. 아이를 키우다 보면 늘 시간이 부족하다. 그렇게 부족한 시간을 쪼개다 보니 자투리 시간도 황금같이 사용하는 방법을 터득하게 되었다. 공부를 하면서 한동안 놓았던 책들을 다시 보게 되었다. 그리고 이때 만들어진 독서 습관이 지금까지 쭉 이어지고 있다.

내가 다시 일을 시작할 수 있었던 것도 작가가 될 수 있었던 것도 치열하게 보낸 시간의 결과라고 생각한다. 나는 시간이 버려지기 전에 채워넣기로 선택했다. 주어진 한계 내에서 내가 가장 나답게 할 수 있는 것들을 선택해 행동으로 옮겼다. 그 과정에서 어제보다 나은 내가 되어가는 성장의 느낌을 즐기게 되었다. 나는 엄마로서, 나 자신으로서 그리고 사회인으로서 매일매일 조금씩 성장하는 것을 즐기며 감사한다.

미국의 캐럴 드웩 박사는 우리 인간의 지능과 능력은 평생 동안 얼마든지 성장한다는 연구 결과를 발표했다. 그런데 우리가 가진 사고방식에 따라 성장의 여부가 달라진다고 한다. 노력에 따라 얼마든지 능력을 키울 수 있다고 믿는 사람들은 자신의 힘으로 삶을 변화시킨다. 반면, 재능과 능력은 타고나는 것이며 스스로 변화시킬 수 없다고 믿는 사람들은 점점 퇴보하는 인생을 살게 된다. 전자의 사고방식을 성장형 사고방식마인드셋이라고 하고, 후자는 고정형 사고방식이라고 한다.

고정형 사고방식을 지니고 살아가는 사람들은 노력하는 것을 기피하기에 점점 성장을 멈춘다. 중요한 것은 엄마의 마인드셋에 따라 아이의 사고방식과 미래가 달라질 수 있다는 점이다. 엄마가 "내 주제에 뭘 하겠어. 노력한다고 얼마나 달라지겠어. 이젠 머리가 굳어서 안 돼. 뭔가를 배우기엔 늦었어."라는 생각을 갖고 있다면 아이도 그런 사고방식을 배우며 성장한다. 아이들은 엄마의 말과 행동을 통해 엄마의 사고방식을 그대로 보고 배우기 때문이다.

많은 엄마들이 내 아이의 성취를 자신의 성공이라 여긴다. 그래서 자신도 모르게 내 아이를 통해 자신이 채우지 못한 욕구를 보상하려고 한다. 그러나 아이는 엄마의 욕심대로 되지 않는다. 내 아이를 통해 엄마의 기대를 채우려고 하지 말고 엄마가 함께 성장하면 어떨까? 꾸준히 성장하는 엄마, 아이가 자랑스러워하는 엄마가 되면 어떨까?

아이가 자랄수록 엄마가 신경 써야 할 범위는 점점 더 커져간다. 그래서 엄마로서의 나이는 아이의 나이와 같다고 한다. 하지만 많은 엄마들이 자기 자신의 성장엔 무관심한 채 오로지 아이의 학업과 성취에만 매달린다. 나 자신을 위해서도 내 아이를 위해서도 아이의 성장만큼 엄마도 함께 성장해야 한다. 아이와 함께 성장하는 엄마가 되자.

## 엄마의 자존감을 위한 한 줄 메시지

**멋진 용으로 잘 날기 위해서 물속에 숨어서 준비하는 시간이라고 생각해보세요**

이 귀중한 시간을 그저 희생하는 시간, 답답한 시간이라고 생각하지 말고 다른 이름을 붙여봐요. '잠룡의 시간'이라고. 멋진 용으로 잘 날기 위해서 물속에 숨어서 준비하는 시간이라고 생각해봐요. 애들 키우면서 같이 공부도 하고 취미도 하나씩 품격 있게 만들어 나가다가 어느 정도 키우고 나면 본격적으로 자기를 성장시켜가는 사람들. 그런 엄마들은 너무 바빠서 찜질방 갈 시간도 없어요.

– 김미경, 『엄마의 자존감 공부』

# 03 자신의 감정을 들여다보라

우리는 때때로 좌절한다.
하지만 성장은 일직선이 아닌 나선과 같다는 것을 기억해라.
좌절은 필연적인 것이지만 그래서 즐길 수 있는 것이기도 하다.
─ 앤 윌슨 섀프(미국의 임상심리학 박사, 저술가)

## 엄마를 위한 감정코칭 ① 자기공감

많은 엄마들이 아이를 키우며 수도 없이 많은 참을 인자를 가슴에 새겨넣는다. 그런데 엄마도 사람인지라 적절히 해소하지 못한 채 억누르고 쌓아올려진 감정은 어떻게든 터지기 마련이다. 아이가 어릴 때는 그 스트레스를 남편에게 푸는 경우가 많다. 그러다 아이가 좀 자라면 곧바로 아이에게 향하곤 한다.

엄마들은 아이들이 자랄수록 엄마의 목소리 크기도 같이 커진다고 이야기한다. 욱하고 소리 지르고 잔소리하는 게 점점 습관처럼 굳어진다. 아이에게 퍼붓는 짜증과 비난의 잔소리 공격이 점점 심해지다 보면 아이는 아이대로 마음의 문을 닫게 된다. 아이가 사춘기가 되면 많은 경우 엄마와 아이 사이엔 건널 수 없는 강이 흐른다고 한다.

엄마는 자신의 감정을 수시로 들여다보고 자기 자신의 내면과 마주할 필요가 있다. 내 안에 어떤 감정이 얼만큼 쌓여있는지를 알아야 폭발사고를 미연에 방지할 수 있을 것이다. 사실 감정은 알아주기만 해도 적당히 해소되곤 한다. 힘들고 속상할 때 누군가 "정말 많이 힘들겠다. 얼마나 속상하니."라고 말해주고 마음을 알아준다면 그것만으로도 힘들었던 마음에 치유가 일어난다.

어떤 판단이나 평가 없이 공감해줄 수 있는 상대와 만날 수 있다면 가장 좋을 것이다. 부부가 함께 공감의 대화법을 배우고 익혀서 서로의 감정을 헤아려주는 시간을 갖는 것도 좋은 방법이다. 나의 경우도 가끔씩 남편에게 도움을 요청하곤 한다. 내 감정이 심하게 요동칠 때면 남편에게 이렇게 말한다. "나랑 이야기 좀 할 수 있어요? 나 지금 공감이 필요해요." 남편도 마찬가지로 나의 도움을 필요로 할 때가 있다.

우리는 모두 완벽하지 않은 인간이기에 서로의 마음을 헤아리고 토닥여줄 누군가가 필요하다. 중요한 건 판단하지 않고 상대방의 입장에 서서 들어주는 것이다. 성급한 충고나 조언은 상처로 아픈 마음에 칼날을 들이대는 것과 같다.

서로의 이야기를 충분히 들어주고, 감정을 고스란히 받아주고 이해해주기만 해도 마음을 가득 채웠던 이야기와 울분이 가라앉는다. 그러고 나면 좀 더 객관적인 시각으로 문제를 바라볼 수 있게 된다. 사실 공감과 이해만 제대로 되어도 문제 해결은 그리 어려운 일이 아니다. 대부분의 문제에 대한 답은 스스로가 가지고 있기 때문이다. 문제와 상관없이 힘든 마음을 해소할 수 없어서 혼란스러운 경우가 더 많다. 마음에 가득 찼던 부정적인 감정이 내려가면 새로운 관점으로 좀 더 담담하게 문제를 바라볼 수 있는 힘이 생긴다.

누군가 자신을 공감해줄 대상이 없더라도 우리는 스스로 자신을 공감해줄 수 있다. 우리가 때때로 자신의 내면을 마주하고 감정을 알아차리며 스스로를 공감해줄 수 있다면 훨씬 더 높은 삶의 질을 유지할 수 있을 것이다.

자기 자신을 공감하고 이해한다는 것은 있는 그대로의 나를 인정하고 받아주는 것이다. 괴로우면 괴로운 대로, 서운하면 서운한 대로의 나를 인정하고 끌어안아주는 것이다. 불편한 감정이 또 나에게 왔다고 밀쳐내지 않는 것이다. 그때그때 슬픔과 분노, 답답하고 아쉬운 마음 등을 충분히 이해해주고 적절히 표현하면 내게 왔던 감정은 다시 흘러가버린다. 응어리진 감정일수록 아기를 다루듯이 세심하고 살뜰하게 보살필 필요가 있다. 부정적인 감정일수록 그 이유를 알아주고 이해해주어야 한다. 그러면 괴로움으로 가득 찼던 마음에 다시 기쁨과 활력이 채워진다.

격해진 감정으로 마음이 힘들 때, 자기 자신의 감정에 귀를 기울여보

자. 누군가로부터 받은 상처와 서운함, 마음이 무너지는 괴로움과 슬픔, 치밀어 오르는 분노, 이유를 알 수 없는 불안이 내 안을 가득 채우는 날이 있다. 그럴 때 감정을 외면하고 밀쳐내지 말고 있는 그대로 느껴보자. 격한 감정은 나에게 가장 소중한 무언가가 채워지고 있지 않다고 마음이 보내는 신호다. 때때로 있는 그대로 감정을 마주하고, 지금 나에게 필요한 것이 무엇인지 알아차리는 시간을 허락해보라.

'내가 지금 많이 답답하구나. 많이 속상하구나.' 나 먼저 내 감정을 알아주고 보듬어주고 표현해본다. 노트에 적으면서 쏟아내다 보면 마음이 정리되는 것이 느껴질 것이다. 나 자신을 판단하지 않고 감정을 허용해보라. 느끼고 허용해주면 훨씬 더 홀가분해지고 가벼워지는 것이 느껴질 것이다.

### 엄마를 위한 감정코칭 ② 내면에 집중하라

스티븐 코비 박사는 "어떤 상황이 변화하기를 바란다면 우리는 우리가 변화시킬 수 있는 단 한 가지, 바로 자기 자신에게 초점을 맞춰야 한다."고 이야기했다. 삶을 살아가다 보면 힘든 상황이나 일들을 겪게 된다. 그것이 건강이나 돈에 관련한 문제일 수 있고, 인간관계에서의 갈등일 수도 있다. 참기 힘든 대상을 상대해야 하는 어려움일 수도 있고, 내 아이가 보이는 문제 행동일 수도 있다.

그럴 때는 상황을 탓하며 누군가를 원망하고 비난하기보다 잠시 멈추어서 자신의 내면을 바라보자. 누군가를 만나서 뒷담화나 넋두리라도 하면 풀릴 거 같지만 오히려 더 마음이 힘들어진다. 상황이나 누군가가 변화하기를 바라면서 계속 문제 행동에 초점을 맞추고, 비난하고 불평하는 것은 문제 해결에도 전혀 도움이 되지 않는다. 자신을 자책하는 것도 마찬가지다.

중요한 것은 문제가 아닌 해결책에 집중해야 한다. 그러기 위해 먼저 내가 원하는 것이 무엇인지를 명확하게 알아야 한다. 지금 나를 가장 힘들게 하는 일은 무엇인가? 내가 해결하고 싶은 문제를 한 가지 떠올려 보라. 그리고 이 문제가 어떻게 해결되기를 바라는지를 생각해보자. '내가 정말 원하는 것은 무엇이지? 내가 필요로 하는 건 뭐지?'라고 스스로에게 물어본다. 그 다음 변화를 위해 '내가 할 수 있는 일'은 무엇인지 생각해본다. 처음엔 막연하더라도 적다 보면 내가 원하는 것과 해결책들을 찾을 수 있게 된다. 내면에 초점이 맞추어지면 우리 안에서 답을 주기 때문이다.

어딘가 몸이 아프다면 계속해서 '몸이 아프다. 안 좋다'고 계속 불평하고 짜증내는 대신 내가 원하는 상태를 명확하게 하는 것이 좋다. '내가 원하는 것은 에너지가 넘치는 건강한 몸, 생기와 활력이다.'라는 것을 먼저 분명히 선언한다. 그 다음 그것을 위해 내가 할 수 있는 일을 적어본다. 매일 30분씩 산책하기, 요가 등록하기, 헬스 시작하기, 병원에 검진 예약하기 등 여러 가지 대안을 떠오르는 대로 적어본다.

독박육아와 집안일이 너무 많아서 혼자 감당이 안 된다면 힘들다고 계속 짜증내고 투덜대는 대신 내가 원하는 것에 집중해본다. '내가 원하는 것은 엄마인 내가 행복하게 육아하는 것이다. 아이들을 더 사랑하는 엄마가 되는 것이다. 누군가로부터 도움을 받는 것이다.' 그 다음 그것을 위해 내가 할 수 있는 일은 무엇인지 떠오르는 대로 적어본다. 집안일 줄이기, 어느 정도 지저분한 것 허용하기, 남편에게 구체적인 역할 부여하기, 1주일에 1번 가사도우미에 투자하기 등을 고려해볼 수 있을 것이다.

아이들이 징징거리고 요구가 많아서 힘들다면 아이들에게 잔소리를 반복하는 대신 내가 원하는 것이 무엇인지에 집중해보자. '내가 원하는 것은 아이들과 소통이 잘 되는 다정한 엄마가 되는 것이다. 아이들이 원하는 것을 예쁘게 말로 표현했으면 좋겠다.' 그것을 위해 내가 할 수 있는 일은 아이들의 욕구에 좀 더 빠르게 반응하고 대응하기, 칭찬을 하루에 5가지 이상 하기, 이야기할 때 눈을 맞추고 귀 기울여 듣기, 자주 안아주고 사랑한다고 말하기 등을 생각해볼 수 있을 것이다.

이렇게 내가 할 수 있는 일들의 목록들을 떠오르는 대로 다 적어보라. 그러고 나서 그 중에 내가 실천할 수 있는 것을 한 가지씩 골라서 행동으로 옮겨보자.

우리 삶에 나타나는 모든 문제는 불평하거나 자책한다고 해서 결코 해결되지 않는다. 더 이상 이미 벌어진 상황을 탓하며 에너지를 낭비하는 대신 내가 원하는 것이 무엇인지를 명확히 해보자. 그리고 이 문제를 해결하기 위해 내가 할 수 있는 한 가지를 행동으로 옮겨보라. 원하지 않는 것에 초점을 맞추고 투덜대는 대신 내가 원하는 것에 더 집중하는 연습을 해보자. 내가 원하는 욕구에 집중할 때 삶이 단순하고 명확해진다. 그럴 때 문제 해결의 방법을 찾아서 행동할 수 있게 된다.

---

**엄마의 자존감을 위한 한 줄 메시지**

**네 덕에 나는 더 열심히 살 수 있어**

질투하고 험담을 당할 때는 상대를 원망하기보다는 오히려 감사해야 합니다. 질투해줘서 고맙다고 절을 해도 좋습니다. 질투하는 사람은 당하는 사람보다 훨씬 괴롭고 슬플 테니까요. '항상 질투해줘서 고마워. 네 덕에 나는 더 열심히 살 수 있어. 앞으로도 꾸준히 질투해줘.' 하고 생각하는 자세가 필요합니다.
— 와타나베 준이치, 정형외과 의사, 『나는 둔감하게 살기로 했다』

# 04 성장을 위한 마인드를 장착하라

사랑을 베풀고, 최선을 다하며, 결과에 연연하지 말라. 그것이 인생이다.
– 브라이언 L. 와이스(미국의 정신과의사)

## 성장형 마인드셋과 고정형 마인드셋

당신의 삶은 성장하고 있는가? 아니면 정체되어 있는가? 당신은 마음 먹기에 따라 매일 성장하고 새로워지기를 선택할 수 있다.

당신 주변에는 나이가 들수록 고정관념과 편견이 두꺼워지는 사람이 있을 것이다. 그는 남의 말을 잘 듣지 못하고 자기 말만 하거나 과거에 대한 후회와 원망을 수없이 반복하는 사람일지 모른다. 그는 삶의 어느 순간부터 새로운 것을 배우려고 시도하지 않는다. 그 결과 자신의 틀에 강하게 집착하며 어딘가 꽉 막힌 삶을 살아간다.

반면 나이가 들수록 새로운 것에 마음을 열고 계속해서 배우고 도전하는 사람이 있다. 아마도 그는 좀 더 행복하고 열정적이며 주변을 고양시키는 에너지와 활력을 갖고 있을 것이다. 당신 주변에 후자가 더 많다면 당신은 축복받았다고 할 수 있다. 왜냐하면 우리는 우리와 관계 맺는 사람들과 깊은 영향을 주고받으며 살아가기 때문이다.

스탠퍼드 대학의 캐럴 드웩 교수는 삶을 대하는 태도에 있어 큰 차이를 가져오는 '마인드셋'에 대해 연구하고 발표했다. 마인드셋에 대한 공부를 하면서 나는 삶에 대한 태도와 신념을 점검해볼 수 있었다. 이를 통해 배움과 성장, 실패에 대해 가졌던 관점이 변하는 계기가 되었다.

과거에 나는 성인이 되면 지능과 능력 등의 성장이 어느 정도는 멈출 것이라는 고정 마인드셋을 많이 가지고 있었다. 도전과 성장의 가치보다 편안함과 안전의 가치를 중요하게 여겼다. 그런데 어느 순간 안전에 대한 추구가 내 삶에 정체기를 가져오고 있다는 것을 깨달았다. 그토록 강했던 열정이 시들해져 있었다. 편안함에 대한 집착과 평가에 대한 두려움으로 도전을 회피하고 스스로 한계를 만들고 있었다.

물론 태도와 가치는 선택의 문제이지 옳고 그름의 문제는 아닐 것이다. 하지만 성장 마인드셋의 관점을 받아들이면서 내겐 훨씬 더 많은 기쁨과 활력이 넘치게 되었다.

성장 마인드셋(성장형 사고방식)은 인간의 능력과 자질이 고정된 것이 아니라 노력에 의해 끊임없이 향상될 수 있다는 마음의 태도다. 반면, 고정 마인드셋(고정형 사고방식)은 능력과 자질은 타고나는 것이며 불변하는 것으로 본다. 그런 관점 하나의 차이가 삶의 많은 부분에 큰 영향을 미치게 된다.

드웩 교수는 마인드셋이 아이들의 행동에 어떤 영향을 미치는지에 관련한 실험을 했다. 학생들을 무작위로 두 그룹으로 구분하여 지능검사 문제를 풀게 했다. 그 후 한 집단에는 "머리가 좋구나. 참 똑똑하구나."라고 지능과 재능에 대한 칭찬을 해주었다. 또 다른 집단에는 "많이 노력했구나. 열심히 하렴."이라고 노력에 대해 이야기해주었다. 전자는 고정 마인드셋을 강화했고, 후자는 성장 마인드셋을 자극했다.

그 다음에 새로운 문제에 대한 난이도를 스스로 선택할 수 있도록 했다. 그랬더니 흥미로운 결과가 나왔다. 머리가 좋다는 칭찬으로 고정 마인드셋을 강화 받은 아이들의 대부분은 쉬운 문제를 선택했다. 반면 노력에 대한 인정으로 성장 마인드셋을 자극 받은 아이들은 더 적극적으로 어려운 문제에 도전했다.

그 이유는 무엇일까? "머리가 좋다"는 칭찬을 받은 아이들은 어려운 문제에 도전하기를 더 두려워했다. 그들은 만약에 실패하면 머리가 나쁘다는 평가를 받을 것을 염려했다. 그래서 더 높은 단계에 도전하기를 꺼렸다. 드웩은 두 번째로 내준 새로운 문제에 대해 각자 스스로가 채점을 해보라고 했다. 그랬더니 놀랍게도 머리가 좋다고 칭찬받은 아이들의 상당수는 점수를 부풀려 과장했다. 반면 노력을 칭찬받은 아이들은 자신이 받은 점수를 있는 그대로 이야기했다.

많은 엄마들이 내 아이의 기를 살려주기 위해 "똑똑해. 타고났어. 천재야."와 같은 재능에 대한 칭찬을 남발하곤 한다. 하지만 지능과 능력에 대한 과도한 칭찬의 말이 때론 독이 될 수도 있다는 것을 기억해야 한다. 그런 칭찬은 아이에게 '지능은 타고나는 것'이라는 고정형 사고방식을 갖게 해줄 수 있기 때문이다.

또한 아이의 입장에서는 "다른 사람이 나를 똑똑하지 않다고 보면 어떡하지? 내 이미지를 유지하려면 틀리면 안 되는데."라는 두려움을 갖게 될 수 있다. 새로운 것을 배우기 위해서는 모르는 것을 스스로가 인정해야 한다. 그런데 평가와 무능함에 대한 두려움 때문에 모르는 것도 아는 척을 하게 되는 것이다. 그것은 아이의 배움과 성장에 장애물이 된다.

우리 아이가 어떤 사람으로 성장하길 바라는가? 자신을 사랑하며 남을 배려하는 행복한 사람으로 성장하기를 원할 것이다. 그리고 꿈을 이루는 사람이 되기를 바랄 것이다. 아이가 정말로 좋아하는 분야를 발견하고 힘들더라도 끝까지 노력해서 마침내 목표를 이루는 사람이 되기를 바라는가? 그렇다면 아이가 가져오는 결과와 점수보다 노력과 과정에 대해 더 관심을 기울여야 한다.

"많이 노력했구나. 노력하는 모습이 참 기특하구나. 열심히 노력하더니 실력이 점점 늘고 있네."라는 노력에 대한 칭찬이 성장 마인드셋을 키워준다.

### 끝까지 노력할 수 있는 힘

요즘엔 많은 사람들이 열심히 노력하는 것에 대한 피해의식을 갖고 있는 듯하다. 성실하게 열심히 일한 개미보다 열심히 놀고먹는 베짱이가 더 잘 사는 세상이라고 여긴다. 하지만 최고로 잘나가는 베짱이들도 자세히 들여다보면, 최고의 노력파인 경우가 많다. 그들의 눈에 보이는 성공과 화려한 무대 뒤에는 누구보다도 땀 흘리며 갈고닦아온 노력이 숨어 있다.

모든 분야에서 최고의 성취를 이뤄낸 사람들의 비결이 무엇인지를 알아내기 위해 많은 학자들이 연구했다. 사회 각 분야에서 남다른 성취를 만들어낸 사람들의 공통점은 무엇일까? 루이스 터먼이라는 학자가 수십 년에 걸쳐 연구한 결과 지능과 성취도 사이에는 어떠한 상관관계도 없다는 결론이 나왔다.

안데르스 에릭슨은 '1만 시간의 법칙'을 통해 타고난 재능과 지능보다 반복적인 훈련과 노력이 탁월한 성취를 만들어낸다는 것을 보여주었다. 안젤라 더크워스도 선천적 재능이 아닌 끝까지 노력할 수 있는 힘인 '그릿'이야말로 성공을 예측할 수 있는 척도라고 이야기한다.

자신의 소질과 좋아하는 분야를 발견했다고 하더라도 꿈을 이루는 과정에서는 고된 노력과 인내가 필요하다. 때론 수없이 많은 실패와 좌절을 감당해야 한다. 성장 마인드셋을 지닌다면 실패를 성장을 위한 발판으로 여기며 더 노력할 수 있을 것이다. 그들은 단기적인 성공이 목표가 아닌 성장에 포커스를 둔다. 집중적이고 반복된 연습과 훈련이 자신의 잠재력을 꽃피운다는 것을 이해한다. 따라서 자신을 갈고닦는 노력을 게을리하지 않는다.

그러나 그것은 자신을 억지로 채찍질하며 몰아세우는 것과는 다르다. 연습과 노력의 과정이 때론 괴롭고 힘들지만 동시에 즐기는 마음을 갖는다. 어려워도 끝까지 해내고 싶다는 열정이 나오기 때문이다. 그래서 그들은 자신의 시간을 낭비하지 않고 귀하게 채워나간다. 강요와 압박에 의한 통제는 병을 만들지만 자발적 욕구에 의한 노력은 고통스런 과정도 기쁨으로 승화시킨다. 자신을 끊임없이 격려하고 일으킨다. 영감을 받고, 누군가에게 영감을 주는 사람이 된다.

장기적인 관점과 긴 안목으로 내 아이를 바라보자. 아이들에게 노력에 따라 얼마든지 성장할 수 있다는 마인드셋을 키워주는 엄마가 되자. 우리의 아이들이 노력의 가치와 보람을 알고, 도전하며 성장하는 멋진 사람으로 성장하길 소망한다. 그러기 위해 엄마가 먼저 성장 마인드셋을 장착하는 것이 필요하다. 엄마가 가진 마인드셋에 따라 아이의 마인드셋이 좌우되기 때문이다.

**성공은, '새로운 무엇인가를 익히는 데 최선을 다하는 일'을 뜻합니다**

어느 하나의 마인드셋을 선택한다는 것은, 마치 다른 세계에 들어서는 것과도 같습니다. '고정된 자질'이라는 세계에서 성공이란 '자신이 똑똑하거나 재능이 있다는 것을 증명하는 일'입니다. 즉 자신을 입증해야만 하는 것이죠. 반면, '변화하는 자질'의 세계에서 성공은, '새로운 무엇인가를 익히는데 최선을 다하는 일'을 뜻합니다. 즉 자신을 발전시키는 것입니다.

– 캐럴 드웩, 『마인드셋』

# 05 끊임없이 성장하는 엄마가 되라

평생 공부하라. 새로운 생각들을 끊임없이 접하라.
정기적으로 수업도 들어라. 평생 동안 배우는 사람이 되겠다고 다짐하라.
– 크리스티안 노스럽(미국의 의학박사, 산부인과 전문의)

## 인간은 평생 성장한다

누구나 살다 보면 삶의 본질적인 질문에 맞닥뜨리고 끝을 알 수 없는
고뇌의 시간을 보낼 때가 있다. 그런 질문을 마주하는 시기와 기간에는
차이가 있을 것이다. 그러나 '자아'를 갖고, '유한한 삶'을 살아가는 모든
인간에게 삶은 반드시 풀어야 할 과제를 내어준다.

'나는 누구인가?', '삶의 의미와 목적은 무엇일까?', '생을 마감하는 순
간에 후회하지 않으려면 어떻게 살아야 할까?'와 같은 본질적인 질문에
답하기 위해 나 또한 한동안 자아성찰과 방황의 시간을 보냈다. 그 과정
에서 나는 내가 추구하는 삶에 대한 정의를 내릴 수 있었다. 그것은 '삶의

본질은 사랑이고, 영혼의 목적은 성장이다.'였다. 나는 죽는 날까지 끊임없이 배우고 성장하면서 더 많이 사랑하고, 삶을 풍요롭게 즐길 수 있기를 소망한다.

나에게 인간은 누구나 계속해서 성장할 수 있다는 것을 깨닫게 해주신 분이 있다. 바로 '아하'라는 닉네임으로 불리는 이종헌 박사님이다. 그는 10년 전에 양평에서 '아리랑풀이'라는 치유 워크숍을 운영하고 계셨다. 그의 나이가 지금 80대이니, 그 당시는 70대 초반이셨다. 그런데 놀랍게도 20대보다 더한 건강과 활력, 그리고 싱싱한 '청춘'의 에너지를 지니고 계셨다. 그분으로 인해 나는 나이와 성장에 대해 나도 모르게 가지고 있었던 고정관념을 깰 수 있었다.

그는 매일 달리기를 하고 1년에 수십 번씩 마라톤 대회에 나간다. 과거에 그는 폐렴에 걸려 죽을 고비를 넘겼다고 한다. 달리기를 통해 건강을 회복했고, 달리기를 즐기다 보니 마라톤 마니아가 되었다. 그 당시 100회의 마라톤 풀코스를 완주했다. 그런데 몇 년 전에 200회의 완주 소식을 접했다. 정말 굉장하고 멋진 일이다. 나는 '120세까지 매일 새롭게 배우고 성장하겠다'는 그의 소망을 지지하고 응원한다.

### 모든 영역에서 끊임없이 성장할 수 있다

나는 그분을 통해 많은 것을 배웠지만, 특히 명상과 달리기하는 법을 배울 수 있어서 감사하다. 아리랑 산촌에서 나는 매일 새벽 5시가 되면 어김없이 일어나서 명상을 했다. 그리고 1시간여 동안 헉헉대면서 아리랑 고개를 달렸다. 언덕을 오를 때 가슴이 터질 만큼 힘들었지만 고비를 넘기면 묘한 쾌감이 느껴졌다. 그 이후 달리기의 매력을 알게 되었다.

"새는 날고, 물고기는 헤엄치고, 사람은 달린다." 아하가 자주 했던 말이다. 나는 그때부터 달리는 사람이 되었다. 달리기는 내 영혼을 춤추게 한다. 나는 1년에 1~2번씩 마라톤 대회에 나간다. 그리고 언젠가 춘천 마라톤 풀코스 완주를 꿈꾼다. 며칠 후에 있을 하프마라톤을 준비하며 요즘에도 1주일에 3~4번은 한 시간씩 달리기를 하고 있다.

달리기는 몸의 건강뿐만 아니라 마음을 긍정적이고 새롭게 해준다. 달리면서 부정적인 생각들을 툭툭 털어낸다. 호흡하며 나를 살리는 기분 좋은 생각과 행복한 생각들을 마음에 심는다. 긍정적인 생각의 씨앗이 내 삶의 현실에서 발화되고 좋은 것들을 끌어당긴다고 믿는다. 나는 달리면서 성장한다. 달리기는 하루의 일상에 엄청난 활력과 에너지를 만들어준다.

달리기를 통해 인생을 배운다. 달리는 순간에 때로는 고통을 느끼지만 엄청난 희열과 쾌감도 느낀다. 우리가 추구하는 꿈과 목표도 마찬가지다. 매일의 발걸음이 때론 힘들지만 그러면서 동시에 기쁘고 해볼 만하다고 여겨진다. 어렵지만 가다 보면 할 수 있게 된다. 끝까지 완주를 하고 나면 해냈다는 성취감과 보람은 이루 말할 수가 없다.

우리는 몸의 능력뿐 아니라 마음과 정신, 영혼까지 계속해서 성장할 수 있다. 꾸준한 노력을 통해 몸의 근육을 만드는 과정과 마음의 근육을 만드는 과정은 정확히 일치한다. 우리는 행복한 생각을 하는 능력과 마음을 다스리는 법을 익히고 향상시킬 수 있다. 보다 건강하고 활력 있게 살고, 더 많은 기쁨과 감사를 느끼는 능력, 다른 사람의 시선에 덜 신경 쓰고 나답게 사는 법도 키워갈 수 있다.

결국 주변에 휘둘리지 않고 내 삶의 주인으로 사는 법과 건강한 자존감을 지키며 사는 법을 배우며 성장해가게 된다.

당신이 하고 있거나 하고 싶은 일과 관련하여 갖추고 싶은 능력도 마찬가지다. 꾸준히 배우고 노력하다 보면 언젠가 당신의 분야에서 다른 사람들이 인정하는 전문가가 되어 있을 것이다. 우리는 삶의 모든 영역에서 얼마든지 자신을 끊임없이 성장시키고 향상시킬 수 있다.

## 하루하루 자신을 향상시키는 사람이 되라

당신이 성장형 사고방식을 선택한다면 더 많이 도전하고 배우고, 행동할 수 있을 것이다. 우리는 실패할 수 있는 용기가 있을 때 도전할 수 있다. 새로운 행동도 실수할 수 있는 용기를 필요로 한다. 실수를 통해 배우고 실패를 디딤돌 삼아 계속해서 노력할 수 있을 것이다.

당신이 만약 고정 마인드셋에 사로잡힌다면 실패를 자신의 무능함을 입증하는 것으로 여기며 도전을 꺼리게 될 것이다. 새로운 것을 배우고 성장하는 즐거움보다 남들의 시선과 평가에 대한 두려움을 더 크게 느낄 것이다. 당신은 도전하지 못해 우물쭈물하고 망설이다가 행동할 기회를 놓치곤 한다. 기회를 놓치고 나서 후회하고 자신의 부족함에 집착한다. 그 결과 자존감은 더욱 떨어질 수밖에 없다.

실패를 성장을 위한 과정으로 받아들이자. 『파리에서 도시락을 파는 여자』의 저자인 켈리 최는 "실패하지 않는 것이 가장 큰 실패다."라고 말한다. 빨리 실패하고, 자주 실패할 때 더 많이 배우고 성장할 수 있다고 믿기 때문이다. 누구에게나 실패는 분명 힘든 경험이다. 그러나 실패의 의미를 긍정적으로 받아들일수록 그것을 감당할 수 있는 힘이 생긴다. 다른 사람의 평가가 두려워 망설이는 대신 행동할 수 있을 것이다.

크리스토프 앙드레는 『나라서 참 다행이다』에서 "어떤 결과를 얻거나 성공하려고만 들지 말자. 행동 그 자체를 위해 행동할 수도 있어야 한다. 어떤 면에서 인간이라는 존재는 움직이기 위해 태어났다."라고 말한다.


당신은 어느 분야엔가 타고난 재능을 가진 천재적인 사람인가? 평범하지만 노력하는 사람인가? 아니면 재능도 없고 노력도 하지 않는 사람인가? 주위를 둘러보면 타고난 재능이 부각되는 사람들이 분명히 있다. 하지만 그런 부류는 소수에 불과하다.

대부분의 사람들은 평범한 보통 사람이다. 그렇다고 당신이나 나 같은 사람이 실망할 이유는 없다. 삶을 충분히 즐기고 누릴 수 있다면 평범하게 사는 것이 좋은 일이다. 우리가 평범하게 누리는 하루하루의 일상이 누군가에게는 간절한 소망이고 바람의 대상이다.

그러니 내가 누리는 평범함에 먼저 감사하고 볼 일이다. 그리고 우리는 누구나 평범함 속에 자신만의 고유함이라는 특별함과 비범함을 지닌 존재들이다. 우리 내면의 힘을 인식하고 사용하기 시작하면 엄청난 능력을 발휘할 수 있는 놀라운 가능성의 존재이다. 우리는 노력할 수 있는 능력도 키워갈 수 있다. 더 이상 천재에 열광하면서 나는 재능이 없다는 핑계 뒤에 숨지 말자. 당신은 인생을 마감하는 순간까지 성장할 수 있는 존재이기 때문이다. 꼭 최고가 되어야만 의미가 있는 것은 아니다. 당신이 원하는 삶의 길을 걷고 있는지가 중요하다.

## 작은 성취 경험이 쌓여 자존감이 된다

우리의 자존감과 성장은 하루하루의 행동과 작은 성취 경험들을 통해 쌓인다. 하루아침에 일어나는 거창한 변화와 성공을 이야기하는 것이 아니다. 발레리나 강수진 씨는 자신의 성공 비결은 '그저 하루하루를 열심히 살았기 때문'이라고 한다.

"보잘것없어 보이는 하루하루를 반복해서 대단한 하루를 만들어낸 사람이란 칭찬이 가장 좋아요. 지금까지 제가 가진 성공담은 모두 일상적인 반복이 빚어낸 산물이에요.", "처음 하루는 열심히 살기 힘들지만 일단 하루를 살고 나면 그 다음날은 조금 쉬워져요. 그렇게 몇 년이 지나면 인정받는 날이 옵니다."

우리의 인생은 결국 오늘 내가 보낸 하루하루가 모여서 만들어진다. 과거에 내가 보낸 하루하루가 모여 오늘의 나를 만들었듯이, 오늘 내가 보낸 시간들이 모여 나의 미래를 만들어간다. 첼로의 거장으로 알려진 카잘스는 95세의 나이에도 하루도 빼놓지 않고 연습을 했다고 한다. 이것을 궁금하게 여긴 기자가 어느 날 그에게 물었다.

"카잘스 선생님, 당신은 이미 세상에서 가장 위대한 첼리스트로 인정받고 있습니다. 그런데 95세의 나이에도 아직까지 하루에 6시간씩 연습하는 이유가 무엇입니까?"

그는 머뭇거리지 않고 이렇게 대답했다.

"왜냐하면 내 연주 실력이 아직도 조금씩 향상되고 있기 때문이오."

그는 여생을 마감하는 날까지도 자신의 능력을 향상시키고 성장하는 것을 멈추지 않았다. 그러했기에 그의 이름 앞에 붙은 거장이라는 호칭이 더 빛나는 것이 아닐까? 오늘 당신의 하루는 무엇으로 채워가고 있는가? 매일매일 배우고 성장하는 엄마가 되자.

## 자신의 가치를 향상시키는 배움에 투자하세요

어떠한 강연회나 세미나가 당신을 끌어당긴다면, 그곳에는 반드시 당신이 필요로 하는 무언가가 있습니다.

돈을 잘 쓰는 방법은 기부만이 아닙니다. 배움이나 자신의 향상을 위해 투자하는 것도 돈을 잘 쓰는 방법입니다. 배우는 데 투자를 아끼지 마십시오. 반드시 참석해야겠다는 느낌이 들면 그 세미나에는 무슨 수를 써서라도 가보는 것이 좋습니다. 어떠한 강연회나 세미나가 당신을 끌어당긴다면, 그곳에는 반드시 당신이 필요로 하는 무언가가 있습니다.

— 이노우에 히로유키, 치과의사, 자기계발 작가, 『배움을 돈으로 바꾸는 기술』

# 06 육아로 마음의 그릇이 넓어진다

다른 이들의 고통을 느껴보라.
그들의 몸부림, 실망, 고난과 부족함을 이해하고 그들에게 마음을 열어보라.
그리고 모든 사람들이 저마다 최선의 노력을 하고 있다는 것을 인지하라.
- 다니엘 레빈(미국의 작가, 변호사)

## 아이가 자라는 만큼 함께 성장하는 엄마의 마음

육아는 때때로 감당하기 버거울 만큼의 고통과 인내심을 필요로 한다. 엄마들은 수없이 많은 날 동안 자신의 몸이 망가지는 것도 모르고 아이를 안고 씨름한다. 수없이 많은 날 동안 자신을 잊어버린 채 자신이 줄 수 있는 최대한의 것들을 내어준다. 수없이 많은 날들을 아이와의 감정 싸움으로 영혼이 탈탈 털리기도 한다. 수없이 많은 날들을 불면으로 지새우며 통곡의 밤을 보내기도 한다.

그럼에도 불구하고 엄마가 되는 과정은 세상 어떤 경험과도 견줄 수 없을 만큼의 감격과 축복의 과정이기도 하다. 신비로운 생명의 탄생과 엄청난 성장의 과정을 오롯이 함께 할 수 있기 때문이다.

아이들의 자람 속도는 놀라울 만큼 굉장하다. 콩나물시루에서 콩나물이 자라듯 아이들은 하루가 다르게 성장한다. 아기 때는 엄청난 속도로 몸이 자라고, 신체의 능력이 성장한다. 조금 더 크면 마음이 자라고, 자아가 형성된다. 그러면서 생각이 자라고, 자신의 주관이 형성된다. 한편 점점 더 자신의 몸과 마음, 머리를 사용하여 무언가를 해낼 수 있는 다양한 능력들을 갖추게 된다.

하지만 아이는 가만히 내버려두거나 지켜본다고 해서 스스로 알아서 자라지는 못한다. 누군가의 절대적인 보살핌과 돌봄이 필요한 너무나 연약한 존재로 세상에 나온다. 아이가 성장하기 위해서는 상당한 기간 동안 엄마의 노고와 정성, 시간과 에너지를 필요로 한다.

아기일 때는 종일 먹이고 재우고 안아주고 놀아주면서 아이의 욕구를 우선적으로 채워준다. 아이는 자신의 생존욕구를 채우고 엄마의 헌신과 사랑을 이끌어내기 위한 엄청난 도구를 갖고 태어난다. 바로 울음과 웃음이다. 아이의 울음 신호에 엄마들은 허리가 휘도록 아이를 보살핀다. 그리고 꽃보다 예쁜 아이의 웃음에 엄마들은 힘든 것도 잊어버리고 아이를 돌보게 된다.

하지만 아이가 자라면서 하고 싶은 모든 걸 다 하게 해줄 수는 없다. 할 수 있는 것과 하지 말아야 할 것의 한계를 가르쳐주는 것도 엄마의 몫이다. 아이가 먹고 싶다고 해서 사탕과 초콜릿을 계속 줄 수는 없을 것이다. 밥을 먹은 후까지 간식을 먹지 않고 참는 법도 가르쳐줘야 한다. 밖에 나갔다 들어오면 손과 발을 씻는 것도 가르쳐야 하고, 닦기 싫어도 밥을 먹은 후 양치하는 좋은 습관도 만들어주어야 한다. 다른 사람들을 소중히 대하는 예의와 질서도 가르쳐줘야 한다.

외계인 같았던 아이들은 엄마를 통해 점점 지구인이 되어간다. 지구별에서 건강하고 행복하게 살아가는 데 필요한 많은 것들을 배워간다. 자기 마음대로 안 되는 것도 있다는 것을 알게 되고, 떼쓰지 않고 자신을 표현하는 법을 배운다. 좌절감을 극복하며 자신의 감정을 다루는 법과 감사를 표현하는 법도 배우게 된다. 마음속 사랑과 기쁨 또는 슬픔과 분노를 표현하는 법도 배울 필요가 있다. 무엇보다도 자기 자신을 사랑하는 법을 가르쳐줄 수 있으면 좋겠다.


엄마가 성장하면 할수록 아이도 함께 성장한다. 엄마가 마음이 급해 아이들을 자꾸 재촉하면 아이도 엄마를 재촉한다. 성내고 화를 내면 아이도 똑같이 짜증내고 소리를 질러댄다. 옛 어른들 말씀이 아이 앞에서는 함부로 냉수도 못 마신다더니 그 말씀이 딱 맞다. 아이들은 부모를 비춰주는 거울과 같다. 부모의 행동을 그대로 보고 배우기 때문이다.

그래서 엄마는 아이의 모습을 통해 자신의 모습을 돌아볼 수 있다. 하지만 성장 과정에 있는 아이의 문제로 자신의 잘못을 탓하고 자책하지는 말자. 우리는 모두 완벽한 부모가 아니고 그렇게 될 수도 없기 때문이다.

대신 부모로서 무엇을 배우고 어떻게 성장해야 하는지 지표로 삼을 수 있으면 좋겠다. 부족한 대로 어설픈 대로 조금씩 나아지고 있으면 된다.

## 육아는 가장 큰 성장의 기회다

어떨 땐 내가 아이를 키우는 것이 아니라 아이들이 나를 키우는 게 아닌가 하는 생각이 들곤 한다. 마음이 조급해져 아이에게 버럭 소리를 지른 후 후회하며 반성한다. 아이는 많은 사고들을 저지르며 내 인내심의 크기를 넓혀준다. 아이가 아파 울고불고 난리를 칠 땐 아이가 안쓰러워 엄마의 마음도 요동친다. 아이를 위해 죽을 끓이고 간호하며 빨리 회복되기만을 기도한다. 아이의 아픔과 병간호를 통해 건강하게 잘 자라주는 것만으로도 축복이고 감사하다는 것을 깨닫게 된다.

엄마가 신경 쓸 일이 많아 아이들에게 소홀하면 아이는 떼를 써서라도 자신을 표현한다. 징징거림이나 다른 방식을 통해 엄마의 시선을 잡으려고 노력한다. 아이는 엄마가 눈높이를 맞추어 아이를 바라보는 법과 삶의 균형에 대해 가르쳐준다.

육아는 때때로 엄마의 제한된 시간, 감정, 에너지를 끝도 없이 소모시키고, 그 과정에서 많은 무력감을 느끼게 한다. 그래서 어떻게 하면 지치지 않게 내 삶을 경영해야 하는지를 고민하게 해준다. 육아는 한정된 시간과 에너지를 아이와 엄마 사이에 적절히 나누어 쓰는 과정이다. 그로 인해 하루의 시간을 소중하게 쪼개어 쓰는 법을 배우게 해준다.

아이는 엄마에게 가장 순수하고 조건 없는 사랑을 준다. 순수하고 반짝이는 눈빛으로 "엄마가 세상에서 제일 좋아요."라며 수도 없이 고백한다. 그리는 그림마다 엄마, 엄마, 엄마를 줄기차게 그려댄다. 엄마 놀이를 무한 반복하며 성장한다. "엄마는 세상에서 누구를 제일 좋아해요?" "음… 엄마는 예원이하고 예술이를 제일 사랑해. 그리고 아빠. 그리고 우리 가족 모두를 사랑하지." 늘 똑같은 대답이지만 자기를 제일 사랑한다는 나의 대답에 아이는 세상 모든 것을 다 가진 듯 든든한 표정을 짓는다. 아이는 무조건적인 사랑과 가족의 소중함을 일깨워준다.

우리 아이들은 가끔씩 내 엉덩이를 두드리며 "아이고 예쁘다, 아이고 대단해요."라고 말하곤 한다. 어떨 땐 가만히 내 눈을 들여다보며 이렇게 말한다. "엄마, 눈이 너무 예쁘네. 눈썹도 예쁘고 얼굴에 주름도 예쁘다.", "엄마 손도 예쁘고, 발도 예쁘고 엄마 다리도 예쁘다.", "엄마 볼도 예쁘고 귀도 예쁘고 엄마 엉덩이도 예뻐요."

아이들의 사랑스런 눈빛과 사랑 공세를 받으며 나는 감격스럽고 행복하다. 내가 아이들에게 수없이 해줬던 말들을 그대로 기억했다가 어느 순간 나에게 똑같이 해준다. 어떤 날은 손을 만져주고, 어떤 날은 발도 만져주고, 어떤 날은 머리도 쓰다듬어준다. 엄마의 표현을 고스란히 기억하고 있다가 엄마에게 되돌려준다.

나는 밤에 아이를 재울 때나 아침에 아이를 깨울 때면 아이들의 온 몸을 손으로 쓸어주곤 한다. 뒷목 아래쪽부터 등 전체를 쓰다듬고, 엉덩이는 통통통 두드려준다. 가슴부터 배까지 부드럽게 쓸어준다. 부드럽게 쓸어주면서 최대한 부드럽게 이야기한다. "우리 아이 잘 자라라. 엄마가 세상에서 제일 사랑하는 우리 딸, 너는 세상에 하나밖에 없는 보물이야. 엄마가 많이많이 사랑해."

우리 아이들은 엄마가 쓸어주고 두들겨주는 손길을 좋아한다. "엄마, 또 해주세요. 마음이 편안하고 기분이 좋아져요."라고 이야기한다. 손도 만져주고 발도 만져준다. 태어날 때 너무나 작고 귀여웠던 아가의 발이 이젠 그럴듯한 어린이의 발이 되어 있다. 그 모습에 뭉클해지곤 한다.

내 아이가 언제 이렇게 자랐나. 이렇게 많이 자라는 동안 나는 내 아이들에게 얼마나 많은 사랑을 주었을까. 돌아보면 너무나 부족하고 늘 아쉽다. 아이에게 더 주지 못해 미안한 게 엄마의 마음인가 보다.


엄마는 아이를 키우며 마음의 그릇이 넓어진다. 엄마가 되기 전엔 나밖에 몰랐던 내가 엄마가 되면서 새로운 세상에 눈을 뜬다. 아이의 입장을 헤아리고 아이의 미래까지 그려본다. 나 자신만 챙기던 내가 아이를 돌보고, 아이를 있는 그대로 사랑하며 어루만져주는 법을 배운다. 아이를 통해 무조건적인 사랑과 내 안에 있는 순수함을 깨닫는다. 그리고 그 마음을 나누고 표현하며 성장한다.

엄마는 아이를 키우며 제대로 어른이 되어간다. 아이를 키우며 자신을 기르며 힘들었을 부모의 마음을 헤아리고 이해하게 된다. 나처럼 힘들게 아이를 키우는 다른 부모의 심정을 공감할 수 있게 된다. 엄마는 육아를 하며 고통의 크기만큼 성장한다. 무조건적인 순수한 사랑을 주고받으며 삶의 진정한 기쁨과 축복을 깨닫는다. 그래서 육아는 가장 큰 성장의 기회다.

## 엄마의 자존감을 위한 한 줄 메시지

**아이의 실패를 허용하고 장려해주세요**

아이들에게 '결코 지지 않을 것'이라는 환상을 가르치기보다 분명 실패할 날이 올 거라고, 삶이 쉽지만은 않을 거라고 가르쳐야 한다. 그게 자연스러운 거고 그래도 괜찮다고 말해주어야 한다. 실패해보고 좌절해보고 실망해보고 그 사실을 자연스럽게 받아들인 후 그 속에서 자신이 할 수 있는 일을 하나씩 찾아가는 경험을 만들어줘야 한다.

– 박진영, 『나, 지금 이대로 괜찮은 사람』

# 07 나만의 속도로 즐기면서 준비하라

자신만의 속도를 설정하라.
어떤 사람들은 엄청 크고 급격한 변화를 꿈꾸기도 한다.
반면 또 몇몇은 느리고 꾸준한 길을 가려고 한다. 당신에게 딱 맞는 속도를 찾아라.
- 줄리 모건스턴(미국의 공간관리 전문가, 작가)

## 천천히 가도, 조금 느려도 괜찮다

많은 엄마들은 빠른 속도로 변화하는 세상에서 자신의 시계만 멈추어 버린 듯 막막함과 혼란을 느낀다. '예전엔 누구보다 열심히 산다고 자부해왔는데 지금은 아무것도 아니다.'라는 생각에 우울해진다. 다들 열심히 뭔가를 이루어가고 있는데 나만 정체되고 뒤쳐지는 것 같아서 불안하고 초조하다.

후배인 J씨는 최근 몇 년간의 경력단절을 끝내고 의욕과 열정을 품고 다시 일을 시작했다. 처음 해보는 학습지 선생님 일이 아직은 서툴고 몸에 익지 않아 마음이 분주하다고 한다. 하지만 마음이 급하다고 뭔가를 이루어내고, 빨리 갈 수 있는 건 아니다. 오히려 성급한 마음 때문에 될 일도 꼬여버린다.

워킹맘이든 전업맘이든 현대를 살아가는 엄마들에게 꼭 필요한 한 가지는 바로 마음의 여유가 아닐까 한다. 엄마일수록 기다림의 지혜가 필요하다. 밥이 뜸이 들고, 유산균이 발효되는 데 시간이 필요하듯 엄마가 되면 자기 삶을 천천히 들여다볼 필요가 있다. 시야를 넓혀서 보다 장기적인 관점으로 자신의 인생을 바라보자.


인디언들은 말을 타고 가다가 자신이 달려온 길을 돌아보는 풍습이 있다고 한다. 자신이 너무 빨리 달려와서 자신의 영혼이 미처 따라오지 못했을까봐 기다려준다고 한다. 몸과 마음, 영혼이 한 곳에 있을 때 우리는 건강하고 행복한 삶을 누릴 수 있다. 마음과 영혼은 숙성되고 기다려주는 시간이 필요할지 모른다. 우리 몸도 적당한 휴식과 쉼이 필요하다.

사회의 변화 속도와 기준을 내려놓고 자신의 속도를 찾을 필요가 있다. 사회가 빠르게 변한다고 당신이 설 자리가 없어지는 건 결코 아니다. 행동하고 준비된 자에게는 언제든 기회가 온다. 우리는 다른 사람이 아닌 자신의 마음에 귀를 기울이고 내면의 목소리를 들어야 한다.

토끼와 거북 이야기에서 당신은 토끼 같은 사람인가? 거북이 같은 사람인가? 토끼처럼 빠르게 가는 사람도 분명 있다. 하지만 빠르게 가는 게 전부는 아니다. 방향이 잘못됐다면 빠르게 갈수록 비효율적이다. 빠르게 가서 치러야 할 비용을 생각하면, 천천히 가는 것이 더 나을 수 있다. 엄마에게도 속도보다 중요한 건 방향이다.

우리 아이는 일란성 쌍둥이지만 뒤집기, 기기, 말하기, 쓰기, 읽기 등 성장 속도가 수개월씩 차이가 났다. 쌍둥이를 키우며 그 차이가 엄청나게 크게 느껴지곤 했다. 하지만 두 아이 모두 자신의 속도대로 성장해왔다. 육아 경험을 통해 '성장의 속도는 다 다르다'는 것과 '크다고 여겼던 성장의 속도차가 막상 지나고 보면 별반 차이가 없다'는 것을 배울 수 있었다.

내 아이가 또래보다 늦어지면 엄마들의 마음엔 걱정이 앞선다. '이 아이가 도대체 왜 걸을 생각을 안 하는 거야? 왜 아직도 말을 못 하지? 글씨는 언제 읽으려고 저러나?' 하며 불안하고 조바심이 난다. 하지만 아이를 키워보니 그런 걱정은 아이에게나 엄마에게나 별로 도움이 되지 않는다. 오히려 엄마의 불안함이 아이에게 압박으로 전해져 아이는 더 불안해진다.

아이는 조금 늦더라도 자신이 밟아야 할 단계를 차곡차곡 밟으며 성장한다. 아이의 속도대로 때가 되면 걸을 수 있게 되고, 말문을 열며 하나하나 배워나간다. 단지 아이마다 기질과 속도의 차이가 있을 뿐이다. 그러니 내 아이에 대한 믿음을 갖고 그 차이를 이해할 필요가 있다. 아이때 조금 늦게 간다고 해서 결코 인생이 뒤처지는 것은 아님을 명심하라.

## 누가 뭐라고 하든 나만의 속도로 삶을 즐겨라

어떤 아이는 빨리 성장하고 어떤 아이는 깊게 성장한다. 아이뿐만이 아니라 엄마인 나도 마찬가지다. 육아의 기간이 때론 끝도 없이 계속되는 터널에 갇힌 듯 느껴질 때도 있을 것이다. 하지만 곧 밝은 빛이 들어오고 터널은 끝이 난다.

중요한 건 나만의 속도로 꾸준히 가는 것이다. 다른 사람과 비교하지 마라. 비교의 대상은 오직 과거의 나, 어제의 나이다. 어제보다 오늘 조금 더 나아갔으면 당신은 성장하고 있는 것이다. 자신을 너무 가혹하게 몰아세우지 말자. 자신에게 좀 더 친절하고 너그러워지기를 선택하라. 자신을 더 많이 사랑하고 삶을 더 많이 즐길 수 있도록 자신을 허용하자.

모죽이라는 대나무가 있다. 이 대나무는 아무리 정성껏 물을 주고 관리해도 좀처럼 싹이 나지 않는다. 그러다 5년 정도가 지나면 손가락만한 죽순이 나온다. 그러곤 하루에 80cm씩 매일 쉬지 않고 자라서 최고 30m까지 성장한다. 이렇게 자란 모죽은 웬만한 비바람과 태풍에도 끄떡없을 만큼 튼튼하고 울창한 숲을 이룬다고 한다.

그렇다면 모죽이 그렇게 긴 세월 동안 자라지 못하는 이유는 무엇일까? 그 이유는 우리 눈에 보이지는 않지만 땅 속 깊숙하게 뿌리를 내리며 천천히 성장했기 때문이다. 땅을 파보면 모죽의 뿌리가 사방팔방 10리도 넘게 뻗어 있다고 한다.

모죽의 이야기에는 성장의 비밀이 숨겨져 있다. 모죽은 땅에 씨앗이 뿌려진 순간부터 성장을 멈춘 적이 없다. 모든 생명을 가진 씨앗은 발아하고 움터서 성장하려는 욕구를 갖고 있다. 그러나 모든 성장의 과정이 외적으로 눈에 보이는 것은 아니다. 오히려 보이지 않는 내적 성장이야말로 그 생명을 온전하고 건강하게 지켜내는 힘이 된다.

그러니 성장이 더디다고 느껴질 때는 더 크게 성장하기 위한 토대를 만들고 있다고 생각해보면 어떨까? 모죽이 사방팔방으로 뿌리를 뻗으며 탄탄한 생명의 토대를 만들 듯이 당신도 내적으로 깊어지고 있다고 생각해보자.

엄마가 되지 않았다면 결코 알 수 없었을 것들, 엄마가 되었기에 배울 수 있었던 것들이 있다. 예전엔 결코 이해할 수 없었던 일들과 사람들이 이제는 이해가 된다. '저 사람도 나름대로 힘들구나, 각자의 고통을 짊어지고 애쓰고 있구나. 모두 똑같이 불완전한 인간이구나.' 하고 이해하고 바라보는 마음의 크기가 넓어진다. 그래서 자식을 키우는 엄마가 되면 예전에는 없던 마음의 내공이 생긴다.

당신이 지금 힘든 시기를 보내고 있다면 그건 모죽처럼 깊이 성장하고 있기 때문이다. 언젠가 당신의 시기가 온다는 것을 믿어라. 가다 보면 속도가 붙고 눈에 띄게 성장하는 날이 반드시 온다. 그때 자연스럽게 삶의 속도를 즐겨라. 처음부터 속도를 내면 오버페이스에 걸린다.

나는 1년에 한두 번씩 10km나 하프 마라톤 대회에 나간다. 나는 내가 즐길 수 있는 나만의 속도를 잘 안다. 거북이 마라톤이다. 한 번은 욕심이 생겨 처음부터 다른 사람들의 속도에 맞추어 뛴 적이 있었다. 처음 몇 분간 내 속도가 아닌 다른 사람의 속도에 맞추어 뛴 결과 끝날 때까지 헉헉거리며 힘들었다. 그 결과 몇 분의 시간을 단축할 수 있었다. 하지만 내내 즐기지 못하고 힘들었다. 그 후로는 오버페이스를 하지 않는다.

달리기 시작하는 초반에는 오히려 내가 낼 수 있는 속도보다 훨씬 더 속도를 줄인다. 그러다 보면 점점 탄력이 붙는 게 느껴진다. 그때부터는 힘들이지 않고 많은 사람들을 추월할 수도 있게 된다. 그때 충분히 즐긴다. 그렇게 하면 마지막에 테이프를 끊을 때까지 즐길 수 있다. 그게 바로 마라톤의 매력이다.

우리 인생도 마라톤과 다르지 않다고 생각한다. 중요한 것은 속도가 아니다. 꾸준히 자신의 길을 걷는 것이다. 방향을 알고 간다면, 당신의 길에 들어섰다면 자기 자신과 당신의 인생을 신뢰하라. 그리고 오직 한 번에 한 걸음씩 자신의 속도대로 과정을 즐겨라. 너무 급하게 서두르지 마라. 천천히 가더라도 멈추지만 않으면 된다. 아니 멈췄다가도 다시 가면 된다. 우리는 결코 잘못될 수 없다.

당신은 엄마로서 삶의 균형이 무엇보다 중요할지 모른다. 소중한 내 아이와의 시간, 일, 꿈과 자아실현, 건강, 취미, 관계 등 당신 삶의 수레

바퀴가 모두 조화롭게 굴러갈 때 당신은 삶을 보다 더 즐길 수 있을 것이다. 아이가 자라면 엄마의 시간은 점점 더 늘어난다. 당신에게 가장 좋은 때가 분명히 온다. 지금은 모죽처럼 깊이 성장하며 당신의 때를 준비하는 시기일지 모른다. 나에게 맞는 속도를 찾아라. 주변과 비교하지도 말고, 기웃거리지도 말고 나만의 속도대로 최대한 즐기면서 한 걸음씩 나아가자.

## 엄마의 자존감을 위한 한 줄 메시지

**깊이 내려가면 높이 오른다**

아이들에게 불필요한 스트레스를 주지 말고 조금만 더 기다려주자. 아이가 자기 안으로 깊이 내려가는 걸 방해하면 결코 높이 올라갈 수 없다. 아껴둔 운을 엄마가 가장 믿어줘야 아이들은 자기 운을 끝까지 다 쓸 수 있다.

− 김미경,『엄마의 자존감 공부』

우리 인생도 마라톤과 다르지 않다고 생각한다.
중요한 것은 속도가 아니다.
꾸준히 당신의 길을 걷는 것이다.

## 엄마가 되는 건 축복입니다

　임신부터 출산과 육아의 과정을 돌아보면 벅찬 감동의 순간들이 빼곡하게 얼굴을 내민다. 임신을 계획하고 1년 정도 지났을 때 임신 테스트기에 선명한 두 줄 자국을 보았다. 가슴이 쿵쾅거렸다. 머리끝부터 발끝까지 몸 전체가 두근거리는 느낌이었다. 남편에게 전화해서 벅찬 환호와 감격의 기쁨을 함께 나누었다. 몇 번 가보지 않았던 산부인과를 방문하는 날 얼굴이 발갛게 상기되었다. 의사 선생님으로부터 축하의 메시지를 듣고, 간호사로부터 엄마 수첩을 처음 받았다. 내가 누군가의 엄마가 되다니…. 묘한 감동이 북받쳐 올랐다.

　초음파를 통해 아기의 실루엣을 처음으로 확인하고 심장 뛰는 소리를 듣던 날. 생명의 경이로움으로 온 세상이 아름답게 느껴졌다. 쌍둥이 임신이란 걸 처음 알게 된 날 믿어지지 않을 만큼 벅찬 감동을 느꼈다. 둘 다 딸이라는 걸 알았을 땐 세상을 다 가진 듯 행복했다. 아기를 낳고 퇴원하던 날 세상에서 가장 귀한 선물 보따리를 받아든 것 마냥 뭉클했다. 건강하게 태어나준 것만으로도 감사하고 또 감사했다. 꼬물거리는 작은 손가락과 발가락을 확인하고 아이와 처음 눈을 맞추던 날의 감동도 잊을 수 없다.

아이가 내게 처음으로 활짝 웃어주던 날엔 온 세상이 따라 웃는 듯 행복했다. 아이들은 꽃봉오리가 활짝 얼굴을 내밀 듯 그렇게 예쁘게 웃었다. 그 웃는 표정에 그간의 고단함이 눈 녹듯이 녹아내리는 기분이었다. 처음으로 '엄마'라고 불러주던 날, 그 날부터 내가 진짜로 엄마가 된 듯 벅차고 뿌듯한 느낌이 들었다. "엄마 사랑해요. 엄마가 세상에서 제일 좋아요."라며 쏟아지는 애정 공세와 편지들, 수없이 많이 그려주는 엄마 그림들. 애교가 넘치는 딸들 덕분에 받았던 넘치는 사랑, 벅찬 감동의 순간들이 가득하다. 엄마이기에 누릴 수 있는 특별한 감동과 행복이다.

아무리 엄마 노릇이 힘들다 해도 이 세상의 엄마들은 안다. 아이를 기르는 기쁨과 보람은 그 무엇과도 바꿀 수 없다는 것을. 모든 엄마에게 자기 자식은 누구보다도 애틋하고 사랑스럽다. 엄마가 되는 건 신으로부터 받은 축복이다. 아이를 키우며 '내가 아이를 키우는 게 아니라 때로는 아이가 나를 키우는 게 아닌가.'라는 생각이 들 때가 있다. 그만큼 아이를 키우는 건 고통도 따르지만 그보다 더한 기쁨과 보람 그리고 깊은 성숙을 가져다준다.

# 4장

Mom's Self Esteem

# 꿈

아이의 꿈만이 아닌 엄마의 꿈을 키워라

괜찮다. 서툴더라도 네 방식대로 살아라.
모자라더라도 네 자신이 되어라. 막막하더라고
다시 일어서라. 너만의 북극성을 꿈꾸는 한,
지금 네가 서 있는 바로 거기가 정답이니까,
바로 그 자리가 세상의 한가운데니까.

– 『웅크린 시간도 내 삶이니까』 중에서

# 01 엄마도 엄마 인생의 주인공이다

그대가 할 수 있는 것, 아니면 할 수 있다는 생각이 드는 것이라도 상관없다.
그런 일이 있다면 바로 시작하라.
용기 속에는 그 일을 능히 할 수 있도록 하는 천재성과 힘, 마법이 모두 들어 있다.
- 요한볼프강폰괴테(독일의문학가)

## 엄마에게도 꿈이 있다

예전에 나는 자신에게 엄격하고 완벽을 추구하는 성향이었다. 완벽하지도 않은데 완벽하려고 하니 마음이 늘 힘들었다. 스스로 결함이 많다고 느꼈고, 나 자신을 가혹하게 혹사시키곤 했다. 기대에 미치지 못하면 실망하고 습관적으로 자책에 빠지곤 했다. 삶의 의미나 가치를 찾지 못해 사는 게 별로 재미가 없었다.

성인이 되어 진정한 나를 찾고 삶의 의미를 발견하기 위해 한동안 방황의 시간을 보냈다. 삶을 변화시키기 위해서는 먼저 나 자신을 사랑해야 한다는 것을 깨닫게 되었다. 그 동안 나 자신을 스스로가 아프게 했다는 생각이 들었다. 나는 늘 내 편이 아니었다. 삶의 한계를 만들고 평가절하하는 건 다른 누구도 아닌 바로 나 자신이었다.

나는 거울 속의 내 눈을 보며 나 자신에게 말을 걸었다. 상처 입은 내면의 아이에게 위로와 응원의 말을 건넸다. 그렇게 나를 사랑하게 되면서 변화가 시작되었다. 어느덧 나는 나를 사랑하고 소중히 여기며 자존감에 물을 주는 사람이 되었다. 늘 실수하는 나를 받아들이고, 더 많이 시도하고 도전할 수 있도록 북돋울 수 있게 되었다. 부족한 대로의 나를 있는 그대로 받아들이고 인정하는 법을 배웠다.

자신을 사랑하는 사람은 꿈을 찾는다. 내가 소중하고 귀하니까 자신을 행복하게 하는 일을 찾게 된다. 꿈을 추구하는 건 인간의 타고난 본능이 아닐까? 우리는 누구나 태어난 이유와 소명이 있다. 내가 원하는 것은 무엇인지, 나다운 삶은 무엇인지를 찾으며 나는 꿈을 갖게 되었다. 교육회사를 다니며 나는 세상과 사람들에게 긍정적인 영향력을 주는 사람이 되겠다는 비전을 가슴에 새기곤 했다. 마음에 새겨진 비전은 살아갈 이유와 삶의 의미를 준다.

경력단절을 선택한 기간 동안에도 언젠가 다시 꿈을 꾸고, 꿈을 이루는 삶을 살겠다는 비전을 놓지 않았다. 그래서 간혹 멘탈이 무너져도 다시 스스로를 일으키고 삶에 대한 열정 온도를 유지할 수 있었다.

지금은 작가, 강연가가 되어 나의 경험과 생각, 깨달음을 전하는 메신

저로서의 꿈을 실현해 가고 있다. 그리고 자존감 결핍과 부족으로 힘들어하는 엄마들의 자존감 코치가 되었다. 나 또한 낮은 자존감으로 힘들어했기에 마음이 힘든 엄마들을 더 많이 공감하고 힘을 줄 수 있는 능력을 갖출 수 있게 되었다.

나의 꿈은 건강하고 행복하고 지혜로운 엄마와 아내가 되는 것이다. 그리고 많은 사람들의 내면에 있는 보석 같은 잠재력을 끄집어내어, 행복하고 성공적인 인생을 살 수 있도록 돕는 것이다. 또한 이 세상과 사회에 내가 가진 긍정적인 영향력을 나누며 기쁘고 감사하며 풍요롭게 사는 것이다. 나는 사람들에게 선한 영향력을 주고, 세상에 긍정적인 가치를 제공하는 것에 큰 기쁨과 보람을 느낀다.

## 꿈이 있는 엄마는 아름답다

지인 중에 평범한 두 아들의 엄마가 있다. 그녀는 작가의 꿈을 꾸면서 아이들을 유치원에 보내고 난 후 매일매일 글을 쓴다. 어린 시절 그녀의 아버지는 심한 알코올의존증이었다. 부모님의 불화와 이혼으로 그녀는 외롭고 힘든 유년 시절을 보냈다. 그녀는 결혼생활도 그리 순탄치 않았다. 아이를 낳고 한동안 산후우울증으로 힘든 나날을 보냈다. 더군다나 아이는 정서불안과 틱장애 초기 증상을 보였다. '난 쓸모없는 인간이야. 엄마 자격도 없어.'라는 생각에 창밖으로 뛰어내리고 싶은 충동을 느끼곤 했다고 한다.

그러던 그녀가 요가를 통해 몸과 마음을 추스르며 건강을 회복했다. 자신을 사랑하는 법과 마음을 다스리는 법을 배우며 그녀의 삶에 변화가 일어났다. 그녀는 작가로서의 꿈을 실현하고 있다. 그녀는 글을 통해 힘들었던 경험과 마음을 토해내며 스스로를 치유하고 위로 받는다고 한다. 그녀의 이야기는 비슷하게 힘든 처지에 놓인 많은 엄마들에게 깊은 위로와 용기를 전해주고 있다. 벌써 한 권의 책을 쓰고, 요즘은 두 번째 저서를 쓰고 있다. 그녀는 요즘 사는 게 너무나 재미있다고 한다. 하루하루가 감사하고 설렌다고 이야기하는 그녀가 참 아름답게 느껴진다.

꿈이 있는 엄마는 아름답다. 진한 화장을 하지 않아도 뭔가 빛이 난다. 과거가 어땠는지가 아니라 지금 가슴 뛰는 꿈이 있느냐가 중요하다. 내면에 심어진 꿈과 비전이 우리의 가슴을 뜨겁게 한다. 꿈이 생기면 자신의 삶을 더 사랑하게 되고 열정의 온도가 올라간다. 그런 사랑과 열정의 에너지는 주변 사람들에게 전달된다. 그런 꿈의 에너지를 가진 사람들이 많아질수록 세상이 더 밝고 아름다워진다고 믿는다.

나의 경우도 꿈과 의미가 없던 시절의 삶이 우울한 회색빛이었다면, 꿈과 소명을 발견한 이후의 삶은 무지개색이다. 이루어야 할 꿈이 생기면 삶에 대한 관점과 태도가 바뀐다. 자신을 더 사랑하게 되고 스스로가 자신을 이끄는 셀프리더가 된다. 세상은 나의 꿈을 이루는 터전이자 무대가 된다.

목적과 방향성 없이 흔들리며 살면 열심히 살아도 허무하기만 하다. 그래서 삶은 속도가 아닌 방향이다. 꿈을 찾으면 세상과 다른 사람의 기준에 맞추며 휩쓸리는 대신 자기 삶의 주인으로 살아갈 수 있게 된다. 자신감이 부족해도 꿈을 이루는 과정을 통해 작은 성공 경험들이 쌓이고, 축적된 성취 경험이 모여 자신감도 함께 자란다.

### 내 인생의 주인공으로 살아라

많은 엄마들이 아이들을 책임지느라 정작 자신의 삶은 뒷전에 두곤 한다. 아이가 꿈을 갖고, 꿈을 이루기를 원하면서 자신은 꿈을 찾거나 도전하지 않는다. 내 아이가 책을 많이 읽고 적극적으로 꿈을 이루는 인생의 주인으로 살기를 바란다. 하지만 정작 자신은 책을 읽거나 배우지 않고, 도전도 하지 않는다.

엄마 인생의 주인공이 되려 하지 않고 아이 인생의 조연으로 스스로가 물러선다. 많은 엄마들이 아이를 자신과 동일시해서 내가 못 이룬 꿈을 이루려 한다. 내 아이가 잘하면 내가 잘한 거 같고, 내 아이가 인정받으면 내가 인정받은 것처럼 느낀다.

반대로 아이가 엄마의 기대와 성에 차지 않을 때 엄마의 자존심은 평정을 잃고 곤두박질친다. 아이의 문제를 나 자신과 동일시해서 중심을 잡아주어야 할 엄마가 오히려 수치심과 죄책감의 늪에 빠져버린다. 삶에 목적이 없는 엄마는 자녀의 성공을 통해 인정받으려 하기 때문이다. 엄마의 순수했던 기대는 점점 집착과 욕심이 되어 아이의 마음에 큰 상처를 주곤 한다.

아이는 결코 내 마음대로 되지 않는다는 것을 기억했으면 좋겠다. 엄마가 할 수 있는 부분이 있고, 넘어서지 말아야 할 경계가 있다. 아이는 엄마를 통해 세상에 나온 고유한 생명체이지 엄마의 소유물이 아니다. 아이가 어느 정도 자라면 엄마와 아이 사이에 적절한 분리가 이루어져야 한다. 그래야 건강하다. 고슴도치 가족의 이야기처럼 서로가 더 행복하고 건강하기 위해 엄마와 자녀 사이에도 적절한 간격이 필요하다.

아이가 크면 클수록 엄마에게 남는 시간과 에너지가 생긴다. 그 시간과 에너지는 이제 오롯이 엄마 자신에게 쏟을 수 있어야 한다. 아이에게는 아이의 인생이 있고, 엄마는 엄마의 인생이 있다. 내 인생의 주인공은 나 자신이다.

엄마가 꾸는 꿈, 꼭 큰 꿈이어야 할까? 꿈이 꼭 거창할 필요는 없다고 생각한다. 그것은 취미생활이거나 생계를 위한 작은 일로 시작될 수 있다. 언젠가 엄마의 꿈도 자라고 성장할 것이다. 작고 소박하더라도 나를 가슴 뛰게 한다면 그것은 나의 꿈이다. 무언가 도전하고 싶은 마음이 드는 것, 그것이 꿈이다.

발레리나 강수진의 꿈은 세계 최고의 발레리나가 되는 게 아니었다고 한다. 그녀의 꿈은 '오늘 하루를 최선을 다해 열심히 사는 것'이었다고 이야기한다. 발레라는 인생의 길을 찾았기에 그녀는 하루하루 최선을 다하며 평생 꿈길에 있을 수 있었다고 생각한다. "하루하루 최선을 다한 오늘이 매일매일 행복했다"고 말하는 그녀가 눈부시게 아름답게 느껴진다.

파김치처럼 시든 일상에도 꿈이 생기면 삶의 의미와 설렘이 생겨난다. 아침에 일어나는 게 신나고 기분 좋은 일이 된다. 활력과 생기가 생겨난다. 오늘의 시간을 허비하는 대신 꿈을 향한 작은 행동으로 쌓아가게 된다. 그래서 꿈이 있는 엄마는 아름답다.

## 엄마의 자존감을 위한 한 줄 메시지

**꿈은 다른 사람의 확신으로 만들어지는 것이 아니다**

나 이외에 다른 사람들은 그렇게 시작하기도 전에 내 꿈에 상처를 내기 시작했다. 그러나 꿈은 다른 사람의 확신으로 만들어지는 것이 아니다. 오직 내 확신, 그것도 100퍼센트가 아니라 10퍼센트의 아주 작은 믿음에서 시작된다.

– 김미경, 『꿈이 있는 아내는 늙지 않는다』

# 02 현실에 끌려가지 않을 용기를 내자

남들이 당신을 어떻게 보든 상관하지 마라. 깊은 인상을 남기려고도 하지 마라.
오직 거울에 비치는 당신의 미래에만 집중하라.
당신이 자신을 바라보는 데에 타인의 허락을 구하지 마라.

– 태비스 스마일리(미국의 방송인)

## 자신을 행복하게 하는 꿈을 찾자

나는 아이를 키우는 엄마일수록 꿈과 목표를 가져야 한다고 생각한다. 꿈을 갖는 것이 왜 중요할까? 꿈이 있을 때 우리의 삶은 목적과 의미가 생긴다. 꿈은 우리를 행복하게 해준다. 꿈을 이룬다면 두말할 것도 없지만 꿈을 이루는 과정 자체가 바로 삶의 의미이고 진정한 행복이 아닐까?

우리는 주로 자신이 생각하는 대로 살아가게 된다. 내가 원하는 것이 분명하다면 그것을 꿈꾸고, 그것을 이루기 위한 생각을 하게 된다. 꿈을 그리면 그 꿈을 닮아간다는 말도 있듯이 우리는 꿈꾸는 대로 살게 된다. 반면, 이루고 싶거나 원하는 것을 찾지 못할 때 우리는 방황하며 다른 사람이 원하는 대로 살게 된다.

내가 가장 나답게, 나로서 살기 위해서는 먼저, 내가 과연 무엇을 할 때 기쁘고 행복한지를 알아야 한다. 내가 원하는 것이 무엇인지를 추구하는 것은 나 자신에 대한 사랑이다. 우리는 다른 사람이나 세상에 맞추기 위해서가 아니라 나로서 살기 위해 태어났다. 나를 사랑하고 표현하고 꽃피우면서 살 때 우리는 가장 빛이 나고 행복하다. 그리고 누군가에게 피해가 되지 않으며 자신을 행복하게 하는 것은 이 세상을 가장 이롭게 하는 행위라고 생각한다.

드라마 〈도깨비〉의 김은숙 작가는 우리에게 친숙한 성공한 드라마 작가다. 하지만 과거의 그녀는 스스로를 '현실은 별로인데 이상이 높아 불행한 아이.'라고 표현하곤 했다. 그녀는 2남 1녀 중 장녀로, 홀어머니 아래서 성장했다. 집이 가난해서 책을 살 돈도 없었다. 그래서 생계를 위해 고등학교를 졸업하자마자 작은 회사에 경리로 취직했다.

그런 그녀에게는 작가가 되고 싶다는 꿈이 있었다. 하지만 꿈은 사치에 불과했다. 그러던 어느 날 길을 가다 서울예대 입학 광고를 봤는데 가슴이 뛰었다고 한다. 갑자기 잊고 있던 꿈이 생각나 억울했다. 그래서 그동안 모았던 돈을 다 털어 27살에 서울예대 문예창작과에 입학했다. 그녀는 매일매일 깨지면서 혹독하게 글을 썼다고 한다. 졸업하면 꿈이 펼쳐질 것을 기대했지만 현실은 변한 게 없었다. 혼자서 30만 원짜리 반지하 월세방에서 끼니를 때워야 했고, 나이는 어느덧 30대가 되어 있었다.

돈이 없어서 새우깡 1봉지로 3일을 버틴 적도 있었다.

그러던 중 한 친구가 "드라마 한번 써볼래?"라는 제안을 해왔다. 드라마에 대해 잘 몰랐지만 둘이서 하룻밤 만에 A4용지 80장의 기획안을 썼다. 그게 통과되어 거짓말같이 인생 2막이 열렸다고 한다. 그때 집필한 작품이 〈태양의 남쪽〉이라는 드라마다. 그녀는 그 이후 계속해서 주옥같은 드라마를 통해 많은 사랑을 받고 있다. 우리가 너무나 좋아했던 〈도깨비〉, 〈태양의 후예〉, 〈파리의 연인〉, 〈온에어〉, 〈프라하의 연인〉, 〈시크릿가든〉 등이 그녀의 작품이다.

그녀가 만약 꿈을 향해 자신을 던지지 않았다면 오늘날의 김은숙 작가는 없었을 것이다. 그녀는 한 인터뷰를 통해 이렇게 이야기했다.

"거짓말 같죠. 와 인생역전 대단하네. 운도 좋다 싶죠. 그래요, 틀린 말은 아니에요. 그런데 제가 그 기회를 잡을 수 있었던 이유는 수많은 습작을 통해 준비된 실력이 있었어요. 인생에는 마법 같은 순간이 옵니다. 그때, 준비가 되어 있는 사람은 자기 인생을 마법으로 바꿀 수 있는 것 같아요. 역경의 순간을 그냥 버티지 말고 훈련으로 가득 채우세요."

그녀는 자신의 현실에 안주하고 이끌려가는 대신 용기를 내어 꿈을 향한 첫 발을 내딛었다. 앞이 보이지 않는 절망의 순간에도 포기하지 않고 하루하루를 꿈을 향한 노력으로 채워갔다. 그런 과정이 있었기에 오늘날 우리를 설레게 하는 멋진 작품들이 탄생할 수 있었던 것이다. 그래서 나는 그녀가 꿨던 그리고 놓치지 않았던 꿈에 감사한 마음이 든다. 꿈이 있었기에 오늘의 그녀가 있을 수 있었다고 믿기 때문이다.

## 당신이 꾸는 꿈이 당신을 말해준다

"당신이 걷는 모든 길의 이름은 성장입니다. 삶이 바닥을 치더라도 언제나 희망을 보세요."라고 말하는 사람이 있다. 대한민국에 사랑과 희망의 메시지를 전하는 유튜버로 잘 알려진 김새해 작가다. 내가 그녀를 알게 된 것은 1년이 채 안 되었지만 그녀의 책과 방송을 보면서 큰 감동을 받았다. 그녀는 태어날 무렵 가세가 기울어 청각장애를 가진 아주머니의 손에 키워졌다고 한다. 어린 기억에 어머니는 언제나 부재중이었다. 생계를 책임지기 위해 늘 일을 하셨기 때문이다. 초등학생 시절엔 화장실도 없는 단칸방에서 네 가족이 함께 살았다. 아버지는 평소엔 좋은 분이셨지만 알코올의존증이 있으셨다. 술만 드시면 가정폭력과 폭언들이 이어졌다.

그녀는 또한 이웃에게 여러 번의 성추행을 당했다고 한다. 더럽혀졌다는 생각에 수차례 자살 기도를 하기도 했다. 폭식증과 거식증을 오가며 자기 자신을 학대했다. 그랬던 그녀를 지켜준 건 대학생 때부터 읽기 시작한 책들이었다. 힘들 때마다 현자들의 책들을 읽으며 마음을 다스렸다. 달라이라마, 틱낫한, 테레사 수녀 등 많은 현자들의 책들을 어디를 가든지 끼고 다니며 수없이 많이 정독했다고 한다.

그러나 그녀의 불운은 성인이 되어서도 계속 이어졌다. 부모님이 하시던 사업이 부도가 나면서 20대의 대부분을 다른 나라를 떠돌며 숨어서 지내야 했다고 한다. 말이 통하지 않는 곳에서도 살기 위해 항상 돈을 벌어야 했다. 주로 불법노동자로 생활했기에 선택할 수 있는 일은 거의 일용직 허드렛일에 불과했다. 그러던 중 부모님이 이혼을 하셨고, 아버지는 뇌질환으로 쓰러지셨다. 그녀는 어떻게든 아버지의 병원비를 마련하기 위해 동시에 서너 가지 일을 했다고 한다. 젊은 나이에 그녀의 삶은 지독하게도 고되고 치열했다.

그녀는 십여 년간 전 세계 23개국을 다니며 닥치는 대로 일을 하며 돈을 벌었다. 무려 30여 개의 직업을 전전긍긍하며 지냈다. 하지만 불평할 시간도 없이 자신이 할 수 있는 일들에 집중했다고 한다. 캐나다에 정착하면서 몇 년간 커피 한 잔을 마실 여유도 없었지만 늘 행복했다고 한다. 무엇이 그녀를 그렇게 변화시켰을까? 그것은 바로 꿈을 찾았기 때문이었다.

어려서부터 그림 그리기를 좋아했던 그녀는 화가가 되어 전시회를 열겠다는 꿈을 꾸었다. 그리고 언젠가 많은 사람들에게 선한 영향력을 주는 동기부여가가 되고 싶다는 꿈을 갖게 되었다. 그녀는 간절하게 꿈을 꿨다. 전 세계 어디를 가든 방 전체에 꿈을 써놓은 글과 사진으로 도배하며 그 꿈을 놓지 않았다. 밥 굶기를 밥 먹듯이 하는 열악한 생활 속에서도 아버지의 병원비를 마련하기 위해 쉬지 않고 일했다. 그리고 자투리 시간을 모아 그림을 그리고 글을 썼다.

결국 그녀는 화가가 되겠다던 꿈을 이루었다. 토론토 아트 엑스포에 3년 연속 100여 점의 작품을 출품했고, 총 23번의 전시를 성황리에 마치게 되었다. 〈한국일보〉가 선정한 촉망되는 신인 화가 7인으로 선정되기도 했다. 80편의 아트 칼럼을 연재하며 칼럼니스트가 되겠다는 꿈도 이루었다. 지금은 많은 사람들 앞에서 '희망'을 말하고 다니는 사람이 되었다. 세 아이의 행복한 엄마이자 사랑받는 아내, 작가이자 유튜버가 되었다. 현재 13만 명이 구독하는 그녀의 유튜버 채널은 많은 사람들의 삶에 긍정적인 변화를 만들고 있다.

그녀는 이전의 자신처럼 '자살'을 꿈꾸던 사람이 '살자'를 외치게 되기를, '나 힘들다'며 울던 사람들이 '다들 힘내!'라고 사람들을 위로해주는 사람이 되길 바란다고 이야기한다. 온 우주를 희망으로 가득 채우겠다는 그녀의 꿈과 비전을 나는 열렬히 지지하고 응원하고 있다.

꿈은 우리가 원하는 모습이고 우리의 미래다. 자기 자신을 사랑하는 사람은 스스로 행복해지기 위해 노력한다. 그래서 꿈을 찾는다. 꿈을 생각하고 그것을 이루어갈 때 가장 행복하기 때문이다. 가슴에 이루고 싶은 꿈을 품고 있는 사람은 눈빛부터가 달라진다. 매일이 그렇고 그런 회색빛 일상에도 꿈이 생기면 전혀 다른 빛깔이 칠해진다. 우리는 누구나 꿈을 찾고 이루기 위해 태어났다. 당신이 꾸는 꿈이 당신이다.

# 03 샘솟는 의욕과 활력으로 살자

어떤 꿈을 시작하든 꿈이 시작되는 동시에
나만의 골든타임이 저 멀리 세팅되어 있다는 것을 믿자.
내가 걸어가기만 한다면 골든타임과 나는 결국 만나게 되어 있다.
- 『꿈이 있는 아내는 늙지 않는다』 중에서

## 엄마에게는 꿈이 필요하다

꿈은 자라나는 아이들에게만 필요한 것이 아니다. 그것은 엄마인 우리에게도 꼭 필요하다. 이루어야 할 꿈과 목표가 없을 때 우리의 삶은 활력을 잃고 정체되기 시작한다. 하지만 우리 안에 꿈의 씨앗이 싹트고 있다면 우리가 맞이하는 하루는 새로운 의욕으로 빛나게 된다. 내가 하고 싶고, 되고 싶고, 이루고 싶은 무언가가 있는 삶은 살아갈 의미를 준다.

예전에 나침반이 없던 시기에 사막에 살던 사람들은 북극성을 보며 길을 찾았다고 한다. 밤하늘에 반짝이는 북극성은 방향을 찾을 수 있도록 안내하는 지표가 되어준다. 아무리 열심히 걷는다 해도 가야 할 방향을 모른다면 목적지에 도착할 수 없을 것이다. 그러나 아무리 길치라도 내비게이션만 있으면 목적지에 도착할 수 있다. 사실 내비게이션이 없던 시절에도 우리는 늘 길을 찾았다. 가야할 곳이 분명하다면 누군가에게 묻고 물어서라도 결국 도착하게 되는 것이다.

당신은 어떤 꿈을 가지고 살고 있는가? 꼭 이루고 싶은 목표가 있는가? 꿈은 당신이 걸어야 할 방향을 알려주는 북극성과 같다. 우리 삶에 북극성이 없다면 우리는 길을 잃고 헤매는 인생을 살게 된다. 방향이 없기에 이리저리 흔들리며 주어지는 시간을 무의미하게 허비하게 된다. 그러나 내가 걸어가야 할 방향이 분명하다면 우리는 넘어졌다가도 더 빠르게 일어날 수 있다. 그리고 주변에 덜 휩쓸리며 자신의 길을 갈 수 있을 것이다.


많은 사람들이 삶의 목적과 방향을 잊은 채 살아간다. '꿈을 꾸는 것은 이상주의자들이나 하는 일이야. 현실은 꿈을 꾼다고 달라지지 않아. 나와는 상관없는 일이야.'라고 생각한다. 그 결과 자신의 현실에 못마땅해하는 '현실주의자'가 되고 만다.

그들이 꿈을 찾지 않는 이유가 무엇일까? 꿈에 도전했다가 실패할지도 모른다는 두려움 때문이 아닐까? 살면서 경험한 몇 번의 실패로 인해 '나는 할 수 없어.'라는 한계를 스스로 만들고 있는 건 아닐까? 스스로에게 실망하고 싶지 않기에 시작도 하기 전에 차라리 꿈꾸지 않는 것을 선택하게 되는지도 모르겠다.

그런데 우리가 기억해야 할 것은 '꿈을 이룬 사람들은 모두 꿈을 꾸었던 사람들이다.'라는 사실이다. 『위대한 생각의 힘』의 저자 제임스 앨런은 다음과 같이 말했다.

"꿈은 현실을 낳는다. 어떤 위대한 성취도 처음에는 그저 꿈에 지나지 않았다. 꿈은 장차 현실이 될 어린 나무와 같다."

꿈을 꾸지 않고 그것을 이룬 사람은 없다. 그들은 자신의 꿈을 발견하고 찾기 위해 노력했고, 그것을 가슴속에 품었다. 꿈을 추구하는 과정은 수많은 시행착오와 감당해야 하는 고통과 인내를 수반한다. 하지만 포기하지 않는 한 꿈은 이루어진다고 믿는다.

## 꿈꾸는 사람은 특별해진다

유럽에서 초고속 성장을 이룬 글로벌 기업, 켈리델리의 회장인 켈리 최는 40대가 되어 사업에 재기해서 성공한 여성이다. 그녀는 어렸을 때 집이 너무 가난해서 고등학교에도 가지 못할 형편이었다고 한다. 고등학교를 다니려고 혼자 지방에서 서울로 올라왔다. 셔츠공장에 취직하면 야간으로 고등학교를 다닐 수 있었기 때문이었다. 그녀는 거기서 디자이너라는 꿈을 발견하게 되었다.

그녀는 자신이 하고 싶은 꿈이 생기면 그것을 종이에 썼다. 이루고 싶은 날짜를 적어 매일 볼 수 있는 곳에 붙여놓았다. 그리고 바로 행동에 옮겼다. 꿈을 이루기 위해 무작정 일본으로, 프랑스로 유학을 떠났다. 어느 누구의 도움도 없이 스스로의 힘으로 아르바이트를 하며 학비를 벌었다. 그러다가 친구의 권유로 사업을 시작하게 되었다.

9년간의 사업은 실패로 끝났고 그녀는 10억이라는 빚을 혼자서 떠안았다. 40이 넘은 나이에 프랑스라는 나라에서 철저히 혼자가 되었다. 2년 동안 자포자기와 우울증으로 두문불출하고 집 안에만 은둔하며 지냈다. 어느 날은 세느강을 바라보며 '아예 없어져버리고 싶다. 저 강물에 녹아버리고 싶다.'라는 생각을 했다고 한다.

그녀의 자존감과 자신감은 밑바닥까지 내려갔다. 그러던 어느 날 집에서 거울을 보는데 엄마의 모습이 떠올랐다고 한다. 어린 시절 그녀의 엄마는 과수원에서 일하시며 단팥빵을 얻어 오시곤 했다. 동생과 함께 그렇게 맛있게 먹었던 기억이 났다. '우리 엄마는 나에게 주었던 단팥빵의 맛을 알기나 하실까? 그렇게 고생하며 길러준 엄마를 두고 꼭 죽어야 할까?' 그런 생각을 하다 보니 다시 마음을 다잡아야겠다는 생각이 들었다. '나를 낳고 키워주신 엄마를 위해 다시 한번 행복하게 살아보자. 삶을 포기하지 말자.'

그래서 일단 밖으로 나가서 걷는 것부터 시작했다고 한다. 운동화를 신고 무작정 여기저기를 걸어 다녔다. 그러자 무기력했던 몸에 기운이 생기기 시작했다. 몸이 건강해지자 생각이 건강해졌다. '내가 잘할 수 있는 것이 무엇일까? 다시 해봐야겠다.'는 생각이 들었다.

그녀는 치열하게 새로운 사업에 대한 준비와 공부를 시작했다. 그녀가 정한 사업의 컨셉은 '쇼비즈니스와 접목한 마트 내 초밥도시락 사업'이었다. 2년 동안 마트 직원보다 더 자주 마트로 출근하며 현장에 대한 '촉'을 갖게 되었다고 한다. 그녀가 경영하고 있는 켈리델리는 창업 7년 만에 유럽 10개국에 720여 개의 매장을 운영하는 글로벌기업으로 성장했다. 2017년 5천억 원의 매출을 올리며 고속성장을 이어가고 있다.

그녀는 또한 자신이 없어도 잘 돌아가는 회사를 만들겠다는 꿈을 이루기 위해 노력했다. 그 결과 2016년부터 1년 동안 회사를 떠나 남편과 6살이던 딸과 함께 세계 요트여행을 다녀올 수 있었다. 가족 요트여행은 남편의 꿈이기도 했다. 그녀는 지금도 행복한 가족을 꾸리며 새로운 꿈들을 향한 도전을 이어가고 있다.

40대의 나이에 머나먼 타향에서 10억이라는 빚을 떠안고 절망에 빠져 있던 그녀. 세느강에 녹아들고 싶을 만큼 자포자기했던 그녀를 일으킨 건 바로 '엄마의 사랑'이었다. 그리고 다시 꿈꿀 수 있었던 비결은 바로 '삶의 궁극적인 목표'를 찾았기 때문이라고 한다. 그것은 바로 '행복'이었다. 그녀는 남들에게 보여주기 위해서가 아닌, 나 자신의 진정한 행복을 위해서 해야 할 일을 찾게 되었다고 한다.

『내가 상상하면 꿈이 현실이 된다』에서 김새해 작가는 다음과 같이 말한다.

"나는 꿈을 이루며 놀라운 사실을 알게 되었다. 그것은 바로 '특별한 사람이 꿈꾸는 것'이 아니라 '꿈꾸는 사람이 특별해진다는 것'이다. 장난이라도 어떤 말을 하게 되면 그 말과 연관된 생각들을 하고, 그에 맞는 행동을 하게 되어 결국 '말'처럼 살게 된다. 내가 할 수 있다는 믿음을 가져야 한다. 처음에는 능력이 없을지라도 시간이 지나면 정말로 할 수 있는 능력이 생긴다. 원하는 것을 말하고 또 말해라. 당신의 생각, 말, 행동은 틀림없이 현실이 된다."

우리는 자신의 마음속에 품은 꿈을 닮아가는 존재이다. 그리고 자신이 가진 꿈의 크기만큼 오를 수 있다. 꿈은 우리를 이끄는 북극성이다. 나의 현실이 마음에 들지 않는다면 상황을 탓할 것이 아니라 나의 꿈을 들여다보아야 한다.

설령 모든 꿈이 반드시 이루어지지 않는다 하더라도 우리는 꿈을 가져야 한다. 가족의 행복이든 온전한 건강이든 사업의 성공이든 당신의 가슴을 뛰게 하는 것이 무엇인지 스스로에게 질문해보자. 꿈을 찾고, 그것을 향해 행동하다 보면 더 나답게 이룰 수 있는 또 다른 꿈들과 만나게 될 것이다. 하루하루 목표를 향한 작은 도전과 성취가 모여 나의 삶에 의미를 더하고 자존감도 자란다.

당신에겐 명확한 꿈이 있는가? 마음속에 하고 싶고, 되고 싶고, 이루고 싶은 꿈의 씨앗을 심어라. 그리고 꿈을 향해 당신의 시간을 사용하라. 당신은 당신이 심는 꿈대로 살게 될 것이다. 꿈이 있는 엄마가 되라.

# 04 엄마가 아이의 꿈 멘토가 된다

인생에서 가장 슬픈 세 가지.
할 수 있었는데
해야 했는데
해야만 했는데
– 루이스 E. 분 (미국의 경제학 교수, 작가)

## 8년 동안 22번의 낙방을 딛고 꿈을 이루다!

유난희씨는 수많은 주부들의 사랑을 받고 있는 억대 연봉의 쇼호스트이다. 그녀 특유의 밝고 친근하며 신뢰감 있는 표정과 목소리가 무심코 채널을 돌리던 나의 마음을 사로잡은 적이 있었다. 수많은 쇼호스트 중에서 유독 남다른 내공이 느껴졌다. 그 이유가 무엇일까? 그녀가 어떤 사람인지 궁금했다.

지금은 국내 쇼호스트 1호로 성공한 여성이 되었지만 그녀가 꿈을 향해 도전한 과정은 투쟁의 과정이었다고 한다. 그녀는 원래 아나운서가 되겠다는 꿈을 갖고 대학교 때부터 무려 8년 동안이나 아나운서 시험에 도전했다. 그러나 번번이 실패했다. 무려 22번이나 낙방한 것이다. 그녀는 나이 서른 즈음 부모님의 성화에 떠밀려 결혼을 하게 되었다고 한다. 그리고 결혼 후 처음으로 쇼호스트란 직업을 알게 되었다. 당시 국내 도입 초기였던 쇼호스트란 직업은 단번에 그녀의 가슴을 뛰게 만들었다.

일을 시작하면서 새벽에 출근해서 새벽에 퇴근하는 나날이 이어졌다. 그러나 그녀가 일하는 것을 찬성하는 사람은 아무도 없었다. 시어머니, 남편은 물론 친정에서도 반대했다. 그녀의 편은 달랑 하나, 바로 그녀 자신뿐이었다. 일에 미쳐 하루하루를 보내던 어느 날 덜컥 쌍둥이를 임신했다. 주변에 도와줄 사람이 아무도 없었다. 시댁은 물론 친정에서도 아이를 봐줄 수 없었다. 보모에게 맡기려고 해도 쌍둥이는 돈이 두 배로 드니 그것도 쉬운 일은 아니었다.

그러나 그녀는 육아 때문에 꿈을 포기하고 싶지 않았다고 한다. 모든 과정이 힘들었지만 일하는 순간만큼은 언제나 너무 좋아 미칠 것 같았기 때문이다. 그래서 가족들의 반대를 무릅쓰고 자신의 꿈을 홀로 지켜냈다. 온갖 지혜를 짜내고 모아 육아를 하면서 일할 수 있는 환경을 만들어냈다. 방송이 없을 때는 최대한 아이들과 함께했고, 주말에는 짐을 싸들고 놀러 다녔다. 퇴근하면 곧바로 집에 가서 아이들을 봐주는 아주머니와 교대하고 산더미처럼 쌓인 일을 해야 했다. 그래서 회식 한 번도 제대로 해본 적이 없었다고 한다.

그녀는 자신의 저서 『뜨겁게』에서 "꿈이 있었기에 나를 받아주지 않는 세상 속에 나아가 부딪힐 엄두가 났고, 엄격한 아버지의 뜻을 거스를 수 있는 용기도 생겼다. 남들은 나를 믿지 못했지만, 꿈은 나 스스로를 믿도록 용기를 주었고 격려해주었다. 모두 꿈을 꾸었기에 가능했던 일이다.", "미쳤다는 말을 들어야 후회 없는 인생이다."라고 이야기한다.

8년 동안 22번의 아나운서 시험에서 낙방하고도 꿈을 포기하지 않았던 그녀. 아나운서라는 문은 열리지 않았지만 그녀에게 더 잘 어울리는 쇼호스트라는 문이 열렸다. 기회의 문을 열자 더 많은 현실의 난관에 부딪혔지만 다져진 오기와 열정이 지혜를 만들어냈다는 생각이 든다. 과거의 실패가 모여 오늘의 디딤돌이 된다. 그러니 포기만 하지 않는다면 실패는 성공을 위한 과정이고 일부다.

### 꽁꽁 숨겨두었던 꿈을 포기하지 마라

꿈을 이루기 위해서는 무엇보다 자기 자신을 믿고 행동하는 것이 중요하다. 그리고 실패를 끝이 아닌 배움과 성장의 과정으로 여겼으면 좋겠다. 포기만 하지 않는다면 언젠가 더 좋은 방식으로 나에게 걸맞는 새로운 문이 열린다.

엄마에게도 꿈이 있다. 이제는 어딘가에 꽁꽁 숨겨두었던 꿈을 꺼내보면 어떨까? 내 아이를 키우면서 엄마의 꿈도 함께 키웠으면 한다. 아이가 청소년이 되고 성인이 될 무렵 엄마의 꿈도 함께 이루어진다면 얼마나 좋을까? 엄마가 아이의 꿈 멘토이자 롤모델이 될 수 있으면 좋겠다. 아이가 자랑스러워하는 엄마, 꿈에 대해 이야기 나눌 수 있는 멋진 엄마가 되었으면 한다.

사실 대부분의 엄마들은 현실 속에서 꿈을 포기하곤 한다. 과연 보통의 평범한 엄마가 어떻게 자신의 꿈을 찾을 수 있을까? 무엇보다 중요한 것은 '뭔가를 시작하기엔 너무 늦었어. 난 나이가 너무 많아. 난 별로 능력이 없어.'와 같은 고정관념을 버리는 것이다. 인생은 늦었다고 생각할 때가 가장 빠른 때인지 모른다. 오늘은 당신의 남은 인생에서 가장 젊은 날이라는 사실을 명심하라. 지금은 다시 시작하기에 가장 좋은 때이다. 그러니 '난 할 수 있어. 내가 잘할 수 있는 일이 분명히 있을 거야. 지금부터라도 내 인생의 꿈을 찾아보자.'라고 스스로를 격려해주었으면 한다.

그 다음은 자기가 살아온 날들을 돌아보며 꿈의 재료를 찾아보길 권한다. 내가 걸어온 길, 나의 경험들, 내가 하고 싶었지만 못 했던 일은 무엇인가? 내가 잘했던 일은 무엇이고, 내가 좋아하는 건 무엇인지에 대한 자기 탐색이 필요하다. 내가 살아온 삶 안에 나의 꿈을 위한 단서가 전부 들어 있기 때문이다.

꿈이 엄청나게 크거나 거창할 필요는 없다고 생각한다. 아이와 마찬가지로 꿈도 키우고 성장할 수 있다. 시작은 작지만 실천하고 이루어가면서 점점 더 크고 명확하게 꿈꿀 수 있게 된다고 믿는다.

## 꿈의 지도, 버킷리스트를 만들어라

종이를 꺼내서 나를 위한 꿈의 지도를 만들어보라. 꿈을 적는 것부터 다시 시작해보자. 적다 보면 보다 분명해질 것이다. 당신의 가슴을 뛰게 하는 것은 무엇인가? 그냥 멋있어 보이는 것이나 다른 사람에게 보여주기 위한 것은 꿈이 될 수 없다. 꿈은 내가 정말 원하는 것이어야 한다. 그래서 꿈을 찾기 위해서는 다른 누군가가 아닌 자기 스스로에게 물어야 한다. 자신에게 가장 잘 맞고 입으면 행복한 자신만의 꿈의 옷을 스스로가 디자인해보자.

종이와 펜을 준비해서 꿈의 목록, 버킷리스트를 작성해보자. 내가 갖고 싶은 것, 하고 싶은 것, 되고 싶은 것, 이루고 싶은 것들을 마음껏 종이 위에 적어보자. 누구에게 보여줄 것도, 평가 받을 걱정도 하지 말고 오롯이 자신의 내면과 대화를 나누며 적어보길 권한다. 만약 정말로 이루어진다면 얼마나 좋을지 상상하면서 나를 설레게 하는 것들을 모두 적어보자.


'적자생존'이라는 말이 있다. 적는 행동은 우리 마음에 있는 것을 끄집어내는 효과가 있다. 그리고 내가 가진 생각을 명료하게 할 수 있다. 마음에 떠다니는 생각을 종이 위에 적으면 내가 원하는 것에 초점을 명확하게 맞출 수 있게 된다. 명확하게 되었을 때 행동에 옮기기 쉬워진다. 그래서 적는 자가 꿈을 이룰 수 있다.

1953년에 미국 예일대 학생들을 대상으로 꿈과 목표에 대한 설문조사가 이뤄졌다. 20여 년이 지난 후 추적조사를 했더니 놀라운 결과가 나타났다. 목표를 기록하고 계획을 가졌던 학생 3%가 목표는 있지만 기록이나 계획이 없거나, 목표 자체가 없었던 나머지 97% 학생들의 소득보다 무려 10배에 달하는 소득을 올리고 있었다. 목표가 있지만 글로 적어두지는 않았던 13%의 학생들은 목표가 없는 84%의 학생들보다 2배 정도의 소득을 올리고 있었다. 놀랍지 않은가?

당신 마음에 있는 꿈의 목록들을 끄집어내어 글로 적어보라. 당신이 삶을 통해 꼭 이루고 싶은 꿈의 목록들을 다시 만들어보았으면 한다. 10개도 좋고 50개도 좋다. 마음속에서 나오는 대로 판단하지 말고 버킷리스트를 만들어보자. 가슴이 두근거리는 설렘이 느껴진다면 그것은 당신이 이루고 싶은 꿈의 목록이 될 자격이 충분하다.

그 다음엔 보물지도를 만들어보길 권한다. 인터넷에서 나의 버킷리스트들을 검색해 그에 맞는 사진과 이미지를 찾는다. 구체적인 이미지를 갖고 상상하면 단지 글로만 적은 것보다 훨씬 더 잠재의식에 잘 각인된다. 우리 뇌와 잠재의식은 이미지에 더 크게 반응하기 때문이다. 당신의 가슴을 뛰게 할 이루고 싶은 보물지도가 완성되면 잘 보이는 곳에 붙여두고 자주 보길 바란다. 그리고 필요할 때마다 업그레이드하라.

오프라 윈프리는 "당신이 할 수 있는 가장 큰 모험은 당신이 꿈꾸는 삶을 사는 것이다."라고 말한다. 이제껏 꿈이 없는 인생을 살아왔다면 이제부터라도 꿈꾸는 삶을 살아보면 어떨까?

버킷리스트와 보물지도는 당신의 인생을 기적으로 바꿀 꿈의 지도가 될 것이다. 나 또한 이를 통해 나의 꿈을 명확하게 할 수 있었고, 시기의 차이는 있더라도 하나씩 이루어가고 있다. 사실 우리가 몰라서 안 하는 게 아니라 우선순위에서 밀리기 때문에 못 한다. 중요한 것은 실제로 행하는 것이다. 꿈은 다른 어떤 것보다 당신 삶의 우선순위가 될 자격이 있다. 꿈을 향한 행동의 시작은 먼저 꿈부터 적고, 꿈이 이루어졌을 때의 기쁨을 느껴보는 것이다. 아이를 키우며 엄마의 꿈도 함께 키워보면 어떨까?

## 엄마의 자존감을 위한 한 줄 메시지

### 경험은 자존감의 어머니입니다

히트곡을 많이 낸 작곡가에게 그 비결을 물었더니 이렇게 대답했습니다. "히트곡들이 있긴 하지만, 그보다 실패한 곡들을 훨씬 더 많이 만들고 있습니다." 요컨대 타석에 더 많이 서는 것이 중요하다는 이야기입니다. 경험의 수를 늘리는 것이 성공으로 연결되는 가장 큰 비결입니다. 경험은 자존감의 어머니입니다.

– 사이토 다카시, 메이지대 문학부 교수, 『결국은, 자존감』

# 05 나 자신을 격려하고 스스로 기회를 주자

겸손함은 감사함의 중요한 요소이다.
하지만 지나치게 겸손한 것은 스스로의 영혼이 가치 없다고 느끼게 만들 수 있다.
겸손하라. 하지만 신의 은총과 함께 당신이 이룬 것에 대해 자부심을 가져라.
— 실비아 브라운(미국의 예언가, 최면술사)

## 혹시 나 스스로 한계를 만들고 있지는 않은가?

도브에서 찍은 캠페인 광고 영상을 본 적이 있다. '당신은 당신이 생각하는 것보다 더 아름답다.'라는 광고 카피가 참 인상적이었다. 캠페인의 내용은 이렇다. 참가자들이 자신의 외모에 대해 설명해주면 칸막이 뒤에 있던 화가가 그것을 듣고 초상화를 그려준다. 한편 화가는 그 사람에 대해 다른 사람의 설명을 듣고 또 하나의 그림을 그린다.

참가자들은 나중에 자신의 얼굴이 그려진 두 개의 초상화를 보며 깜짝 놀란다. 너무나 확연히 차이가 나기 때문이다. 그 차이는 놀랍고도 흥미로웠다. 자기 스스로가 생각하는 모습은 아름답지 않았지만 타인의 눈에 비친 모습은 훨씬 더 아름다웠다. 그 영상을 보면서 참 많이 공감했다.

우리는 자신의 장점이나 아름다운 부분보다는 단점과 부족한 부분만을 부각해서 보곤 한다. 거울을 볼 때도 유독 마음에 안 드는 부분만 집중적으로 보면서 한숨을 쉰다. "아이고, 여기 주름이 생겼네. 여긴 왜 이렇게 못났을까?"라는 식이다. 우리는 자신의 모습을 다른 사람들이 보는 것보다 훨씬 더 부정적으로 평가하는 경향이 있다.

얼마 전에 친한 선배 언니가 라식수술을 했다. 수술이 성공적으로 잘 되었고 경과도 좋았다. 그런데 정작 언니의 표정은 그다지 좋지 않았다. 예전보다 잘 보이니까 편하기는 한데 안 좋은 점이 한 가지 있더란다. 수술 후 거울을 보았는데 눈가와 입가에 주름이 너무 많아서 깜짝 놀랐다는 것이다. 그동안 이렇게 주름이 많은지 전혀 몰랐다고 한다. 눈이 좋아지니 거울을 볼 때마다 너무나 잘 보이는 주름에 마음이 우울해진다고 했다.

남들이 보기에는 웃는 인상이라 주름마저도 예쁘고 자연스러운데 정작 본인은 마음에 들어하지 않는다. 우리는 자기 자신에 대해서는 너무나 철두철미하고 완벽하게 보는 경향이 있다. 그래서 스스로에 대해 아주 낮은 평가를 내리게 된다.

외모뿐 아니라 '나라는 사람 전체'에 대한 평가도 마찬가지다. '나 스스로 나를 어떤 사람이라고 여기고 있는가? 나는 나를 어떻게 보고 있는가?' 심리학에서는 자아상이라고 한다. 스스로가 생각하는 자기 모습에 따라 그 사람의 자존감이 결정된다.

'나는 이만하면 괜찮은 사람이야. 나름대로 이 정도면 훌륭해.'라는 자기평가는 자기 자신에 대해 만족스럽고 건강한 자존감을 형성한다. 반대로 '나는 별 볼 일 없어. 나는 능력도 없고 한심해.'라는 자기평가는 자존감을 위협한다.

많은 사람들의 자기평가는 가혹하고 심하게 왜곡되어 있다. 성장과정에서 누군가로부터 받았던 가장 안 좋은 평가와 시선을 고스란히 자기 자신에게 적용하기 때문이다. 우리는 자기 자신에 대해 너무나 평가절하한다. '난 대단한 사람이 아니야.', '내 주제에 뭘~', '할 줄 아는 게 별로 없어. 이제 와서 내가 뭘 하겠어.', '애 키우는 것만도 벅차고 힘들어. 게다가 난 의지도 약하고, 체력도 약해서 할 수 없어.'

나는 이처럼 나 자신을 평가절하하고 있지는 않은가? 나 자신을 별 볼일 없이 여기면서도 그것을 너무나 당연하게 받아들이고 있지는 않은가? 우리 내면의 대화를 들여다보게 된다면 스스로도 깜짝 놀랄 것이다. 우리는 하루 중 많은 시간을 자기 자신도 모르게 자신에게 해로운 생각을 하면서 허비하곤 한다. 겸손이라는 미명 아래 스스로를 가차없이 깎아내리는 평가를 하고 있다.

정작 본인은 겸손이라고 생각하지만 이런 태도와 말이 습관으로 형성되면 자기 삶을 스스로 제한하게 된다. '같은 말을 반복하면 반드시 그렇게 된다.'는 인디언의 금언이 있다. 우리 옛말에도 '말이 씨가 된다.'는 속담이 있다. 우리는 평소 자신이 주로 하는 생각대로 말하고, 자신의 말대로 살게 된다. 우리가 자주 하는 말이 우리의 현실이 된다. 그래서 농담으로라도 자기 비하를 반복하는 것은 좋지 않다.

자기 자신의 능력을 제한하고 한계를 만드는 것은 다른 누구도 아닌 바로 자기 자신이다. 스스로를 평가절하하고 비난하는 마음의 습관은 우리를 앞으로 나아가지 못하게 막는다. 충분히 해낼 수 있는 일조차 지레 겁먹고 포기하게 만든다. 그러니 기회가 다가와도 선뜻 잡지 못하고 우물쭈물 망설이게 된다. 나는 아직 준비가 안 됐다며 언제나 준비모드에 빠져 스스로를 움츠러들게 만든다.

내가 그랬다. 다른 사람들의 실수에 대해서는 '그래, 그럴 수도 있지.' 하고 허용하는 것도 나 자신에 대해서는 용납하지 않았다. 끊임없이 스스로를 평가하고 검열했다. 완벽하지 않은데 완벽하려고 하니 마음이 괴로웠다. 자기비난에 지친 나는 늘 자존감이 부족했다.

## 스스로에게 기회를 주는 사람이 되자

나는 '완벽주의'를 내려놓고 나 자신을 있는 그대로 받아들이는 연습을 시작했다. '나를 더 이해하고 사랑해주자. 나 스스로를 비난하고 자책하는 것을 멈추자. 다른 사람과 나를 비교하면서 나 자신을 아프게 하지 말자.'고 결심했다. 그럼에도 불구하고 또 다시 예전의 생각 습관으로 돌아가곤 했다. 하지만 조금씩 몸의 근육이 자라듯이 마음에도 점점 힘이 생기는 것이 느껴졌다. 자기평가의 목소리가 들려올 때면 그 생각을 계속 이어가는 대신 멈추는 노하우와 힘이 생겼다. 생각은 내가 아니고, 머릿속 스토리는 진실이 아니라는 것을 알기 때문이다.

이제 나는 과거와 달리 나 자신을 그렇게 달달 볶지 않는다. 나 자신의 부족한 부분이나 못난 부분을 탓하는 대신 있는 그대로 받아들이고 수용해준다. 자기비난을 흘려보내고 내가 할 수 있는 것들에 집중한다. 오늘 내가 할 일에 몰입하며 나 스스로를 끊임없이 격려한다. 나는 나 자신의 가치를 내가 먼저 인정해준다.

그러자 다른 사람의 실수에도 좀 더 너그럽게 반응하고, 더 많이 격려해줄 수 있는 사람이 되었다. 망설이는 대신 행동하는 사람이 되었다. 물론 지금도 때때로 무너지고 흔들리지만 과거에 비해 훨씬 더 나를 사랑하는 내가 되어가고 있다.


우리는 자기도 모르게 되풀이되는 자기 학대의 목소리에서 자유로워질 수 있다. 그러기 위해서는 자기 비판의 목소리에 속지 말아야 한다. 나 스스로를 가혹하고 엄격하게 대한다고 해서 문제가 해결되거나 삶이 변화되지 않는다.

우리는 자기 자신과 삶에 대한 부정적인 판단과 평가를 내릴 때마다 의심하고 점검해보아야 한다. 내가 지금 하고 있는 생각은 정말로 진실일까? 이 생각은 나를 행복하게 할까? 어떤 생각이 나한테 도움이 될까?

사실 대부분의 부정적인 생각은 스토리에 불과하다. 생각은 내가 아니다. 나는 생각의 노예가 아니라 생각의 주인이 될 수 있다. 의식적인 노력으로 자신의 낡고 고정된 생각을 바꾸어갈 수 있다. 그러니 내 생각에 속지 말자. 더 이상 자신의 과거와 눈앞의 현실에 얽매이지 말자. 다른 누구도 아닌 당신 스스로가 자신의 힘을 축소하고 한계 짓고 있다는 것을 기억하라. 당신은 엄청난 잠재력과 놀라운 능력을 가지고 있다. 그 힘은 내가 끄집어내주기를 간절히 기다리고 있을지 모른다.

당신은 당신이 생각한 것보다 훨씬 더 아름답다. 뿐만 아니라 당신이 생각한 것보다 훨씬 더 위대하고 큰 사람일지 모른다. 스스로를 평가절하하고 깎아내리면서 자신을 아프게 하지 말자. 당신은 그렇게 움츠러들고 숨기 위해 태어난 것이 아니다. 우리는 자신을 사랑하고, 꿈을 이루기 위해 태어났다. 망설이는 대신 행동하고, 물러서는 대신 스스로에게 기회를 주는 사람이 되자. 내면의 힘을 믿고 자신이 귀하고 소중한 가치를 지닌 사람이라는 것을 인정하라. 당신의 삶에 놀라운 일들이 펼쳐지기 시작할 것이다.

**재능은 있거나 없는 게 아니라 얼마나 끄집어냈는가의 문제입니다**

말은 참으로 중요합니다. 말 한마디가 사람을 꽃피게 할 수도, 시들게 할 수도 있죠. 재능도 마찬가지입니다. 재능은 있거나 없는 게 아니라 얼마나 끄집어냈는가의 문제입니다. 세상에서 말하는 '재능 있는 사람'은 누군가가 알맞은 때에 적절한 방법으로 재능을 끄집어내준 것입니다.

– 와타나베 준이치, 정형외과 의사, 『나는 둔감하게 살기로 했다』

# 06 지금이 꿈을 갖기에 가장 좋은 때이다

신은 당신이 뛸 위대한 레이스 경주를 준비해 놓았다.
그의 보살핌으로 당신은 한 번도 가보지 못한 곳에 갈 수 있고,
꿈꿔보지 못한 방식으로 쓰일 수도 있을 것이다.
당신이 해야 할 일은 먼저 짐을 내려놓는 일이다.
– 맥스 루케이도 (미국의 목회자, 동화작가)

### 나이가 아니라 '정말 하고 싶은 것이 있는가'가 관건이다

어떤 사람은 아주 어린 나이에 자신의 소질과 재능을 발견해 꿈을 이룬다. 어떤 사람은 비교적 젊은 나이에 자신이 하고 싶은 분야를 발견해 도전하고 노력해서 목표를 이룬다. 그러나 대부분의 사람들은 자신의 꿈을 갖지도, 찾지도 못한 채 인생을 살아간다.

특히 많은 엄마들은 현실 깊숙한 곳에 꿈을 묻어둔 채 어느덧 꿈의 존재를 까맣게 잊어버린다. 그리고 생각한다. 꿈과 현실은 다르다고… 꿈을 꾸기에 현실은 그리 낭만적이지 않다고… 이미 무언가를 꿈꾸고 이루기에는 나이가 너무 많다고…. 과연 정말 그럴까?

한복 대통령으로 불릴 만큼 우리나라의 한복을 전 세계에 알리고 대중화시키신 분이 있다. 바로 탤런트 전지현 씨의 시할머니로도 유명했던 고 이영희 선생님이다. 그녀는 외국인에게 '한국의 기모노'라고 불리던 우리의 옷을 '한복'으로 불리게 한 사람이었다.

그런데 그녀는 마흔이 넘어서야 자신의 꿈을 찾았다고 한다. 마흔 살까지는 그냥 평범한 전업주부였다. 매일같이 밥하고 살림하며 여느 주부처럼 살았다. 큰아이가 고등학생 때 아들 과외비나 벌 겸 명주솜을 팔기 시작했다. 어느 날 솜만 파는 것보다 염색해서 이불을 만들어 팔면 훨씬 재미있을 것 같다는 생각이 들었다고 한다. 그녀는 생각한 것을 실행에 옮겼다. 이불은 불티나게 팔려나갔다. 솜만 팔 때보다 서너 배는 더 잘 팔렸다.

이불을 만들고 남는 천이 아까워 치마와 저고리를 지어 한복을 만들어 팔기 시작했다. 디자인을 전공한 것도 아니고, 한복집에서 일한 경험도 없었다. 아무런 사전 지식이 없는 그녀는 열정만으로 시작했다고 한다. 그런데 즐겁게 열심히 만들다 보니 사람들이 그녀의 한복에 점점 매료되기 시작했다. 그렇게 해서 작은 한복집을 차리게 되었다.

그녀는 아이들을 다 키워놓고 일을 시작하니 더 좋았다고 한다. "젊었을 때부터 일해야겠다는 생각을 계속 했다면 아이들을 키우며 자꾸 나이만 먹는 것이 불안했을지도 몰라요. 아이들이 다 큰 뒤에 일을 시작했기 때문에 확실히 일에만 전념할 수 있어서 훨씬 더 좋았죠."라고 박경림 씨와의 인터뷰를 통해 말했다. 그녀는 아침 일찍 아이들을 학교에 보내고 남편을 출근시킨 후에 집안일을 하면서 빨리 염색하고 이불을 만들 생각에 신이 났다고 한다.

그렇게 신나게 일을 하다가 새로운 꿈을 갖게 되었다. 우리 옷의 아름다움을 좀 더 많은 사람들이 알아주었으면 하는 바람이 생긴 것이다. 그래서 한복 패션쇼를 열기로 결심했다. 한복으로 번 돈을 모두 한복 패션쇼에 쏟아부었다고 한다. 그녀는 1981년에 국내에서 처음으로 한복 패션쇼를 열었고, 이후 매년 10회 이상 꾸준히 패션쇼를 개최했다. 또 1993년, 한국 디자이너 최초로 파리에서 열린 세계적인 패션쇼에 참여해 한복으로 쇼를 열었다. 전 세계인의 극찬이 쏟아졌다.

고 이영희 선생님은 2018년 82세의 나이로 별세하기까지 한복에 대한 꿈과 열정을 놓지 않았다. 그녀는 자신이 즐겁게 할 수 있는 일을 찾았기에 자신도 몰랐던 놀라운 재능을 끄집어낼 수 있었다. 그녀를 보면서 나이가 중요한 것이 아니라 내가 정말로 하고 싶은 일을 찾았느냐가 중요하다는 생각이 든다.


## 무언가를 시작하기에 늦은 때란 결코 없다

니시모토 키미코라는 일본의 할머니는 '셀프 포트레이트 포토그래퍼'다. 그녀는 과거에 사이클 선수였지만 27살에 아이를 낳고 키우며 선수

생활을 그만두었다고 한다. 평범한 할머니는 72세라는 적지 않은 나이에 카메라를 배우기 시작했다. 장남이 운영하는 사진 교실을 수강한 것을 계기로 사진을 찍기 시작했다고 한다. 74세 때부터는 MAC 강좌를 수강하며 포토샵과 일러스트레이터 등을 배웠다.

그녀는 SNS에 자신의 사진을 올리며 일본 전역에 유명세를 떨치게 되었다. 그리고 자신이 찍은 사진으로 사진 전시회도 열게 되었다. 이분이 찍은 사진들을 보면 정말 유쾌하고 독창적이다. 쓰레기봉투에 버려진 할머니, 빨랫줄에 걸린 할머니, 날고 있는 할머니 등 본인이 직접 셀프카메라로 찍은 사진들이 시선을 잡아끈다. 그녀는 직접 배운 편집 프로그램을 이용해서 창의력 넘치는 작품들을 만들어낸다고 한다. 현재 90세인 키미코 할머니는 "평범한 노인이지만 사진만은 평범하지 않다."고 스스로에 대해 소개한다.

그녀는 재미있을 것이라고 생각되면 바로 촬영에 들어간다. 어떤 계획을 세우기보다는 즉각적인 영감에 따라 촬영하는 스타일이다. 스스로 모델이 되어 사진을 찍을 때 부끄럽지 않느냐는 질문에 대해 "부끄럽다고 생각하지 않으려고 한다. 언제나 생기 있게 살고 싶을 뿐이다."라고 대답한다. 사진을 찍을 때 자신도 즐겁고 ,다른 사람들이 그 결과물을 보고 깜짝 놀라고 즐기는 사진을 찍고 싶다고 한다.

2016년에는 『혼자가 아니야』라는 책을 출판해서 지진으로 인해 절망에 빠진 사람들을 위로하는 메시지를 전하기도 했다. "하고자 하는 일이 있고, 마음만 먹으면 뭐든지 할 수 있어요. 찍는 것도 재밌고 편집하는 것도 재밌어요. 물론 쉽지 않았지만 배우고 나니 간단해요."라고 말하는 할머니다.

그 연세에 자기 스스로를 모델로 하여 새로운 도전을 시작한 할머니의 열정이 정말 멋있게 느껴졌다. '나이는 숫자에 불과하다.'라는 말을 삶으로 보여주시는 분이기 때문이다. 우리는 나이가 들수록 점점 도전 정신을 잃어버린다. 삶에 뭔가 새로운 돌파구를 찾지만 매일 똑같은 생각과 똑같은 행동을 반복하곤 한다. 그것이 바로 우리의 삶이 변화하지 않는 이유이다.

키미코 할머니를 보면 '무언가를 시작하기에 결코 늦은 때란 없구나.'라는 생각을 다시 한번 하게 된다. 나는 이렇게 사회적인 관념을 깨고 뒤늦게라도 자신을 찾고 빛을 발하는 엄마들이 더 많아지기를 기대한다.

## 지금이 눈부신 미래를 준비하기 가장 좋은 때다

미국의 모지스 할머니는 76세에 취미 삼아 그림을 그리기 시작했다고 한다. 그녀는 평생 농장을 돌보고 버터와 감자칩을 만들어 팔며 살았다. 어느 날부터 관절염 때문에 취미 삼아 놓던 자수가 어려워지자 바늘 대신 붓을 들고 그림을 그리기 시작했다.

76세에 붓을 든 그녀가 그림을 그린 지 5년 만에 단독 전시를 열었다.

〈타임〉지 커버를 장식하고 다큐멘터리로도 제작되었다. 100세에 미국의 국민 화가이자 세계적인 화가로 인정받았다. 그녀의 그림 카드는 1억여 장이나 팔렸다. 그녀는 말한다.

"사람들은 늘 '너무 늦었어.'라고 말합니다. 하지만 사실은 '지금'이 가장 좋은 때입니다."

"어릴 때부터 늘 그림을 그리고 싶었지만 76살이 되어서야 시작할 수 있었어요. 좋아하는 일을 천천히 하세요. 때로 삶이 재촉하더라도 서두르지 마세요."

개나리나 진달래처럼 봄에 피는 꽃이 있는가 하면 코스모스나 구절초처럼 가을에 피는 꽃도 있다. 동백꽃이나 수선화는 추운 겨울에 꽃을 피운다. 우리가 꿈을 꾸고 그 꿈을 이루는 것도 마찬가지가 아닐까? 지금까지 특별히 해낸 게 없다고 해서 앞으로의 인생도 그럴 것이라고 단정 짓지 말자. 지금까지 실패를 거듭하고 지지부진한 인생을 살아왔다 해도 앞으로는 얼마든지 달라질 수 있다. 많이 실패했다면 넘어지고 깨진 경험만큼 훌륭한 자산을 가지고 있다고 여겨야 한다. 당신의 인생은 이제부터 꽃을 피우고, 언젠가 아름답게 열매를 맺을 것이다.

당신 앞에 놓인 눈부신 미래를 스스로가 믿어주고 볼 수 있어야 한다. 무엇을 시작하기에 늦은 나이란 없다. 당신은 엄마이기에 여자보다 더 강하고 힘이 있다. 당신을 바라보며 꿈을 키워가는 아이에게 엄마인 당신이 먼저 새롭게 꿈꾸어보면 어떨까? 엄마도 꿈이 있다고… 언제든 다시 시작할 수 있다고… 자신의 꿈에 말 걸어주고, 감춰둔 꿈의 뚜껑을 열어보자. 당신의 꿈에 가장 먼저 기회를 줄 수 있는 사람은 다른 누구도 아닌 바로 당신 자신이다. 지금이 꿈을 갖기에 가장 좋은 때이다.

## 엄마의 자존감을 위한 한 줄 메시지

### 정말 하고 싶은 일을 하세요

사람들은 내게 이미 늦었다고 말하곤 했어요. 하지만 지금이 가장 고마워해야 할 시간이라고 생각해요. 무엇인가를 진정으로 꿈꾸는 사람에겐 바로 지금 이 순간이 가장 젊은 때이거든요. 시작하기에 딱 좋은 때 말이에요.

"정말 하고 싶은 일을 하세요. 신이 기뻐하시며 성공의 문을 열어주실 것입니다. 당신의 나이가 이미 80이라 하더라도요."

– 애나 메리 로버트슨 모지스, 『인생에서 너무 늦은 때란 없습니다』

# 07 남의 시선을 의식하지 말고 도전하자

> 살고 사랑하고 웃어라. 그리고 배워라. 이것이 우리가 이곳에 존재하는 이유다.
> 삶은 하나의 모험이거나, 그렇지 않으면 아무것도 아니다.
> 지금 이 순간, 가슴 뛰는 삶을 살아라.
> – 엘리자베스 퀴블러 로스(미국의 정신과 의사, 죽음학자)

## 마음만 먹는다면 언제든 시작할 수 있다

내가 나 자신을 치유하고 사랑하는 데 큰 영향을 준 분 중에 한 분은 루이스 헤이다. 그녀는 영성과 치유, 자기계발 분야의 세계적인 베스트셀러 작가다. 그런데 이분의 어린 시절은 너무나 불우했다. 그녀가 18개월 때 부모님이 이혼하셨고 새아버지는 걸핏하면 폭력을 휘둘렀다.

5살의 어린 나이에 이웃의 술 취한 할아버지로부터 성폭행을 당해 몸이 망가지고, 법정에 서기도 했다. 15살 때 더 이상 학대를 견딜 수가 없어서 집과 학교를 떠나 식당에서 일을 시작했다. 그리고 16살 때는 미혼모가 되었다.

그녀는 어린 시절 경험했던 폭력으로 인해 자신이 가치 없는 존재라는 낮은 자아상을 가지고 살았다고 한다. 추후 패션모델이 되었지만 여전히 낮은 자존감으로 괴로워했다. 그로 인해 자신을 함부로 대하고 심지어 때리기도 하는 나쁜 남자들을 계속해서 인생에 끌어들이며 살았다. 그러던 그녀의 인생은 40대가 넘어서 변하기 시작했다. 고등학교 중퇴 후 공부를 한 적이 없던 그녀였지만 어느 날 내면을 다루는 공부를 시작하며 배움에 대한 열정이 불타올랐다. 그렇게 수년간 상담과 치유에 대한 공부를 하고 난 뒤, 교회에서 상담가로 일을 시작하게 되었다.

그렇게 새로운 삶을 발견한 그녀에게 뜻하지 않은 위기가 찾아왔다. 바로 자궁암 말기 판정을 받은 것이다. 처음에는 완전히 공포에 질렸지만 그녀는 수술을 받지 않고 스스로를 치유하기로 결심했다. 엄격한 채소 위주의 식단을 시작했고, 스스로 몸과 마음을 정화하기 시작했다. 그런지 6개월 후부터 암의 징후가 전혀 발견되지 않았다. 그녀는 자신을 치유하는 과정을 통해 사고의 패턴을 바꾸면 병은 얼마든지 치료할 수 있다는 사실을 깨달았다고 한다.

그녀는 수많은 개인의 성장과 자기 치유를 돕는 소명을 실현해왔다. 수십 권에 달하는 그녀의 책들은 35개국에 29개 언어로 출간되어 전 세계 독자로부터 큰 사랑을 받고 있다. 그녀는 어떤 것을 하기에 너무 늦었다고 생각하는 실수를 범하지 말라며 자신의 이야기를 들려준다.

그녀는 나이 40대에 공부와 강의를 시작하면서부터 진정한 삶의 의미를 찾을 수 있었다고 한다. 50세에 아주 작은 규모의 출판사를 차렸고, 55세에 컴퓨터 강좌를 수강하면서 컴퓨터에 대한 두려움을 극복했다. 60세 때 처음으로 텃밭을 가꾸며 자신을 위한 유기농 먹거리를 기르기 시작했다. 70세에는 아이들이 다니는 미술학원에 다니기 시작했다. 75세에 성인 미술학원을 졸업하고 자신의 그림을 팔기 시작했다. 그리고 처음으로 요가를 배우기 시작했다. 76세 때는 어릴 때부터 배우고 싶었지만 용기가 없어 도전하지 못했던 사교댄스를 배우기 시작했다.

수많은 아픔과 상처로 얼룩진 과거를 가진 그녀이지만, 오히려 그녀의 고통이 오늘의 그녀를 더 빛나게 하고 있다. 그녀는 얼마 전 고인이 되셨지만 그녀가 쓴 책을 통해 전 세계 수많은 사람들에게 깊은 지혜와 영감을 나누어주고 있다.

그녀는 말한다. "만약 내가, 어렸을 때 성적 학대를 받은 내가, 고등학교를 졸업하지 못한 내가 할 수 있다면 당신도 할 수 있어요. 언제든지 변화하기로 마음만 먹는다면 무엇이든 다시 시작할 수 있어요."

### 당신이 정말로 하고 싶다면 지금 도전하라

나는 아이들을 키우며 일을 쉬는 동안 하고 싶었지만 못 했던 것들을 해보기로 마음먹었다. 그중에 하나는 바로 댄스 배우기였다. 집 근처 문화센터에 들러 예전부터 관심이 있었던 벨리 댄스 강좌를 수강했다. 처음 몇 달 동안은 굉장히 쑥스러웠다. 나는 다른 언니들처럼 탑브라에 벨리치마를 두를 용기를 내지 못하고 그냥 트레이닝복을 입었다. 다른 사람들의 의상을 보는 것만도 괜히 부끄럽고 민망한 느낌이 들었다. 나는 거울에 비친 내 몸동작을 보는 게 창피했고, 매번 혼자만 실수하는 것 같아서 얼굴이 화끈거리곤 했다. 그래서 내가 잘 보이지 않는 위치에 자리를 잡았다.

그런데 그러면서도 신기한 건 내 안의 나는 벨리 댄스를 무척 즐기고 있었다. 새로운 동작을 하나하나 배워나가는 것이 너무나 재미있었다. 나는 부끄러움을 많이 타는 성격이지만 언젠가부터 확실하게 변한 게 한 가지가 있다. 예전엔 하고 싶어도 왠지 용기가 나지 않아 못했던 것을 이제는 그냥 하게 되었다는 거다. 부끄러우면 부끄러운 대로 민망하면 민망한 대로 그냥 견디는 힘이 생겼다고 할까. 자의식이 올라오고 불편함이 있어도 그냥 그런 나를 인정해준다. 그리고 내가 정말 하고 싶은 것이라면 그냥 한다.

그렇게 몇 달이 지나고 나자 점점 실력이 늘었고, 그럴수록 더 재미있어졌다. 어느덧 야시시한 벨리 탑과 하늘거리는 치마를 입고 거울 맨 앞에 설 수 있게 되었다. 벨리 댄스에 이어 다이어트 댄스에도 도전했다. 이건 또 얼마나 재미있는지 신나는 음악과 강사님의 구령에 따라 온갖 스트레스를 다 날려버리는 시간이었다.

하고 싶은 것도 남들의 시선을 의식하느라 못 했던 나다. 그런데 어느 날 생각해보니 그렇게 남의 눈치를 살피며 사는 게 참 억울했다. 그래서 하고 싶은 게 있는데 주변에 피해가 되지 않는다면 하면서 살아야겠다는 생각이 들었다. 그래서 이제는 내가 뭘 원하는지 무엇을 하고 싶은지를 스스로에게 묻는다. 그것이 나에게 좀 더 도전적이고 어려운 과제라면 오히려 그것을 즐기는 내가 되었다.

취미든 일이든 자신을 기쁘고 즐겁게 하는 것을 할 때 우리는 인생을 충만하게 살 수 있다. 그리고 그것은 삶에 큰 활력과 에너지를 가져다준다. 거울을 쳐다보지도 못하고 화끈거리던 내가 섹시하고 과감한 의상을 입은 내 모습을 즐기게 되었다. 몸을 움직이는 것도 어색하던 내가 대회에 나가는 걸 즐기게 되었다. 벨리 댄스와 다이어트 댄스를 배우는 3여 년 동안 지역사회에서 하는 발표회와 대회에 참여해 상도 많이 받았다. 함께 했던 언니, 동생들과 꿈같이 행복한 시간을 보냈다.

벨리 댄스 선생님은 나에게 말하곤 했다. "세영 님은 수업 시간에 진도 나갈 때는 참 잘 못해요. 그런데 다음 수업시간에 완벽하게 잘하는 게 참 신기해요. 정말 대단한 노력파에요." 노력에 대한 부분을 인정받을 때 난 참 기분이 좋다. 나는 몸과 머리의 받아들이는 속도가 빠른 편이 아니다. 하지만 댄스를 배우며 내가 무엇이든 노력할 수 있는 능력이 있다는 걸 알았다. 그리고 어떤 영역이든 마음먹고 노력하면 무한히 향상될 수 있다는 걸 배웠다.

## 한 번뿐인 인생, 용기를 내자

요즘 나는 평소 어려워하거나 두려워하는 것들에 도전하는 것을 즐긴다. 내향적인 성격으로 인해 약점이라고 생각했던 영역도 여러 번 해보고 나니 그렇지 않다는 것도 알았다. 내가 처음 강의를 하게 되었을 때도 얼마나 덜덜 떨고 긴장했는지 지금 생각해도 아찔하다. 하지만 수많은 강의 경험을 통해 이제는 무대를 즐길 수 있게 되었다. 지금은 다른 어떤 것보다 강의를 통해 많은 사람들에게 긍정적인 영향을 주는 일에 큰 기쁨과 보람을 느낀다.

자존감이 부족해서 나서지 못하고 쭈뼛거리는 나였다. 그런데 그랬던 덕분에 자존감과 감정 영역에 더 관심을 갖고 공부하게 되었다. 그로 인해 다른 사람을 도울 수 있는 역량까지 갖출 수 있었다. 어찌 보면 평소 내가 두려워했던 영역, 나의 약점이라고 생각했던 부분을 들여다보았을 때 그것은 더 이상 나를 두렵게 하는 대상이 아니었다. 그것은 어쩌면 가장 나다운 부분이었고, 가장 개발되거나 향상될 수 있는 영역이기도 했다. 그리고 나의 취약점에 도전할 때 나는 굉장한 기쁨과 성취를 느끼곤 했다.

지금은 고인이 된 애플의 스티브 잡스가 스탠포드대학교 졸업식 축사에서 한 연설은 너무도 유명하다. 개인적으로도 너무나 좋아서 몇 번이고 다시 보곤 했다. 그는 말했다.

"여러분의 인생은 한정되어 있습니다. 더 이상 다른 사람의 인생을 사느라 자신의 시간을 허비하지 마세요. 당신이 진정으로 하고 싶은 것을 하세요. 용기를 내어 당신의 직관을 따르세요."

우리는 누구나 한 번뿐인 인생을 살아간다. 그동안 남들의 기대에 부응하느라 진정으로 내가 원하는 삶을 살지 못했다면 이제 조금씩 나의 내면을 돌아보자. 내가 진정으로 원하는 것은 무엇인지, 내가 정말 하고 싶은 것들은 무엇인지 스스로에게 답을 구해보자.

또한 주변의 상황을 고려해 내가 원하는 것을 할 수 있는 용기와 조화로움을 함께 추구한다면 좀 더 지혜로운 선택을 할 수 있을 것이다. 내게 주어진 환경 내에서 내가 할 수 있는 최선의 것이 무엇인지 찾아보자. 그리고 그것을 행동에 옮겨보자. 한 번뿐인 인생을 소중하게 살자.

**약점이 있다는 것은 이뤄낼 승리가 많다는 것입니다**

약점이 있다고 해서 자신을 탓할 필요는 없다. 약점이 있다는 것이 내가 약한 사람임을 뜻하는 것은 아니다. 이겨내야 할 일이 많다는 것, 앞으로 이뤄낼 승리가 많다는 것을 의미할 뿐이다. 물론 좌절이 찾아올 수도 있다. 하지만 그것은 자연스러운 일이다. 그저 그때 나에게 따뜻한 위로와 격려를 건네주면 된다.

– 박진영, 『나, 지금 이대로 괜찮은 사람』

## 나로살아가는기쁨

이 세상에 태어날 때

나는 웃고 사랑하고 내 안의 빛을 환하게 밝히는 법밖에 몰랐다.

그런데 사람들이 나에게 그만 웃으라고 했다.

"인생은 심각한 거야. 남들보다 앞서가려면 말이야."

그래서 나는 더 이상 웃지 않았다.

사람들이 또 말했다.

"아무나 사랑하면 안 돼. 상처받고 싶지 않으면 말이야."

그래서 나는 더 이상 사랑하지 않았다.

사람들은 또 말했다.

"너의 빛을 드러내지 마. 주목을 많이 받아서 좋을 건 없지."

그래서 나는 더 이상 빛을 밝히지 않았다.

그리고 시들고 쪼그라들더니

죽었다.

죽어서야 삶에서 중요한 것은

웃고 사랑하고 내 안의 빛을 환하게 밝히는 것임을 배웠다.

– 아니타 무르자니, 「나로 살아가는 기쁨」

🌸 엄마의 자존감 회복 수업

우리는 누구나 한 번뿐인 인생을 살아간다.
내게 주어진 환경 내에서 내가 할 수 있는 최선의 것이 무엇인지 찾아보자.
그리고 그것을 행동에 옮겨보자. 한 번뿐인 인생을 소중하게 살자.

**5장**

*Mom's Self Esteem*

# 나다움

## 단단한 자존감으로 나답게 살자

당신은 지금 가장 완벽한 장소와 완벽한 시간에 있습니다.
행동하세요. 후회는 그냥 과거의 것으로 내버려두세요.

– 『러브유어셀프』 중에서

# 01 자기 사랑을 연습하라

당신이 지금 갖고 있는 수많은 문제들에 대한 해답은 바로 사랑입니다.
그리고 사랑은 자신을 사랑하는 것에서부터 시작합니다.
― 『러브유어셀프』 중에서

## 자신을 사랑할 때 나의 내면이 치유된다

우리는 빠른 속도의 세상에서 경쟁에 뒤처지지 않기 위해 자기 자신을 채찍으로 내리치곤 한다. 좀 더 분발하라고. 왜 이것밖에 못 하냐고. 정신 똑바로 차리고 살라고 스스로를 다그친다. 그러다 보니 마음에 늘 여유가 없고, 초초하고 조급해진다. 힘든 시기를 보내는 순간에도 스스로를 위로해주기는커녕 자신을 벼랑 끝까지 몰아세우곤 한다.

자신을 사랑하고 인정하는 것보다 자책하고 자학하는 것이 훨씬 더 익숙한 게 우리의 모습인지도 모른다. 그래서 아이들도 '더 훌륭하고 완벽한 모습의 아이'이길 기대하며 엄격한 잣대를 들이밀곤 하는 건 아닐까?

하지만 분명한 건 자책과 비판은 우리의 삶을 개선하는 데 도움이 되지 않는다는 것이다. 습관적으로 자신에 대해 못마땅해하고 자기 비하에 빠지는 태도는 어떤 것도 바꾸지 못한다. 오히려 자기 자신을 비참하게 하고 내가 가진 힘과 에너지를 작게 축소시켜버린다. 자존감이 있는 좋은 엄마가 되기 위해 우리에게 가장 필요한 건 자기 사랑의 실천이다.

『그리고 모든 것이 변했다』의 저자 아니타 무르자니는 오랫동안 암에 대한 두려움과 공포를 가지고 있었다고 한다. 매일매일 누구보다도 긍정적으로 살았고, 몸에 좋은 음식과 건강식품을 챙겨 먹었다. 그러나 그녀는 결국 가장 두려워했던 암에 걸렸고, 암을 이겨내기 위해 4년 동안 치열한 사투를 벌였다. 그녀는 암을 치료하기 위해 할 수 있는 모든 것을 전부 시도해보았다고 한다. 하지만 암은 계속 악화되기만 했다.

마침내 지칠 대로 지친 그녀가 모든 걸 포기하고 내려놨을 때, 그녀는 다른 세상을 경험하게 된다. 그녀의 몸은 기능을 멈추었고, 정신은 혼수상태에 들어갔다. 30시간의 임사체험 동안 그녀는 광대한 순수의식의 상태를 경험했다고 한다. 그때 자신이 단지 몸이 아니라 그보다 훨씬 더 큰 존재임을, 곧 무한한 사랑이라는 것을 깨달았다고 한다. 그녀는 그런 깨달음을 통해 자신이 가져왔던 모든 두려움을 내려놓을 수 있었고, 그 후 씻은 듯이 암이 완치되었다.

그녀는 임사체험을 통해 깨달은 것들을 나누는 삶을 살고 있다. 그녀는 말한다. "자신을 사랑하는 것만큼 중요한 일은 없습니다. 이타적이고 긍정적이 되려고 노력하는 것보다 훨씬 더 중요한 것은 자신을 사랑하는 것입니다. 자기를 사랑한다는 것은 결코 이기적이게 되는 것이 아니에요. 오히려 이기심은 자기 사랑이 '없는 데서' 나옵니다. 자신을 사랑하는 것이 치유의 핵심입니다."

## 나도, 세상도 더 많이 사랑하면서 살자

나는 예전에 자아 발견 프로그램에 참여해 깊은 감동을 받은 적이 있다. 1박 2일의 프로그램 중에서 '하나게임'이라는 프로그램은 특히 인상적이었다. 1시간 동안 게임이 끝날 때까지 빙글빙글 원을 돌면서 앞에 있는 사람들의 눈을 바라보았다. 그때 모든 사람들의 눈이 참 아름답다고 순수하다고 느꼈다. 그렇게 한참을 바라보고 포옹을 하면서 참 많이 울었던 기억이 난다.

모든 사람의 마음 안에 사랑이 존재한다는 것을 느꼈고, 내 안에도 큰 사랑이 있다는 것을 깨달았다. 우리 모두가 하나로 연결되어 있다는 강한 연결감을 느꼈다. 나는 늘 부족하다고 여기며 살아왔는데, 이미 넘치게 사랑받고 있었다는 것을 알게 되었다. 닫혀 있던 마음을 여니 나는 언제나 사랑으로 존재하고 있었다.

그러자 세상이 달라 보였다. 눈에 보이는 모든 것들이 눈부시게 아름다웠고, 새로 태어나는 느낌이 들었다. 그때 나는 인생에서 가장 중요한 것이 무엇인지 깨달을 수 있었다. 그것은 바로 '사랑'이었다. 그때 받은 감동과 울림은 내 삶에 터닝 포인트가 되어주었고, 그 이후 교육 일을 시작하게 되었다.

사실 감성 교육의 약발이 오랫동안 지속되지는 않았다. 하지만 '사랑하면서 살자'는 것은 내가 추구하는 삶의 지표가 되어주었다. 당시 교육장에서 많이 틀어주었던 노래가 있다. 심수봉씨의 '백만 송이 장미'라는 곡이다. 백만 송이 사랑의 장미를 피우는 미션을 완수한 뒤에 그립고 아름다운 내 별나라로 돌아간다는 가사 내용이 참 좋았다. 나는 이 노래가 너무나 좋아서 수시로 이 노랫말을 흥얼거리곤 했다. 사실 누군가를 미워할 때 자신이 가장 고통스럽다. 어쩌면 사랑을 하며 사는 게 가장 쉬운 일이라는 생각이 든다.

## 매일매일 자기 사랑을 연습하라

우리는 다른 누군가를 사랑하기에 앞서 자기 자신을 먼저 사랑해주어야 한다. 나에게 있는 것만을 남에게 줄 수 있기 때문이다. 사랑한다는 것은 나의 모든 면을 있는 그대로 받아주고 허용해주는 것이다. 잘나고 멋진 나뿐만 아니라 못난 나도, 찌질한 나도, 서투른 나도 허용하고 사랑하는 것이다.

그러기 위해 먼저 완벽주의를 내려놓을 필요가 있다. 그럴 때 지금의 불완전한 내 모습을 있는 그대로 받아주고 괜찮게 여길 수 있기 때문이다. 우리는 누구나 완벽하지 않고 실수하면서 배워나간다는 것을 이해해주자. 우리는 자기 자신에게 좀 더 친절하고 관대해질 필요가 있다. 자기 자비 연구자인 크리스틴 네프 교수는 이렇게 이야기한다.

"무언가를 잘한다고 해서 좋아하고, 못한다고 해서 자기 자신을 미워하지 마세요. 사랑하는 사람이나 소중한 친구를 대하듯, 자기 자신을 언제나 친절하게 대하세요."

그는 스스로를 비난하며 죄책감의 굴레에 빠지려고 할 때 알아차리고, 판단을 멈추라고 조언한다. 그리고 같은 상황에 있는 친구라면 어떻게 이야기해줄지 생각해서 자신에게 그대로 실천하라고 말한다.

나는 매일매일 자기 사랑을 연습한다. 불만족스럽거나 답답하거나 힘든 일이 있으면 혼자만의 시간을 만들어 내 감정을 가만히 마주해본다. 자책하고 자학하는 마음이 들 때 그 생각을 가만히 바라보고 내려놓는다. 내 생각은 내가 아니고 스토리에 불과하다는 것을 알기에 생각에 속지 않으려고 한다. '지금 내가 하는 생각은 스토리에 불과하다. 진짜가 아니다.'라고 이야기해준다. 그리고 그 생각을 흘려보낸다.

마음에 깃든 격한 감정은 억누르거나 회피한다고 없어지지 않음을 이해하기에 그 감정을 어루만져준다. 화, 분노, 슬픔, 무력함, 우울함, 두려움, 죄책감 등 감정에 이름을 붙여서 그 감정을 있는 그대로 수용하고 받아준다. 때론 견디기 힘든 불편한 감정 속에 그대로 있기를 허용해준다. '내가 지금 많이 속상하구나. 내가 원하는 건 이런 건데….'라고 나 자신을 좀 더 이해하고 헤아려주려고 한다. 불편한 감정을 마주하고 있는 그 대로 느끼고 흘려보내준다.

"나는 지금 짜증이 나고 실망스럽지만 그런 나를 있는 그대로 받아들여. 나는 그런 나를 사랑해."라고 스스로에게 몇 번씩 말해준다. 그런 후에 "나는 나의 짜증과 실망스러움을 이해하고 놓아줄게. 나는 내 안에 있는 사랑의 힘을 되찾고 있어. 나는 나를 사랑해."라고 말해준다.

이런 자신과의 대화와 자기 사랑을 연습하다 보면 훨씬 더 나 자신을 이해하고 마음이 편안해지는 것을 느낀다. 거울을 볼 때 눈을 보면서 "나는 나를 사랑해. 너는 아주 귀하고 가치 있는 존재야. 나는 너의 모든 면을 인정하고 받아들여."라고 말해준다. 하루를 보내는 시간의 마디 틈틈이 나를 기쁘게 하고 힘이 나게 해주는 말을 스스로에게 건넨다.

나는 자기 사랑 연습이 우리 내면의 목소리를 바꾼다고 믿는다. 우리는 우리가 생각하고 믿는 것을 끌어당기는 존재다. 우리는 우리가 사랑하고 원하는 것도 끌어당기지만 부정하고 두려워하는 것도 끌어당긴다. 우리 내면의 목소리가 사랑과 긍정일 때 우리는 더 좋은 것들을 삶에 초대하게 된다.

자기 사랑 연습을 통해 우리 안에 두려움을 이해하고 수용하며, 사랑이 드러나기를 허용해줄 수 있다. 나는 토닥이고 힘을 주고 사랑해야 할 대상이지, 때리고 상처 주고 학대할 대상이 아니다. 매일의 일상에서 자기 사랑을 연습해보길 바란다. 나 자신을 더 많이 사랑할수록 우리의 소중한 사람들도 더 많이 이해하고 사랑해줄 수 있을 것이다.

## 엄마의 자존감을 위한 한 줄 메시지

**당신은 이미 그 누구의 인정도 필요하지 않습니다**

힘이 새 나가게 되는 또 다른 원인은 자신을 사랑해줄 다른 사람들을 얻으려고 애쓰는 것입니다. 그것은 당신의 배터리를 방전시킵니다. 사실 당신은 이미 그 누구의 인정도 필요하지 않습니다. 우주 안의 모든 사랑이 바로 당신 안에 있으니까요. 그들이 좋아해주기를 바라는 마음을 흘려보내세요. 그 대신 그저 그들을 사랑하세요. 되돌려 받고자 하는 어떤 기대도 없이 그저 그들에게 사랑을 주세요.

– 로렌스 크레인, 『러브유어셀프』 저자

## 02 나의 괜찮은 점을 찾아라

> 남들이 당신을 어떻게 생각할까 너무 걱정하지 마라.
> 남들은 당신의 생각만큼 그렇게 많이 당신에 대해 생각하지 않는다.
> – 엘리너 루스벨트(미국의 전 영부인, 사회운동가)

### 나는 나 스스로를 어떻게 보고 있는가?

얼마 전 〈아이 필 프리티 I feel pretty〉라는 영화를 보았다. 여주인공인 르네는 자신이 뚱뚱하고 못생겼다고 생각한다. 그래서 거울에 비친 자신의 모습을 보면 우울해지고 자신감이 없어진다. 그녀는 예뻐지는 게 소원이다. 그런데 어느 날 불의의 사고를 당하면서 뇌에 충격을 받는다. 그로 인해 신비한 마법에 걸리게 된다. 자신의 외모가 완벽하게 아름다운 모습으로 보이는 것이다.

그녀는 이제 어디를 가도 자신감이 뿜어져 나온다. 자신의 외모에 모두가 반할 것이라고 믿기 때문이다. 사람들은 그녀의 거침없는 태도와 자신감에 의아해하다가 점점 묘한 매력을 느낀다. 그래서 남자친구도 사귀게 되고, 직장에서도 주목과 인정을 받게 된다. 그런데 사실 다른 사람들에게 보이는 그녀의 모습은 예전과 달라진 게 없다. 오직 그녀의 눈에만 자기 자신이 멋지고 사랑스럽게 보이는 것이다. 마치 자신을 완벽하게 바라보는 '착각의 안경'이 씌워진 것 같다. 친구들은 그녀의 근거를 알 수 없는 자신감과 달라진 태도에 영문을 몰라 어이없어하기도 한다.

이 영화를 보는 재미 중 한 가지는 마법에 빠지기 전과 후, 그녀가 완전히 달라 보인다는 것이다. 자기 스스로를 어떻게 바라보는가에 따라 완전히 다른 사람이 된 것처럼 보인다. 자신의 가치를 모르고 스스로를 싫어하는 르네는 안쓰럽고 못생겨 보인다. 반면, 자신에 대한 자존감으로 꽉 차 있는 르네는 빛이 나고 매력이 넘치며 아름다워 보인다.

우리도 마찬가지가 아닐까? 다른 사람들이 보는 내가 아니라 '내가 스스로를 어떻게 보느냐'가 중요하다. 내가 나를 어떤 관점으로 보는가에 따라 나의 자존감이 결정된다. 그리고 그것은 겉으로 드러난다. 자신의 결점과 부족한 점에만 집중하면 자존감이 낮아진다. 스스로가 마음에 들지 않고 점점 위축된다.

## 나의 좋은 점, 멋진 점을 찾아라

자존감은 자신에 대한 관점이 주로 어느 쪽을 향해 있느냐에 달려 있다. 그래서 자존감을 높이기 위해서는 무엇보다 자신의 괜찮은 점과 내가 잘하고 있는 것들을 볼 수 있어야 한다. 자존감이 있는 사람은 자신의 장점과 강점을 많이 본다. 우리는 모두가 완벽하지 않고, 완전하지 않은 인간이다. 인간이기에 실수하고, 인간이기에 못난 부분과 결점이 있기 마련이다. 그러나 이 세상 어느 누구도 단점만 있는 사람은 없다. 우리는 누구나 자신만의 강점과 고유함을 갖고 있다.

우리 내면의 고유한 강점은 자기 스스로가 인정하고 바라봐줄 때 더 드러나고 발휘되는 특성이 있다. 아무리 반짝이는 보석들을 많이 가지고 있어도 캐내려는 노력이 없다면 무용지물이 될 뿐이다. 쓰이고 발휘되도록 스스로가 먼저 인정해주어야 한다. 부족한 점과 실수에 집중할수록 좋은 점이 나오거나 발휘되지 못한다. 단점에 맞추어진 시선을 돌려 자신의 잠재력과 강점들을 바라볼 때 자존감이 자라기 시작한다.

'근자감<sub>근거 없는 자신감</sub>'도 능력이라는 말이 있다. '착각의 안경'이라도 좋으니 자신의 가장 훌륭하고 멋진 점들을 찾아내고 바라보면 어떨까? 자신 안에 있는 강점들을 활용하여 자기답게 살 수 있다면 좋겠다.


한편 우리 사회의 외모지상주의는 일반적인 현상이다. 외모가 경쟁력인 세상이다. 이런 세상에서 어떻게 하면 단단한 자존감으로 나답게 살 수 있을까?

먼저, 세상의 기준과 잣대로 자신의 외모를 평가하지 말자. 사회의 잣대로 내 외모를 바라보면 우리는 불만족스러울 수밖에 없다. 거울을 볼 때 세상이 말하는 미의 기준에 부합되지 않는 외모를 보게 되기 때문이다. 나는 나만의 고유한 아름다움과 개성이 있다는 것을 스스로가 먼저 인정해주어야 한다.

그리고 다른 사람들이 최고로 꾸미고 찍은 사진과 영상을 보면서 자신의 현재 모습과 비교하지 말자. 무릎 나온 바지를 입고 빗지 않은 머리에 헐렁한 티, 세수 안한 민낯이면 누구라도 초라하게 느껴질 수 있다. 잘 차려입고, 정성스런 화장에 조명발 살려 찍은 사진 수십 장 중에서 애써 고른 한두 개 사진과 현재의 나를 비교하는 우를 범하지 말자.

그러나 너무 큰 콤플렉스가 있다면 성형의 도움을 받는 것도 좋은 방법이라고 생각한다. 기술 발달의 혜택을 얼마든지 받을 수 있는 세상이다. 외모를 가꾸면 자신이 행복해지고 자신감에 도움이 될 수 있다. 하지만 적당한 선을 지키는 것이 중요하다. 외모에 너무 집착하다 보면 아무리 성형을 해도 만족할 수 없기에 마음까지 피폐해진다. 적당히 인간적인 자신의 모습을 인정하고 받아들이는 것이 훨씬 중요하다.

또한 거울을 볼 때 남의 얼굴을 볼 때처럼 실루엣과 표정 위주로 바라보라. 너무 꼼꼼하게 뜯어보다 보면 내 얼굴의 단점에만 집착하게 된다. 다른 사람은 나만큼 나를 꼼꼼하게 뜯어보지 않는다는 걸 기억할 필요가 있다. 거울을 보면서 자기 스스로에게 "예쁘다. 사랑해. 예뻐졌네. 멋지다. 섹시하다."고 이야기하며 한 번씩 더 웃어보자. 한 달만 꾸준히 하면 분명 예뻐졌다는 소리를 듣게 될 것이다. 예쁜 얼굴보다 중요한 건 밝은 표정이고, 밝은 표정보다 중요한 것은 내면의 자존감이다.

## 껍데기가 아닌 알맹이가 중요하다

우리는 이제 외모가 아닌 존재로서 자신을 바라볼 수 있어야 한다. 외부에 보이는 나에만 신경을 쓰다 보면 진정한 나 자신을 잃어버리고 살게 된다. 포장지가 아니라 안에 어떤 것을 담고 있느냐가 더 중요하다. 가슴에 품은 꿈과 희망, 머리에 담은 생각과 이상, 몸에서 나오는 열정과 활력, 즉 내가 가진 에너지다.

이스라엘 건국의 어머니로 불리는 골다 메이어는 이스라엘 최초의 여성 총리이자 세계에서 3번째로 선출된 여성 총리다. 그녀는 떠돌이 유대 민족의 오랜 염원이었던 그들만의 나라를 세우는 데 큰 공헌을 했다. 외국 순방길에 장바구니를 들고 다녀 화제가 되었던 그녀는 미국 시사주간지 〈타임〉이 선정한 '20세기 세상을 바꾼 25인' 중 한 명이 되기도 했다.

사람들은 그녀가 세상을 뜬 후에야 12년 동안 그녀가 백혈병을 앓아온 것을 알게 되었다. "그렇게 많은 활동을 해온 사람이 병자였다니!" 사람들은 경악했다. 그녀는 자서전에서 이렇게 말했다.

"얼굴이 못생긴 것은 오히려 나에게 행운이다. 못났기 때문에 나는 더 기도했고, 더 열심히 공부했다. 그렇기에 나의 약점은 나의 조국에 도움이 되었다."

골다 메이어는 백혈병이나 못난 외모에 사로잡히지 않았다. 약점에 집착하지 않고, 오히려 그것에 감사하며 자신을 더 향상시킬 수 있었다. 그녀는 자신의 약점보다 자신이 해낼 수 있는 일에 충실했다. 그로 인해 자신의 민족에게 큰 이로움을 줄 수 있었다.

중국 알리바바의 회장 마윈도 그런 사람 중 하나다. 내가 그를 존경하고 좋아하게 된 건 오히려 그의 못난 외모 때문이었다. 그는 얼마 전 알리바바의 회장직을 사퇴했다. 앞으로는 교육 분야에서 자선 활동을 하겠다고 밝혔다. 미국 경제주간지 〈포브스〉의 조사에 의하면 마윈은 2017년 기준으로 중국 부자 순위 3위, 세계 부자 순위 20위라고 한다. 그는 우리 사회의 기준으로 분명 잘나거나 복 있는 얼굴은 아니다. 오히려 박복한 인상에 가깝다. 하지만 그가 가진 힘과 가치는 내면에서 나온다. 그는 이렇게 말한다.

"우리는 거절당하는 데 익숙해져야 해요. 내 인생은 실패와 거절로 가득 차 있어요."

그는 초등학교 시험에서 2번 낙방하고, 중학교 시험은 3번 낙방했다고 한다. 그리고 대학 수능에 3번 실패했다. 대학 졸업하고 3년 동안 직업을 구하며 30번 넘게 취업 준비를 했지만 모두 실패했다고 한다. 경찰이 되려고 했지만 '부적합' 판정을 받았다. 중국에 KFC가 진출했을 때 24명이 지원했는데 유일하게 혼자만 떨어졌다. 경찰에 총 5명 지원했는데, 그중 4명이 합격하고 그만 탈락했다. 그래서 그는 거절당하는 것에 익숙해졌다고 말한다. 그는 하버드대학교에 10번 지원해서 10번 거절당한 것으로도 유명하다.

이들은 자신의 약점이 아닌 강점에 집중했다. 사회적인 잣대로 자신을 평가하지 않고, 자신의 가치를 믿었다. 자기 자신의 한계에 갇히는 대신 자신이 잘 해낼 수 있는 일을 통해 세상에 기여하는 삶을 살았다. 누가 자신을 거절해도 스스로는 자신을 거절하지 않고 끊임없이 스스로를 일으켰다. 우리는 외모가 멋지고 아름다운 사람에 열광한다. 하지만 위대한 내면을 가진 분들은 존경하게 된다.

당신의 내면에는 당신을 변화시킬 수 있는 엄청난 힘과 능력이 숨겨져 있다. 세상이 정한 미의 기준과 외모로 자신의 아름다움과 능력을 평가 절하하지 말자. 오프라 윈프리의 말처럼 당신은 움츠리고 있기보다 활짝 피어나기 위해 태어난 존재다. 자신의 부족한 부분에 집중하기보다는 내면의 힘을 믿고 스스로에게 기회를 주는 사람이 되었으면 좋겠다. 단단한 자존감으로 나답게 살자.

**모든 것이 다 괜찮습니다**

나는 하루에도 몇 번씩, 나 스스로 만든 한계들을 털어버리고 진짜 나 자신이 누구인지를 기억해냅니다. 나는 사랑을 품은 무한한 지성이 창조해낸 신성하고 멋진 존재입니다. 그러므로 모든 것이 다 괜찮습니다.

– 루이스 헤이, 『나를 치유하는 생각』

# 03 엄마의 자존감을 키우는 긍정 확언

좋은 일을 생각하면 좋은 일이 생긴다. 나쁜 일을 생각하면 나쁜 일이 생긴다.
여러분은 여러분이 하루 종일 생각하고 있는 것, 바로 그것이다.
- 조셉 머피 (아일랜드의 철학자, 교육자)

## 긍정 확언을 통해 사고 패턴을 바꿔라

이번 장에서는 긍정 확언을 활용해서 자존감을 키우고, 우리가 원하는 삶을 만들어가는 방법에 대해 이야기하려고 한다. 긍정 확언은 나에게 힘을 주는 생각과 말을 골라서 의식적으로 반복하는 것이다. 루이스 헤이는 인생을 변화시키는 긍정 확언 사용법 『나는 할 수 있어』라는 책에서 이렇게 말한다.

"우리는 자기 확언을 통해서 사고의 패턴을 바꿀 수 있다. 자기 확언의 긍정적인 문구들은 자신이 현재 사용하고 있는 단어를 통해 창조하고 있는 현실을 뛰어넘어, 새로운 미래를 창조할 수 있게 해준다."

나에게 힘을 주는 긍정 확언들을 반복하면 우리의 잠재의식이 변화된다. 우리의 잠재의식은 내가 반복적으로 생각하고 말하는 것을 그대로 받아들이기 때문이다. 긍정 확언은 우리의 신념과 생각 습관을 변화시킨다. 내가 가진 믿음이 바뀔 때 나의 관점이 바뀌고, 관점이 바뀔 때 경험이 달라진다. 일례로 '나는 늘 재수가 없어. 사람들은 날 좋아하지 않아.'라고 믿는 사람과 '나는 운과 인복이 있어.'라고 믿는 사람이 경험하는 현실은 분명 다를 것이다.

많은 치유와 영성, 자기계발 서적에서 핵심적으로 다루고 있는 공통의 원리가 있다. 그것은 바로 우리가 알고 있는 '끌어당김의 법칙' 또는 '유인력'이다. 보이지 않는 '생각'은 파동을 가지고 있으며, 보이는 세상을 창조하는 에너지라는 것이다. 즉, 생각은 자석과 같아서 비슷한 것들을 끌어당김으로서, 현실의 경험을 이끌게 된다고 이야기한다. 이것은 현대의 양자물리학에서 밝혀내고 있는 위대한 발견과도 일맥상통한다.

우리가 과거를 돌이켜본다면 내가 주로 해왔던 생각대로 내 삶이 흘러왔음을 깨닫게 될 것이다. 우리는 우리가 주로 하는 생각대로 살게 된다. 내가 원하는 것에 대한 생각, 나에게 힘을 주는 생각을 많이 하는 사람은 그런 것들을 끌어당긴다. 그래서 어떤 상황에 처하든 스스로를 일으키며, 결국엔 자신이 원하는 삶을 살아가게 된다. 반대로 내가 원하지 않는 것에 대한 생각, 불평과 불만, 비난을 달고 다니는 사람은 원하지 않는 것들을 계속해서 끌어당긴다. 끊임없이 남 탓이나 자기 학대를 반복하면서 자신이 원하지 않는 삶을 살아가게 되는 것이다.

나는 주로 원하는 것에 대해 생각하고 말하며 살고 있을까? 아니면 내가 원하지 않는 것들에 대해 생각하고 말하면서 살고 있을까? 자기 스스로에게 자문해보자.

사랑의 말을 많이 하는 사람은 사랑의 파동을 갖게 되고, 긍정의 말을 많이 하는 사람은 긍정의 파동을 갖게 된다. 반대로 불평의 말을 많이 하는 사람은 불평의 파동을 갖게 된다. 당신은 주로 어떤 파동의 에너지를 쓰면서 오늘 하루를 보내고 있는가?

우리가 보거나 집중하는 것은 점점 더 커진다. 불만족스럽고 못마땅한 것들에 계속 집중하면 불만족스러운 현실이 점점 더 강화된다. 반면 힘든 상황 속에서도 자신을 긍정하고 밝은 면들에 집중할 때, 긍정적인 변화의 흐름이 만들어지게 된다. 만약 당신이 성공하고 번창하고 싶다면 성공과 번영을 생각해야 한다. 자존감을 갖고 행복하게 살고 싶다면 자신을 살리는 행복한 생각을 해야 한다. 내가 하는 생각과 말이 변화될 때 나의 삶이 변화하기 시작된다.

긍정의 확언은 자존감을 키우고, 내가 원하는 행복한 삶을 살아갈 수 있도록 긍정의 에너지를 활성화시켜줄 것이다.

엄마의 자존감을 높이고 행복한 삶을 증진시키는 확언 몇 가지를 소개하면 다음과 같다.

# 엄마의 자존감을 키우는 긍정 확언

■ 자존감을 높이는 확언

• 나는 있는 그대로의 나를 받아들인다.

• 나는 아무런 조건 없이 있는 그대로의 나를 사랑한다.

• 나는 부족하고 서투르게 느껴지는 나도 인정하고 수용한다.

• 나는 있는 그대로 충분히 가치 있고 사랑스럽다.

• 나는 잘 해낼 것이라 믿는다. 결국엔 다 잘 된다.

• 나는 나대로 괜찮은 사람이다. 나는 존재의 힘을 믿는다.

• 나는 어떤 상황에서라도 나를 믿고 지지하고 사랑한다.

• 나는 고통스러운 경험과 감정 또한 있는 그대로 허용한다. 그것을 느끼고 흘려보낸다.

• 나는 배워가는 과정에 있다. 나는 모든 면에서 점점 더 나아지고 있다.


■ 성공과 번영을 위한 확언

• 나는 정말 운이 좋다. 삶은 언제나 내 편이다.

• 나는 인복이 있다. 세상에는 나를 좋아하고 도움을 주는 사람들이 많이 있다.

• 나는 나의 방향을 잘 알고, 내 속도대로 나의 길을 간다.

- 나는 내가 원하지 않는 것과 부족한 것에 집중하는 것을 내려놓는다.
- 나는 내가 원하는 것과 하고 싶은 일에 집중한다.
- 나는 충분한 풍요와 부를 누리면서 산다.
- 나는 우주에 넘쳐나는 부와 풍요에 마음을 열고 내 것으로 받아들인다.
- 나는 많은 것을 나눌 수 있는 사람이다. 세상에는 나의 도움을 필요로 하는 사람들이 많이 있다.
- 내가 필요로 하는 모든 것이 가장 좋은 때에, 적절한 곳에서 정확한 순서에 맞게 나에게 온다.
- 나는 매일매일 조금씩 성장하고 있다. 나는 언제나 배우고 노력하며 성장하는 사람이다.


■ 건강과 행복한 삶을 위한 확언
- 우주에 가득한 치유의 에너지가 나를 통해 흐른다. 나는 온전한 건강을 회복한다.
- 나는 젊음과 활력이 넘친다. 나는 모든 면에서 매일매일 좋아지고 있다.
- 나는 내 몸의 모든 부분을 있는 그대로 받아들이고 사랑한다.
- 나는 세상의 좋은 것들을 누릴 자격이 있다. 나는 행복하게 삶을 즐

긴다.

- 나는 이미 내가 가진 모든 것들에 매일매일 감사한다.

■ 내 아이를 있는 그대로 사랑하기 위한 확언

- 내 아이는 있는 그대로 완전하고 사랑스럽다.
- 내 아이는 나와 특별한 인연이 있는 귀하고 소중한 영혼이다.
- 내 아이는 자신만의 속도로 잘 성장하고 있다.
- 내 아이는 고유한 개성과 특별한 재능을 가지고 태어났다.
- 내 아이는 놀라운 소질을 꽃피우며, 밝고 건강하고 행복한 삶을 살아간다.

우리는 매일 아침에 눈을 뜨며 자신에게 힘을 주는 행복한 생각을 선택할 수 있다. 하루를 보내는 순간순간 성공과 번영을 가져오는 기분 좋은 생각을 떠올릴 수 있다. 밤에 자기 전에 자신을 격려하고, 아이들을 사랑하고 축복하는 멋진 생각을 속삭일 수 있다.

나에게 힘을 주는 확언들을 자주 보고, 주문을 외우듯 소리 내어 중얼거려보라. 그것은 우리의 파동 에너지를 바꾸어준다. 날마다 꾸준히 자신을 살아나게 하는 기분 좋은 생각을 고르기로 결심하라.

잘 보이는 곳에 자신에게 힘을 주는 긍정의 확언을 붙여 놓고, 수시로 소리 내어 읽어보자. 그러다 보면 가랑비에 옷 젖듯이 조금씩 변해가는 자신을 볼 수 있을 것이다. 우리의 몸에도 습관이 있듯이 우리가 하는 생각과 말도 습관이 있다. 습관을 바꾸는 건 하루아침에 되는 일이 아니다. 한 방울씩 떨어지는 물이 바위도 뚫듯이 당신에게 힘을 주는 확언들을 반복해보길 바란다. 당신의 삶에 반드시 긍정적인 변화가 일어날 것이다.

창조의 에너지를 가지고 있는 자신의 생각을 낭비하지 말고 가치 있게 사용하라. 당신 안에는 눈부시게 빛나는 잠재력이 숨어 있다. 그것은 당신이 믿고 바라볼 때 밖으로 드러날 수 있다. 긍정 확언을 통해 내 삶에 빛나는 씨앗을 뿌리자. 언젠가 눈부시게 아름다운 열매로 결실을 맺을 것이다.

## 엄마의 자존감을 위한 한 줄 메시지

### 내적 신념을 변화시키는 확언

좋은 생각의 씨앗을 심어보세요. 내가 창조하고 싶은 미래를 나의 생각으로, 품격있는 말의 사용으로 만들어갈 수 있습니다. 나는 지금 이 순간 긍정적이고 행복한 생각의 씨앗, 말의 씨앗을 심어 기릅니다. 끊임없이 자신을 축복하고 인정하고 믿어주세요.

나는 무한한 빛과 가능성의 존재다.

모든 것은 지금 이대로 완전하고, 온전하고, 완벽하다.

나는 어려운 것에 도전하는 것을 즐긴다.

나는 돈을 끌어당기는 자석이다.

황금의 기회가 나를 향해 활짝 열려있다.

나는 내가 원하는 것보다 더한 축복을 받는다.

내면의 지혜가 나를 가장 좋은 길로 인도해준다.

나는 항상 안전하고, 신이 나를 보호해 주며 이끌어준다.

선택과 망설임의 순간에 나는 할 수 있다고 스스로에게 믿음을 준다.

내 삶은 놀랍고 근사한 일로 가득하다. 점점 더 그렇게 되고 있다.

내게 필요한 모든 일은 가장 알맞은 때와 알맞은 장소, 알맞은 순서에 따라 나에게 온다.


나에게 힘을 주는 행복한 생각을 만들어 그것을 꼭 붙잡고, 여러 번 반복하세요. 잠재의식 깊숙이 스며들게 하세요. 끊임없이 적어보고 입으로 소리 내어 말해보길 바랍니다. 삶이 변화되는 걸 느끼게 될 것입니다.

# 04 자기 긍정의 내면 대화를 훈련하라

우리의 마음은 밭이다.
그 안에는 사랑, 즐거움, 희망과 같은 긍정의 씨앗이 있는가 하면
미움, 절망, 좌절, 시기, 두려움 등과 같은 부정의 씨앗이 있다.
어떤 씨앗에 물을 주고 꽃을 피울지는 자신의 의지에 달렸다.
– 『화』 중에서

## 내면 대화의 방식이 바뀔 때 삶이 바뀐다

최근에 '자신에 대한 친절'이 심리학에서 인기를 끄는 주제가 되고 있다. 자신에게 친절한 사람이 우울증과 불안장애에 덜 시달리며 삶의 도전적 상황을 감당하는 능력이 더 뛰어나다고 한다.

당신은 자신에게 친절한 사람인가? 아니면 자신에게 가혹한 사람인가? 어쩌면 우리를 가장 아프게 하고 상처 주는 사람은 다른 누구도 아닌 자기 자신인지 모른다. 작은 실수 하나에도 '왜 그것밖에 못하냐. 다른 사람은 다 잘하고 있는데, 넌 왜 그 모양이냐.'고 자책하면서 스스로 비난의 화살을 퍼붓곤 한다.

과거에 나는 자기 비판의 전문가였다. 마음에 들지 않고 부족한 모습의 나를 끊임없이 질책하고 바꾸려고 했다. 그런데 언제부턴가 그 방법이 정말로 비효과적이라는 것을 확인했다. 나의 행복과 자존감을 위해서는 먼저 있는 그대로의 나를 수용해주어야 한다는 것을 깨달았다. 그리고 긍정의 내면 대화를 연습하면서 자기검열과 비판자에 가까운 내면의 목소리를 변화시킬 수 있다는 것을 알게 되었다.

독일의 심리회복 전문가인 안드레아스 크누프는 말했다. "자기비난의 늪에서 빠져나오는 방법은 단 하나다. 바로 나를 있는 그대로 받아들이고 친절하게 대하는 것이다."

나는 어떤 내면의 목소리를 갖고 있는가? 자신에게 힘을 주고 응원해주고, 지지해주고 있는가? 아니면 '나는 보잘것없는 사람이라고, 건강하지도 않고, 능력도 운도 없어. 내 주제에 뭘….'이라고 자신을 평가절하하는 습관을 지니고 있는가?

새로운 일에 도전하려고 할 때 '나는 할 수 있어, 실패할지도 모르지만 한번 해보자.', '남들의 시선보다 내가 정말 하고 싶은 것을 해보자.'라고 자신을 믿어주고 자신에게 용기를 주는가? 아니면 '나는 할 수 없을 거야. 망신만 당하게 될지 몰라. 그냥 눈에 띄지 않게 대충 살아. 그만둬.'라고 스스로 발목을 붙잡는 편인가?

무언가에 도전했다가 실패했거나 어려움을 겪고 있을 때는 어떤가?

'실패한 만큼 배울 수 있었어. 배운 만큼 성장했어. 그러니 앞으로는 더 잘할 수 있을 거야.'라고, 자신을 북돋우며 격려해주는가? 아니면 '내가 그렇지 뭐. 난 무능하고 한심해. 자격이 없어.'라고 가뜩이나 힘든 마음에 더 큰 상처를 주는가?

겸손이 미덕이라고 배운 우리는 자신을 낮추느라 우리 자신의 자존감을 위험에 빠뜨리곤 한다. 부정적인 내면 대화와 자기 자신을 인정하지 못하는 습관이 자존감을 떨어뜨린다. 물론 다른 사람은 안중에도 없고 자기 자신만 중요시하는 건강하지 못한 자존심과 자만심을 가진 사람들도 있다. 하지만 건강한 자존감을 갖춘다면 자신의 가치도 인정하고, 그만큼 다른 사람도 소중히 여기게 된다.

하루 일과를 보낸 후 작은 것이라도 내가 잘 해낸 것을 찾아서 충분히 인정하고 칭찬해주자. 내가 먼저 나를 인정해주어야 자존감이 자란다. 실수를 반복하고 고통스러운 하루를 보낸 날, 그런 때일수록 자기 자신에게 친절하게 대해야 한다. 자동적으로 들려오는 자기 비판의 목소리를 자각하고, 그것을 의식적으로 흘려보내라. 대신 '네가 지금 힘든 건 자연스러운 거야. 인간이니까 실수할 수 있어. 괜찮아. 점점 좋아질 거야.'라고 말해주자. 자신에게 좀 더 너그럽고 친절해지는 연습을 하자.

## 자기 긍정의 내면 대화를 훈련하라

자기 자신의 심판자가 아닌 가장 따뜻한 친구가 될 수 있으면 좋겠다.

물론 책임을 회피하지 않고, 실수를 통해 내가 배워야 할 것은 무엇인지 점검해야 할 것이다. 하지만 너무나 가혹하고 아프게 자기 자신을 찌르는 것을 그만두자. 내면에서 계속되는 자기 비판이 자신을 더 성장시키기보다는 두려움과 한계를 강화해왔음을 돌아보자.

살다 보면 내 뜻대로 안 되는 일이 있고, 때론 어쩔 수 없는 상황도 있다는 것을 받아들여야 한다. 그리고 우리는 모두 완벽할 수 없으며, 배우는 과정에 있음을 기억할 필요가 있다.

자신이 서툴고 무능하게 느껴져 견디기 힘들다면 그것은 나에게 '더 많은 경험이 필요한 것'으로 여겨야 한다. 당신은 언젠가 익숙해지고 노련해질 것이다. 죄책감과 자책을 흘려보내고 내가 할 수 있는 일에 집중할 수 있도록 자신을 응원하라.


우리는 자기 긍정의 내면 대화를 통해 우리의 무의식적인 부정성과 잠재의식을 변화시킬 수 있다. 자기 긍정의 내면 대화는 긍정 확언을 일상으로 확장하여 매 순간 활용하는 것이다. 당신은 2016년 브라질 리우데자네이루에서 열린 올림픽에서 펜싱 종목의 박상영 선수가 따낸 금메달을 기억할 것이다. 그는 14:10으로 지고 있던 경기에서 마법의 주문을 외웠다. '할 수 있다. 할 수 있다.' 혼잣말을 되뇌었다. 그리고 기적이 일어났다. 박 선수는 마법같이 연속 5점을 득점하며 금메달을 따냈다. 전 국민이 기억하는 장면이다. 나도 너무나 큰 감동을 받았다.

자기 자신에게 주는 응원의 메시지는 놀라운 힘이 있다. 긍정의 내면 대화를 하는 사람들은 어려운 환경을 극복하는 회복탄력성이 높아진다. 그리고 스스로가 삶을 변화시키는 주인공이 될 수 있다.

우리는 자기 자신에게 대하는 것처럼 가장 가까이에 있는 사람을 대하는 경향이 있다. 나에게 너그럽고 친절하게 대할 때 우리 아이들에게도 더욱 따뜻하고 다정하게 대할 수 있다. 또한 당신이 자기 자신을 규정하는 대로 세상도 당신을 규정하게 된다. 자신의 가치를 제대로 알고 자신을 스스로 존중할 때 주변의 사람들도 당신의 가치를 존중하게 된다. 자신을 가장 먼저 인정해주는 사람이 되자. 당신은 이미 충분히 귀하고 소중한 가치를 가지고 있는 존재다.

마리안 윌리엄슨은 『사랑으로의 귀환』에서 이렇게 말했다.

"우리는 자신에게 '나는 똑똑하고 멋있고 재능이 많고 굉장한 사람도 아니잖아?'라고 말합니다. 왜 그렇게 생각합니까? 우리는 신의 자식입니다. 당신이 큰 비전을 품지 않는 것은 세상에 도움이 되지 않습니다. 스스로 움츠러들어봤자 좋을 게 없습니다. 아이들이 주위를 환히 밝히는 것처럼 우리는 우리 안에 있는 신의 모습을 드러내기 위해 태어났어요. 자신을 빛나게 할 때 우리는 다른 사람들도 빛날 수 있도록 무의식적으로 허용합니다. 우리가 자신의 두려움에서 자유로워지면 자연히 우리의 존재가 다른 사람들을 자유롭게 할 것입니다."

　살다 보면 나 자신이 근사하고 멋져 보이는 날도 있지만 그렇지 않은 날도 꽤 많다. 왠지 못마땅하고 불만족스러운 날이 있기 마련이다. 아이를 키우는 일상에서 엄마들은 수없이 불안하고, 자신의 초라해진 모습에 좌절감을 느끼곤 한다. 그런 날일수록 자기 자신을 평가하기보다는 위로해주고, 비난하기보다는 응원해줄 수 있으면 좋겠다. 아무리 힘든 상황이라도 믿을 수 있는 누군가가 자신을 인정해준다면 다시 힘을 낼 수 있을 것이다. 그런 든든한 지지자가 우리 안에 있다면 좋겠다.

　내면의 목소리가 수용과 지지로 변화할 때 우리는 스스로가 자신의 자존감 지킴이가 될 수 있다. 누군가의 인정을 구하기 위해 애쓰고 다른 사람의 시선과 평가에 연연하는 대신 자신을 더 많이 믿고 인정할 수 있을 것이다. 자기 자신을 끊임없이 격려하고 응원하라. 당신의 아이도 더 많이 격려하고 응원하는 엄마가 될 수 있을 것이다. 나를 더 행복하고 기운나게 하는 자기 긍정의 내면 대화가 일상에 스며들도록 연습해보라. 그것은 당신의 잠재의식과 내면의 목소리를 바꾸고 인생을 변화시킬 것이다.

**우주가 내 편임을 알기에 내 마음은 평화롭습니다**

필요한 것을 얻으려면 반드시 고생해야 하고, 나를 혹사해야 한다는 믿음은 버리고, 세상 모든 좋은 것들이 나에게 쉽게 올 수 있다는 믿음을 가집니다. 나는 내가 필요로 하고 원하는 모든 것이 완벽한 때와 장소에서 나에게 찾아올 것임을 알고 있습니다. 우주가 내 편임을 알기에 내 마음은 평화롭습니다.

– 루이스 헤이, 『나를 치유하는 생각』

# 05 감사일기가 생각을 바꾼다

현실에서 감사할 일은 끊임없이 생겨나고 있다.
당신이 감사할수록 앞으로 감사할 일이 더 많이 생겨난다.
- 아브라함 힉스(미국의 영성지도자, 작가)

## 감사의 안경을 끼고 세상을 바라보라

지난 3개월 동안 누군가에게 힘과 용기를 줄 수 있기를 바라며 기쁜 마음으로 책을 썼다. 힘든 시기를 맞이한 누군가에게 내가 한 경험과 깨달음, 그리고 연구한 내용이 도움이 될 수 있기를 바란다. 이 책이 그동안의 육아 과정과 내 삶을 돌아보는 계기가 되어 참 감사한 마음이 든다. 이 책을 통해 당신이 자신을 더 사랑하고 행복해졌다면 저자로서 더없는 기쁨과 보람을 느낄 것이다.

책을 쓰는 과정은 내게 축복이었지만 늘 순탄하지만은 않았다. 마지막까지 흔들리지 않고 마음의 중심을 잡아준 것은 달리기와 명상, 그리고 감사일기였다. 아이가 교통사고가 난 것을 계기로 예전에 썼던 감사일기를 다시 쓰기 시작했다. 다행히 가벼운 접촉사고로 다치지는 않았지만 가장 소중한 것들에 대해 돌아보는 계기가 되었다. '이렇게 건강하게 살아 있는 것만으로도 정말 감사한 거구나.', '그동안 가장 소중한 것을 놓치고 있었구나.'라는 생각이 들었다.

감사일기를 쓰다 보면 '내가 이미 가지고 있는 것이 정말 많구나.'라는 생각을 하게 된다. 나에게 없는 것, 부족한 것, 아쉬운 것을 향하던 시각이 나에게 있는 것, 내가 받아온 것들을 향하게 된다. 바쁘게 일하다 보면 마음에 날이 서고 각박해지곤 한다. 항상 나보다 나은 사람과 비교하게 되니 나와 내 주변의 사람들은 뭔가 부족하고 못마땅하게 여겨진다. 내가 얼마나 많은 축복과 사랑을 받고 있는지를 잊어버린다. 중요한 것은 내가 바라보는 방향, 즉 관점이다. 마음의 행복과 자존감은 내 관점이 어디를 향하느냐에 따라 결정된다.


마음에 '감사의 안경'을 끼고 세상을 바라보면 세상은 온통 감사한 것 투성이다. 우리는 내가 누리는 것들에 대해 당연하다고 여길 때 감사함을 잊게 된다. 사실 어떤 것도 당연한 것은 없다. 감사의 안경을 쓰고 바라보면 내가 당연하다고 생각했던 모든 것들이 내가 감사해야 할 대상이라는 것을 알게 된다.

내가 두드리고 있는 노트북이 있어서 나는 글을 쓴다. 노트북에 감사하고, 의자와 책상에 감사한다. 내가 읽은 책들과 그 책을 써준 작가님들께 감사한다. 오늘 먹은 밥과 반찬에 감사한다. 한 끼의 밥상에 들어간 무수히 많은 사람의 노고와 자연의 은혜에 감사한다. 나와 내 가족이 편안하게 쉴 수 있는 집이 있음에 감사한다. 나의 온전한 신체에 감사한다. 오늘 아이들이 건강한 것에 감사한다. 택배 아저씨가 안전하게 중요한 택배를 배달해주셔서 감사하다. 나를 사랑하고 응원해주는 소중한 친구와 지인들이 있어서 감사하다. 오늘의 내가 있기까지 나를 이끌어주신 많은 스승과 멘토분들께 감사한다.

내가 가장 감사한 것은 내가 지금 살아 있다는 것이다. 이 세상에 살아서 숨쉬며 존재한다는 것에 진정으로 감사를 느낀다. 나에게 생명을 주신 부모님께 진심으로 감사한다. 부모님이 살아계셔서 감사하다. 한때 받지 못했던 것을 아쉬워하고 원망했다면, 감사를 선택할 때 나는 이미 모든 것을 받았음을 깨닫는다. 지금까지 나에게 주신 놀라운 사랑에 감사한다. 어머니가 차려주신 수백만 번의 밥상과 정성에 감사를 느낀다. 부모님께서 주신 소중한 추억과 물건, 학비와 용돈, 사랑 하나하나에 감사한다. 당신이 알고 있고, 하실 수 있는 한계 내에서 내게 가장 좋은 것들만 주신 부모님께 깊이 감사한다.

감사한 것을 찾다 보면 무심코 지나쳤던 모든 것들이 감사의 옷을 갈아입고 나타난다. 그리고 꼬리에 꼬리를 물고 감사할 것들이 나타난다.

감사의 안경을 끼고 바라볼 때 우리 눈에는 감사할 것만 보인다. 마음에 가득했던 불평과 불만은 어쩌면 너무나 사소한 것들인지 모른다. 내가 집중하는 것은 점점 더 커지고 확대된다. 불평과 불만에 집중하면 점점 더 불평할 것들이 많아진다. 감사할 것에 집중하면 우리의 삶은 감사할 것들로 가득 채워진다.

오프라 윈프리는 자신의 삶을 변화시킨 계기는 감사일기였다고 이야기한다. 그녀가 쓴 『내가 확실히 아는 것들』이란 책을 읽어보면 다음과 같은 구절이 나온다.

"항상 감사한 마음을 가지기는 쉽지 않다. 하지만 당신이 가장 덜 감사할 때가 바로 감사함이 가져다줄 선물을 가장 필요로 할 때다. 감사한 마음을 가지면 당신의 주파수가 변하고 부정적 에너지가 긍정적 에너지로 바뀐다. 감사하는 것이야말로 당신의 일상을 바꿀 수 있는 가장 빠르고 쉬우며 강력한 방법이다."

## 인생을 바꾸는 감사일기

우리는 어떠한 상황에서도 감사의 안경을 꺼내어 낄 수 있다. 오프라 윈프리의 말처럼 어쩌면 가장 힘든 순간을 맞이할 때일수록 감사가 필요한 순간일지 모른다. 감사를 선택할 때 생각의 관점이 달라진다. 그리고 우리가 더 많이 감사하게 될 때 삶이 변화된다고 믿는다. 당신이 느끼는 감사의 파동은 당신의 삶에 감사할 수 있는 많은 것들을 끌어당긴다. 그뿐만 아니라 우리 몸의 건강에도 영향을 미친다.

스코틀랜드 스털링대학교에서는 감사하는 마음이 우리의 몸에 어떤 영향을 미치는지 연구했다. 조사한 결과, 주변 환경을 긍정적으로 인식하고 주어진 삶에 감사하는 사람은 그렇지 않은 사람에 비해 심장병 발병 확률이 3분의 1 정도 낮게 나타났다. 또 감사하며 사는 사람들의 면역력은 그렇지 않은 사람에 비해 평균 1.4배 이상 높게 나타났다.

내가 살아가는 삶의 순간순간에 나는 감사할 것들을 찾고, 감사할 것들을 보고, 더 많이 감사할 수 있게 되기를 바란다. 그래서 마음이 불안하고 초조해질 때, 스스로를 옥죄고 압박할 때 잠시 마음을 추스르며 감사일기를 쓴다.

나는 이미 너무나 많은 축복을 받으며 살아서 존재하고 있다. 까르르 웃는 아이들의 해맑은 미소를 볼 수 있음에 감사한다. 온 가족이 둘러앉아 식사를 할 수 있음에 감사한다. 오늘 하루 몇몇의 사람들에게 긍정적인 영향을 줄 수 있음에 감사를 느낀다. 공짜로 받은 삶과 공짜로 받은 공기, 공짜로 받은 자연의 아름다움에 감사한다. 감사를 느끼며 내 몸이 점점 더 건강해지고 기쁨과 활력을 느낄 수 있음에 감사한다.


얼마 전에 아이들에게 『3일만 볼 수 있다면』이라는 헬렌 켈러의 책을 읽어주었다. 생후 19개월 때 성홍열이라는 큰 병에 걸려서 보지도 듣지도 말하지도 못하게 된 헬렌 켈러. 그녀는 단 사흘 동안 볼 수 있다면 무엇을 하고 싶은지 써 내려갔다. 내가 만약 보지 못하고 살다가 3일 동안만 볼 수 있게 된다면 어땠을까? 그녀는 이렇게 말했다.

첫째 날에는 나를 새로운 세상으로 이끌어주신 사랑하는 설리번 선생님의 얼굴을 아주 오랫동안 바라보고 싶습니다. 그 다음 집 안의 작고 소박한 물건들 하나하나를 천천히 볼 것입니다. 오후에는 숲을 산책하며 자연의 아름다움에 흠뻑 취하고 싶습니다.

둘째 날에는 새벽에 일어나 밤이 낮으로 변하는 가슴 설레는 기적을 바라보고 싶습니다. 그리고 마지막 날 아침, 나는 새로운 기쁨을 발견하게 되기를 열렬히 바라며 새벽을 맞이할 것입니다. 볼 게 너무 많아서 후회나 아쉬움 따위로 낭비할 시간이 없습니다. 오늘은 분주히 오가며 일하는 사람들 속에서 현재의 평범한 일상을 구경하고 싶습니다.

자정이 되면 다시 영원한 암흑이 닥쳐오겠죠. 그 짧은 사흘 만에 내가 보고 싶은 것을 전부 볼 수는 없었을 겁니다. 비로소 나는 아직 보지 못한 게 얼마나 많은지 깨닫게 될 것입니다. 하지만 내 머릿속은 찬란한 기억들로 가득 차서 아쉬워할 틈이 없을 거예요. 그 후부터는 물건을 만질 때마다 그것을 바라보던 눈부신 기억이 떠오를 테니까요.


그녀는 단 3일 동안도 세상을 보지는 못했지만 마음의 눈을 통해 생생하게 보고 느끼며 감사하는 삶을 살았다. 우리 일상에는 우리가 마음먹기에 따라 얼마든지 감사할 대상이 널려 있다. 지금 어떤 상황에 있더라도 그 상황 속에 숨겨진 감사할 점을 찾아보자. 나를 시련에 빠뜨렸던 상황 속에도, 힘들게 했던 상대에게도, 우리는 감사를 선택할 수 있다. 그 과정을 통해 내가 얼마나 많이 배우고 성숙해지고 단련되었는지를 깨닫는다면 그 모든 것은 감사해야 할 대상이다.

감사의 관점을 가질 때 내가 살아 있다는 것만으로도 엄청난 축복이라는 것을 깨닫게 된다. 내가 볼 수 있고, 느낄 수 있고, 누릴 수 있는 모든 것들이 결코 당연하지 않음을 깨달을 때 우리는 진정한 행복을 찾게 된다. 하루 5분의 감사일기가 생각의 관점을 바꾸고, 당신의 인생을 바꿀 것이다. 노트와 펜을 꺼내서 감사한 것을 3가지씩 찾는 것으로 시작해보면 어떨까.

## 엄마의 자존감을 위한 한 줄 메시지

**삶의 소소한 즐거움에 감사하고 기뻐하세요**
하루 종일 불만만 늘어놓고 자신이 얼마나 고통스러운지만 생각한다면 당신의 세계는 매우 비참해질 것이다. 반대로 삶의 소소한 즐거움에 감사하고 고마워하는 마음을 갖는다면 당신의 세계는 기쁨으로 가득찰 것이다.
– 무옌거, 『착하게, 그러나 단호하게』

# 06 사소한 것들을 내려놓아라

오늘 꼭 한 사람을 용서하라.
그 사람에게 마음을 열고, 과거에 받았던 고통을 풀어주어라.
이 간단한 행동으로 평화가 찾아오는 것을 느껴보아라.
-캐롤라인 미스, 피터 오키오그로소(미국의 작가)

## 다른 사람을 신경 쓰느라 지친 당신에게

우리는 자존감 결핍의 시대를 살아가고 있다. 너무나 많은 시간을 다른 사람과 비교하고 경쟁하는데 보내고, 너무나 많은 시간을 누군가에게 인정받기 위해 사용한다. 많은 사람들이 다른 사람들의 시선을 신경 쓰느라 정작 자신이 원하는 삶의 방식을 추구하지 못한다. 사회가 인정하는 기준에 자신을 맞추기 위해 혈안이 되어 있다. 모두가 함께 뛰는 레이스에서 도태되지 않기 위해 계속해서 스펙을 쌓아올린다. '남들이 나를 어떻게 생각할까?'를 신경 쓰느라 자신의 생각을 표현하지 못한다. 또한 진짜 내가 하고 싶은 일조차 시도하지 못한다. 그러다보니 바람 빠진 풍선처럼 삶이 재미없고, 김빠진 맥주처럼 내 인생이 시시해 보인다.

한편 사소한 것들에 지나치게 신경 쓰느라 자신이 가진 에너지를 소진해버리곤 한다. 옆집 엄마의 이야기에 지나치게 연연하고, 너무나 쉽게 상처받는다. 아이를 키우는 엄마들은 아이에 관한 거라면 '열혈엄마모드'가 되어 신경을 곤두세운다. 어린이집에서 약간의 상처가 나서 온 일로 지나치게 호들갑을 떨기도 한다. 유치원에서 소소하게 있을 수 있는 일들에 목에 핏대를 세우며 흥분하기도 한다. 정서적으로 아직 미숙한 친구들끼리 주고받은 일들에 엄마가 더 지나치게 민감하게 반응하기도 한다. 요즘은 집집마다 아이가 귀한 세상이고, 사회의 발전으로 비교에 의한 경쟁의식이 더 커졌기 때문인 것도 같다.

물론, 반드시 짚고 넘어가야 할 중요한 문제들도 있을 것이다. 때론 두렵고 번거롭더라도 상황에 맞서는 용기와 발 빠르게 대응하는 행동력이 필요하다. 우리에게 필요한 건 단호하게 행동에 옮겨야 할 문제인지 과감하게 신경을 끊어야 할 일인지 구분하는 지혜다. 하지만 우리가 신경을 곤두세우는 일들의 상당수는 시간이 지나고 보면 아무 일도 아니거나 저절로 해결될 수 있는 일인 경우가 많다.

자꾸만 사소한 것들에 걸려 넘어지며 수렁에 빠지는 대신 어떻게 하면 마음의 중심을 잡고 살아갈 수 있을까?

## 사소한 것들을 내려놓는 연습

<u>첫째, 타인으로부터 인정을 구하는 마음을 내려놓는 연습을 해보자.</u>

우리는 사회적 동물이기에 타인으로부터 인정받고 싶은 욕구를 갖는 건 자연스러운 일이다. 하지만 누군가의 좋은 평가에 지나치게 집착하게 될 때 우리의 자존감은 위협받는다. 그러니 일단 인정받으려는 욕구 때문에 힘들다면 먼저 그런 자신을 스스로가 인정해주자. 그 다음 자신의 마음을 토닥거리며 내려놓아보자. 마음 알아채기에 성공했다면 내려놓는 것도 충분히 가능하다. 꼭 붙들고 있던 마음을 조금씩 비워내보자.

용기의 심리학자로 불리는 알프레드 아들러는 타인의 인정을 얻기 위한 '인정에 대한 욕구'를 과감히 포기하라고 말한다. 내가 아무리 애를 써도 나를 싫어하는 사람은 있기 마련이니 미움 받는 것을 두려워하지 말라고 이야기한다. 그는 인간관계에서 내가 어쩔 수 없는 부분에 대해서는 과감하게 신경 끊을 수 있는 용기가 필요하다고 말한다.

그는 또한 사람들이 인간관계에서 상처받는 이유를 '모든 사람에게 사랑받고자 하기 때문'이라고 말한다. 그러면서 '미움받을 용기, 불완전할 용기'의 필요성을 강조한다. 아들러의 통찰은 타인의 인정과 기대를 충족시키기 위해 애쓰다 너덜너덜해진 우리들의 자존감을 일으켜줄 수 있는 지혜가 담겨 있다.

우리는 모든 사람들의 기대에 맞출 수 없고, 모든 사람들이 우리를 좋아하게 만들 수도 없다. 탈무드에도 "10명의 사람이 모이면 그중 1명은 나를 싫어하고, 2명은 나를 좋아하며, 7명은 이도저도 아니다."라는 내용이 있다. 우리는 분명 모든 사람을 기분 좋게 할 수 없다. 때때로 당신은 아무런 잘못이 없어도 누군가로부터 미움을 받고 상처를 받을 것이다.

내가 어떤 행동을 해도 욕먹고 안 해도 욕을 먹는다면, 차라리 내가 원하는 삶을 살면서 욕을 먹는 게 낫지 않을까? 다른 사람들의 평판에 기대고 집착하는 마음을 거두어 내 내면의 목소리를 듣기 시작해보자. '미움 받을 용기'와 '사랑받을 수 있는 지혜' 사이에서 적절한 균형점을 찾아라.

다른 사람들의 평가와 인정에 덜 신경 쓰기 위해 먼저 자기 스스로가 자신에 대한 평가자가 아닌 지지자가 되어주면 좋겠다. 자신의 실수와 서투름까지 이해하고 격려해주고, 스스로를 더 많이 응원해줄 수 있으면 좋겠다. 내가 잘나고 유능해서 내가 괜찮은 사람이 되는 것이 아니라 부족한 대로의 나를 인정하고 받아주는 것. 그런 무조건적인 자기수용이 자존감의 시작이다. 그럴 때 우리는 세상의 기준과 평가가 아닌 자신의 기준으로 나다운 삶을 살아갈 수 있다고 믿는다.

둘째, 자기 자신과 상대방에 대한 기대를 내려놓는 연습을 해보자.

당신은 너무나 많은 일들에 신경 쓰고 잘하려고 애쓰고 있는지 모른다. 다 잘해야 한다는 강박관념으로 스스로를 다그치고 벼랑 끝으로 내몰기도 한다. 완벽하고 좋은 엄마, 착하고 인정받는 며느리, 성과도 잘

내고 대인관계도 좋은 직장여성 등 내가 맡은 모든 역할에서 좋은 점수를 받고 싶다. 그래서 달리는 경주마처럼 자기 자신에 대한 채찍질을 멈추지 못한다.

당신이 스트레스와 과중한 압박감에 시달리고 있다면 자신에 대한 과도한 기대감을 조금 낮출 필요가 있다. 당신에게 가장 중요한 한두 가지에만 집중할 수 있도록 자신을 허용해주자. 한 연구에서는 못하면 안 된다는 생각을 조금만 버려도 스트레스를 받는 일이 크게 줄어든다는 결과를 발표했다. 언젠가는 자신을 달달 볶지 않아도 여러 가지 일들을 능수능란하게 처리할 수 있게 될 것이다.

아무리 애를 쓰며 달려가도 바람이 불지 않는 날에는 연을 날릴 수가 없다. 바람이 불 때 하늘 높이 연을 띄울 수 있듯이 당신의 인생에도 순풍이 불고 꿈을 이루는 날이 올 것이다. 언젠가 당신의 때가 온다는 것을 믿는다면 자신을 닦달하는 대신 마음의 여유를 갖고 때를 준비할 수 있을 것이다.

당신은 또한 자기 자신뿐만 아니라 당신 주변의 사람들에 대한 기대를 현실적으로 조정할 필요가 있다. 기대를 내려놓았을 때 자유로워진다. 내려놓는다는 건 꼭 움켜쥐었던 것을 풀어주는 것이다. 우리는 내가 희생했다는 생각에 집착할 때 상대방에게 기대하는 마음을 당연시하며 붙들게 된다. 그래서 지나친 기대로 인해 가장 행복해야 할 가족 간의 관계가 가장 큰 원망과 미움의 대상이 되고 만다.

걷잡을 수 없는 기대와 집착으로 힘들다면 그래서 채울 수 없는 실망 감에 마음이 무너진다면 테레사 수녀의 말을 새겨보자. "그 사람 자체에 감사하라. 그 사람이 나에게 무엇을 해줬거나 무엇이 되어줬기 때문이 아니라, 단지 내 곁에 존재해줬다는 이유만으로 내 삶이 더 풍부해졌기 때문이다." 나의 소중한 사람들은 나의 기대와 욕심을 채우기 위해 존재 하는 것이 아님을 기억하자.

셋째, 상처를 받았을 때 분노와 미움을 내려놓고 용서하는 연습을 해 보자.

나는 모든 사람의 본성은 선하고 영혼의 본질은 '사랑'이라고 믿는다. 그들이 내민 뾰족한 가시들을 그들 삶의 아픔과 고통으로 바라본다면 보 다 넓은 차원에서 이해할 수 있을 것이다. 내가 받은 상처를 보살피듯, 그에게 있는 상처를 이해한다면 오히려 연민을 느낄 수도 있게 된다.

때로는 나를 힘들게 하는 상대방의 말을 한 귀로 듣고 한 귀로 흘리는 연습이 필요하다. 그리고 그가 그렇게 이야기할 수밖에 없는 마음의 아 픔을 이해하고 공감해보자. 나를 힘들게 하는 상대에게 휘둘리는 대신 일정한 간격을 유지하라. 그리고 미움을 내려놓고 용서를 연습하라. 상 대를 용서하는 건 자기 자신을 속박하고 아프게 하는 마음을 내려놓는 것이다. 용서는 자신을 사랑하기 위해 배워야 할 삶의 기술이다.

삶의 아이러니는 내가 힘들었던 시기와 나를 힘들게 했던 사람을 통해 더 많이 배우고 성장한다는 것이다. 우리는 어쩌면 고통과 시련이라는 이름으로 내적으로 단단해질 수 있는 신의 선물과 축복을 받고 있는지 모른다. 그러니 나에게 상처를 준 사람들을 원망하거나 미워할 것이 아니라 오히려 더 축복하고 감사해보자.

내려놓기 연습은 당신의 자존감과 삶의 질을 높여줄 것이다. 마음을 상하게 만드는 것들의 덫에 빠져 고통스러워하는 대신 마음의 그릇을 키울 수 있는 기회로 삼아보자. 그러기 위해 자신의 가치를 정확하게 알아야 한다. 스스로의 가치를 인정할 때 비로소 타인의 판단이나 평가에 휘둘리지 않고 자신의 삶을 살 수 있을 것이다. 당신은 당신이 생각하는 것보다 훨씬 더 크고 위대한 존재라는 것을 기억하라. 매일매일 조금씩 성장하고 있고, 앞으로 눈부신 미래를 열게 될 것을 확신하자.

## 엄마의 자존감을 위한 한 줄 메시지

**그들에 대한 못마땅함을 흘려보내고 그들에게 인정을 보내세요**

만약 당신이 누군가를 싫어하면 나쁜 카르마, 즉 업을 쌓고 있는 것입니다. 카르마는 생각입니다. 당신이 누군가에 대해 부정적인 생각을 한다면 그에게 카르마를 짓는 것이고, 그것은 자기 자신에게 돌아올 것입니다. 그들에 대한 못마땅함을 흘려보내고 그들에게 인정을 보내세요. 그리고 주위의 모든 사람들을 사랑하세요. 그러면 자신의 삶이 어떻게 변하게 되는지 보게 될 것입니다.

– 로렌스 크레인, 『러브유어셀프』 저자

# 07 기꺼이 도와달라고 말하라

원하는 것을 부탁할 수 있는 용기를 가져라.
상대방은 허락하거나 거절할 권리가 있으며, 당신은 언제나 부탁할 권리가 있다.
마찬가지로 다른 사람도 원하는 것을 당신에게 부탁할 권리가 있으며,
당신은 허락하거나 거절할 권리가 있다.
— 돈 미겔 루이스(멕시코의 전직 의사, 작가)

## 도움을 요청하는 법을 배워라

엄마라는 직업은 고도의 육체노동으로 시작해서 고도의 감정노동과 고도의 정신노동을 필요로 하는 고난도의 직업이다. 엄마라면 누구나 힘들다. '순하고 쉬워 보이는 아이'는 있어도 한 사람의 인생을 놓고 보면 결코 '쉬운 엄마'는 없다. 그래서 엄마는 위대하다.

아이가 어릴 때는 엄마의 몸이 열 개라도 모자라는 순간이 있다. 『최강의 육아』의 저자인 트레이시 커크로는 이렇게 말한다. "육아는 정신력이 강하고 약하고의 문제가 아니다. 인간은 혼자서 아이를 기를 수 있게 진화하지 않았다. 혼자서 아기 키우기가 일반적인 일이 된 것은 최근 들어서다."

그녀는 엄마가 자신에 대한 비현실적인 기대로 고립감, 우울감, 절망감, 죄책감을 갖게 된다고 한다. 그래서 엄마들일수록 주위 사람들에게 도움을 요청하는 법을 배워야 한다고 말한다. 나는 그녀의 의견에 전적으로 동의한다.

인디언 부족 중에는 한 명의 아기를 8시간 간격으로 14명이 돌보는 부족이 있을 정도다. 우리가 겪는 엄마로서의 고통은 결코 혼자만의 고통이 아니다. 우리는 결코 완벽한 엄마가 될 수 없다. 좋은 엄마가 되려는 것도 욕심이 되어 스스로를 짓누를 수 있다. 오히려 자신의 아이들일수록 이웃집 아이가 놀러왔다고 생각하고 키우면 어떨까? 마음에 잔뜩 들어갔던 힘이 조금만 빠져도 육아가 훨씬 더 쉬워진다.

아이의 모든 욕구를 엄마가 충족시켜야 한다는 욕심을 버리자. 때론 무너진 기대에 실망하고 좌절하면서 아이는 그것을 딛고 일어나는 법을 배운다. 좌절 경험과 감정을 어떻게 받아들이고 극복하느냐를 배우는 것은 아이의 인생에서 가장 값진 일 중에 하나가 될 것이다.

많은 엄마들이 자신의 죄책감을 보상하기 위해 아이에게 이것저것 장난감 등의 보상을 안겨준다. 물질적 보상에 대한 아이들의 욕구는 점점 커지고 그것은 끝도 없이 반복된다. 한순간의 흥미를 끌고 금방 싫증나 버리는 물질적 보상보다는 오랜 시간 마음에 남을 수 있는 추억을 만들어주자. 아이들의 성장 수준에 맞는 다양한 경험을 함께 하는 것이 좋을 것이다.

아이가 어느 정도 자라면 아이의 인생을 아이에게 맡겨야 한다. 아이 스스로 할 수 있는 독립성과 스스로 선택할 수 있는 자율성을 키워주는 게 중요하다. 아이가 커가는데도 아기 때와 마찬가지로 많은 시간과 에너지를 아이에게 쏟다 보면 순수한 기대가 욕심이 되고 집착이 될 수 있다. 아이와 엄마 사이의 적당한 분리를 받아들일 때 건강한 관계가 된다.

엄마들의 육아 스트레스만큼 힘든 일이 바로 가사노동이다. 해도 해도 티도 안 나는 게 살림이라지만 안 하면 바로 티가 나는 게 집안일이기도 하다. '밥빨청'은 끝도 없이 이어지고 잠깐만 손을 놔도 집안이 엉망이 된다. 집안은 난장판이 되고, 빨래는 여기저기 돌아다닌다. 설거지가 산처럼 쌓이고 당장 먹을 찬거리가 떨어진다. 그날그날 먹을 밥과 반찬을 생각하고 준비하는 것만도 사실 대단한 일이다. 엄마들은 육아와 살림만 해도 하루의 시간이 빠듯하게 돌아간다. 그렇다고 안 할 수도 없는 노릇이다. 그러니 아이들이 자라는 동안 적당한 요령을 터득하자.

자신의 몸이 부서지도록 소처럼 일하지 말자. 마음속에 울분과 억울함을 쌓으면서까지 모든 것을 다 완벽하게 해내려고 애쓰지 말자. 내가 먼저 나 자신을 소중하게 여겨주어야 다른 사람도 나를 소중하게 여길 수 있다. 가족을 위해 건강한 요리를 준비하다가 힘들 땐 사먹기도 하면서

적당한 균형을 찾아라. 정 힘들다면 베이비시터나 가사도우미의 도움을
받는 것을 고려하라. 당신이 아프고 병들면 더 큰 손해다. 당신의 건강과
행복을 위해 투자하라. 아이들이 어릴 때는 적당하게 지저분한 것을 허
용하는 것도 마음 건강에 이로울 것이다.

남편에게 도움을 요청하라. 아이를 낳고 엄마가 되면 전업맘이든 워킹
맘이든 자연스레 육아와 집안일이 여자한테 기울어지게 된다. 그렇다고
너무 억울해하거나 자존심 상해하지는 말자. 대신 자신의 상황과 감정을
표현해야 한다. 마음에 꿍하고 담아두지 말고 시간을 내어 힘든 것을 이
야기해보자. 몸과 마음에 병을 키우지 않으려면 자신을 제대로 표현해야
한다. 따로 시간을 마련해서 감정을 표현하라. 감정을 묵히고 쌓아뒀다
가 한 번에 펑하고 터뜨리지 말고 그때그때 적당히 풀어주자.

남편을 육아에 동참시켜라. 아이의 자존감 형성에 아빠와의 관계는 큰
영향을 미친다. 또한 아빠와 애착은 아이뿐만 아이라 아빠에게 가장 이
롭다. 아이가 어렸을 때 아빠와 사이가 벌어지면 사춘기 이후 회복하는
것이 매우 어려워진다.

물론 당신의 남편은 눈코 뜰 새 없이 바쁜 현대인의 삶을 살고 있을 것
이다. 하지만 이제 '아빠육아'는 선택이 아닌 필수다. 아빠에게도 인생에
서 가장 의미 있는 성숙을 배울 수 있는 기회를 주어라. 육아의 고통도
이해하게 될 것이다. 그러기 위해 남편의 실수와 서투름을 허용하고, 칭

찬하고 격려해주자. 알아서 해주지 않는다고 토라지는 대신 엄마의 지혜를 발휘하라.

남편에게 육아든 가사일이든 '무엇을' 도와달라고 구체적으로 이야기해야 한다. 알아서 척척 찾아서 해주는 남편은 거의 없다. 그렇지 않으면 시도 때도 없이 잔소리와 핀잔을 하면서 남편을 괴롭히게 될 것이다. 나의 이야기가 잔소리가 되지 않도록 짜증이 나면 투덜대기를 멈추고, 따로 시간을 내어 요청하라. 되도록 부드럽고 정중하게 부탁하자. 명확하고 구체적인 도움의 요청은 남편에게도 흔쾌히 수락할 수 있는 선물이 될 것이다.

## 중요하지 않은 일은 과감하게 포기하라

당신이 하고 있는 일도 마찬가지다. 모든 일을 다 완벽하게 잘할 수는 없다는 것을 받아들이자. 나 자신을 너무나 가혹하게 혹사시키지 말자. 인생은 선택의 과정이다. 해야 할 것과 하지 말아야 할 것을 선택해야 한다. 지금 내가 할 수 있는 일인지 할 수 없는 일인지를 구분해야 한다. 나에게 더 중요한 핵심적인 일에 집중하게 위해서는 덜 중요한 일은 과감하게 포기할 줄도 알아야 한다. 지금 내가 할 수 있는 가장 중요한 일은 무엇인가? 그것을 위해 포기해야 할 것은 무엇일까?

삶을 저글링 게임에 비교하곤 한다. 당신의 손에 당신에게 지금 가장 중요한 것들만 올려놓자. 저글링 선수가 처음부터 열 개의 공을 잡고 훈련하지는 않을 것이다. 당신의 능력과 내공이 자라날수록 당신이 던지고 받을 수 있는 공의 숫자도 늘어나게 될 것이다. 하지만 처음부터 모든 것을 움켜잡는다면 그것을 손에서 뗄 수 없기에 실력이 늘 수도 없을 것이다.

당신이 초보 엄마라면 손 위에 딱 한두 개 정도의 공만 올려놓는 것이 적당할지 모른다. 모든 일을 다 잘하려고 하지 말자. 당신에게 가장 중요하고 소중한 것을 위해 쓸 시간과 에너지를 확보하자. 당신에게 가장 중요하고 소중한 사람은 누구인가?

때로는 집안일도 좀 미루고, 아이와의 스킨십과 교감을 위한 시간을 갖자. 한 번 더 부드럽게 눈을 맞추고, 사랑을 표현해주자. "예쁘다. 멋지다. 잘 크고 있어서 기쁘다. 행복해." 하고 부드러운 사랑의 표현을 아끼지 말자. 머리와 등을 쓰다듬어주고, 뽀뽀해주고, 한 번 더 안아주자. 내가 지금 멈추는 5분의 시간이 모이면 엄청난 것이 된다.

당신이 어렸을 때를 돌아본다면 어떤 기억이 떠오르는가? 엄마와 아빠로부터 받은 따뜻하고 부드러운 사랑 표현과 다양한 추억이 떠오른다면 당신은 축복받은 것이다. 그 소중한 기억들은 당신이 힘들 때마다 당신을 지켜주는 든든한 등대가 되어줄 것이다. 만약 그런 사랑스러운 기억이 전혀 떠오르지 않는다고 부모를 원망할 필요는 없다. 우리 부모님 시대에는 대부분 그런 것들을 배우거나 받아보지 못했다. 본인이 배우거나 받지 못한 것을 아이들에게 줄 수는 없을 것이다.

그러나 당신은 그렇게 할 수 있다. 그리고 당신이 보여준 좀 더 살가운 사랑의 표현을 당신의 아이는 오랫동안 기억할 것이다. 그런 소소한 행동은 당신에게도 당신의 아이에게도 달콤한 선물이 될 것이다.

나에게 가장 중요한 것들을 남겨놓고 나머지는 적당히 내려놓고 살면 어떨까? 나에게 가장 중요한 것들 중에서 적절한 삶의 균형을 맞추는 지혜를 발휘해보자. 무엇보다 가장 중요한 것은 바로 엄마인 당신의 행복이다.

## 엄마의 자존감을 위한 한 줄 메시지

**기나긴 인내 끝에 빛나는 열매를 거둔 행복한 사람들**

결혼하길 잘했다고 말하는 사람들은 기나긴 인내 끝에 빛나는 열매를 거둔 행복한 사람들입니다. 그리고 그 인내의 이면에는 멋진 둔감력이 숨어 있습니다. 둔감력은 두 사람의 관계를 지탱해주는 큰 힘이 됩니다.

– 와타나베 준이치, 정형외과 의사, 『나는 둔감하게 살기로 했다』

## 행복한 부부관계가 아이 자존감의 원천입니다

아이들에게 부모의 잦은 불화와 부부싸움은 전쟁을 경험하는 공포와 맞먹는다고 한다. 그것은 아이의 존재감을 위협한다. 아이 앞에서 싸우거나 남편 흉을 보며 자신의 스트레스를 풀지 말자. 아이에게 아빠는 엄마와 마찬가지로 자기 존재의 근원이다. 엄마가 자꾸 아빠를 무시하거나 인정하지 않을 때 아이도 아빠를 무시하거나 싫어하는 사람이 된다. 하지만 무의식중에는 자기 존재의 절반도 거부당하는 불안감을 느낀다. 부부 사이의 갈등은 아이의 자존감을 위협한다. 부부가 행복할 때 아이는 정서적으로 안정감을 느끼고 자신을 가치 있게 여긴다. 행복한 부부관계를 만들기 위해 노력하라.

행복한 부부관계와 가족의 자존감을 동시에 올리는 위한 꿀팁 7가지

1. 집안일을 분담할 것을 결정하고 허심탄회하게 소통하라.

육아를 하다 보면 집안일이 넘쳐난다. 육아 스트레스에 집안일까지 엄마에게만 편중되면 엄마는 점점 스트레스가 쌓여 신경질적이 될 수 있다. 집안일 분담을 사소하게 여겨 꾸역꾸역 혼자 하다 보면 점점 당연히 엄마 혼자서 해야 하는 일이 된다. 정작 그것을 알아주는 사람은 없고,

혼자서 해내기에는 일이 너무나 많아진다. 그러다보니 몸도 몸이지만 가슴에 응어리가 생긴다. 사소한 것에 대해 잘 소통하는 것이 행복한 부부 관계의 비결이다. 엄마인 나부터 집안일을 분담할 것을 결정하고, 허심탄회하게 자신의 심정을 소통해보자.

## 2. 남편을 육아에 동참시키라.

아빠와의 애착은 아이뿐만 아이라 아빠에게 가장 이롭다. 이제 아빠육아는 선택이 아닌 필수다. 아빠에게도 인생에서 가장 의미 있는 성숙을 배울 수 있는 기회를 주어라. 육아의 고통도 이해할 수 있게 될 것이다. 그러기 위해 남편의 실수와 서투름을 허용하라. 아이와 남편 사이에 좋은 끈이 연결될 수 있도록 엄마의 지혜를 발휘하라.

## 3. 정확하고 명확하게 부탁하라.

알아서 척척 찾아서 해주는 남편은 거의 없다는 것을 기억하라. 구체적으로 무엇을 해달라고 콕 찍어서 부탁하라. 당신의 이야기가 잔소리가 되지 않도록 따로 시간을 내어 요청하길 권한다. 되도록 부드럽고 정중하게 이야기하라. 명확하고 구체적인 도움의 요청은 남편에게도 흔쾌히 수락할 수 있는 선물이 될 것이다.

### 4. 수시로 칭찬하고 인정해주자.

남녀의 심리 차이를 이해하라. 여자는 자신을 알아주고 공감해주는 사람에게 마음의 문을 열지만, 남자는 자신을 인정해주는 사람에게 목숨까지 바친다. 그만큼 남자에게 인정은 중요한 욕구다. 그 욕구를 무시하지 말고 활용하라. 특히, 아내에게 받는 인정은 다른 어떤 인정보다 남편에게 중요하다. 아이든 남편이든 잔소리나 비난을 1번 했다면, 5번 이상의 칭찬과 인정이 필요하다는 것을 기억하라. 가트먼 박사가 제시한 5:1의 칭찬과 비난의 비율은 행복한 부부관계의 지름길이다.


### 5. 부부사랑을 만드는 말, '미고사'를 아낌없이 표현하기

부부사이에 가장 많이 해야 할 말이 있다면 그것은 바로 '미안해, 고마워, 사랑해.'다. 부부가 함께 '미안해, 고마워, 사랑해.'를 아낌없이 표현하라. 짧지만 가장 강력한 사랑의 언어다.


### 6. 부부싸움이나 중요한 이야기는 밖에서 산책하면서 하라.

집에서 아이들이 있는 데서 싸우지 말자. 집 근처에 공원이 있다면 공원을 산책하라. 걸으면서 이야기하다 보면 더 잘 이야기할 수 있게 되고, 더 잘 들을 수 있게 된다. 걷다 보면 정체된 에너지가 풀리고 문제가 해결되기도 한다. 부부산책을 행복한 부부관계의 비결로 만들어라.

# 엄마의 자존감이 아이의 자존감을 결정한다

**부모는 아이의 거울이다**

며칠 전 저녁 식사 준비를 하다가 실수로 손을 살짝 베인 적이 있었습니다. 내 입에서 나도 모르게 "아얏!" 하는 외마디 비명이 흘러나왔습니다. 옆에서 퍼즐 맞추기 놀이를 하던 아이들이 동시에 깜짝 놀라 소리를 지르며 울상이 되어버렸습니다.

"엄마 아파요? 다쳤어요?"

아이들이 쪼르르 다가와 손이 어떻게 됐는지 보여달라고 합니다. 나보다 더 놀란 모습입니다. 얼른 진정하고, "살짝 베었을 뿐이야. 엄마는 괜찮아."라고 말해주었습니다. 아이들은 내 손과 얼굴을 번갈아 쳐다보더니 다시 평온을 되찾고 각자의 놀이에 몰두했습니다.

아이들은 엄마의 일거수일투족에 관심을 보입니다. '아이들 앞에서 냉수도 못 마신다.'라는 옛말을 엄마들은 수없이 경험하게 됩니다. 아이들은 엄마의 말과 행동뿐만 아니라 엄마의 감정에도 예리한 촉수를 갖고 있습니다. 부모의 감정을 스펀지처럼 흡수하며 영향을 받습니다. 엄마가 다치거나 아프면 아이들도 더 예민해지고, 엄마의 마음이 편안하고 여유가 있으면 아이들도 더 즐겁게 잘 놉니다. 엄마가 행복할 때 아이도 행복합니다.

자존감도 그렇습니다. 엄마의 자존감이 아이의 자존감이 됩니다. 아이의 자존감은 아이의 1차 양육자인 부모로부터 만들어집니다. 부모는 아이의 거울 역할을 하기 때문입니다. 거울 속 자신을 보는 것처럼 다른 사람이 바라보는 나의 모습을 통해 자아상을 형성해가는 것. 이것을 미국의 사회학자 찰스 쿨리는 '거울자아이론'이라고 했습니다. 아이들은 자신에게 가장 의미 있는 타인을 통해 자신을 이해합니다.

부모가 나를 좋게 여기면 나는 괜찮은 사람이고, 부모가 나를 안 좋게 여기면 자신을 안 좋은 사람으로 여기게 됩니다. 즉, 엄마의 반영에 따라 아이의 자아상이 결정됩니다. 부모에게 받은 부정적 반영은 아이의 자존감을 훼손합니다.

〈안녕하세요〉라는 TV프로그램에 아빠에게서 한 번도 칭찬을 받은 적이 없다는 여고생이 나왔습니다. 아빠가 혼자 엄마 없이 자녀를 키우는 가정이었습니다. 아빠에게 너무나 인정받고 싶지만 도저히 아빠의 마음을 채우기 어렵다고 했습니다. 아무리 잘해도 자신이 잘한 95%는 무시하고, 잘못한 5%를 찾아내서 질책한다는 것입니다. 여고생은 서러움에 북받친 표정과 목소리로 이렇게 말했습니다.

"아빠가 나를 사랑한다고 느껴본 적이 한 번도 없어요. 무엇을 해야 할지 자신감이 안 생겨요."

내가 바라보는 관점에 따라 아이의 부족한 면에 집중할 때 내 아이는 한없이 모자란 빈틈투성이로 보입니다. 반면 소중한 영혼의 존재로 바라볼 때 우리 아이는 존재만으로도 축복이고 온전한 아이입니다. 지금 보이는 문제의 대부분은 성장의 자연스러운 과정으로 받아들일 수 있게 됩니다.

아이를 사랑하지 않는 부모가 어디에 있을까요? 하지만 사랑도, 인정도 연습이 필요합니다. 본인이 받지 못했던 것, 배우지 못했던 것을 줄 수는 없기 때문입니다.

## 엄마의 무조건적인 긍정과 인정이 아이의 자존감을 만든다

EBS 〈다큐프라임〉의 '아이의 사생활' 편에서 '서번트 신드롬'에 대한 내용을 흥미롭게 보았습니다. 자폐증을 갖고 있지만, 특정 영역에서 매우 뛰어난 능력을 보이는 사람들을 일컬어 '서번트 신드롬'이라고 합니다. 영상에는 핑리안이라는 아이가 나옵니다. 아이큐 70이 안 되는 자폐증이 있지만 그림 그리기에 천재적인 능력을 보여줍니다. 핑리안의 엄마는 인터뷰를 통해 이렇게 말합니다.

"아이에게 말을 하려고 하면 도망가고 만지지도 못하게 했어요. 그래서 매일 밤 잠든 사이 계속 쓰다듬어주면서 사랑한다고 말해주었어요."

위스콘신대 임상심리학과 대럴드 트레퍼트 교수는 다음과 같이 말합니다.

"아이에게 필요한 건 무조건적인 긍정을 해주는 사람입니다. 아이들에게 무엇이 결여됐는지가 아니라 무엇이 있는지를 보는 사람입니다."

그리고 그는 장애보다 능력에 관심을 갖는 '부모의 긍정적 반영'이 서번트 신드롬을 만드는 강력한 요인이 된다고 말합니다.

우리 아이의 부족한 점과 결핍이 아닌, 잘하고 있는 것과 가능성에 더 많이 초점을 맞출 때 아이를 인정해줄 수 있습니다. 소아정신과 의사인 신의진 교수는 "아이의 자존감을 만드는 핵심은 다른 게 아니라 아이의 이야기를 최대한 잘 들어주는 것입니다."라고 말합니다.

그러기 위해 가장 중요한 것은 엄마가 먼저 자신을 사랑하는 것입니다. 우리는 자신을 대하는 그대로 나에게 가장 가까운 사람을 대하기 때문입니다. 나를 있는 그대로 받아주고 인정해줄 때, 내 아이도 있는 그대로 수용하고 인정할 수 있습니다. 아이를 고치거나 바꾸어야 할 교정의 대상이 아닌, 놀라운 가능성의 대상으로 바라볼 수 있게 됩니다. 그럴 때 아이의 이야기에 더 잘 귀 기울여 들어줄 수 있을 것입니다.

우리는 나에게 있는 것만을 남에게 줄 수 있습니다. '내 안에 사랑이 흘러넘칠 수 있도록 나 자신을 더 많이 사랑하는 엄마가 되자'는 것이 제가 이 책에서 말하고 싶은 핵심입니다. 그러기 위해 매일매일 자기 사랑을 연습하고 훈련해보길 권합니다. 우리 안에서 이루어지는 내면 대화가 자기 수용과 긍정, 사랑으로 변화할수록 나와 우리 아이들 그리고 내 삶이 더 반짝반짝 빛나게 될 것입니다.

이 책을 마무리하며 엄마의 자존감과 아이의 자존감에 대해 다시 한번 생각해보았습니다. 자존감은 모든 문제를 뚝딱 하고 해결할 수 있는 도깨비 방망이는 아니라는 생각이 듭니다. 진정한 자존감은 엄청 잘나고 멋진 나가 아니라 있는 그대로 부족한 내 모습 그대로를 인정하고 수용하는 것에서부터 시작합니다. 그것은 나답게 더 행복하게 살아갈 수 있는 시작점입니다. 그러나 시작이 절반이라는 말이 있듯이 나를 사랑하는 건강한 자존감을 지닌다면 우리 인생의 절반도 이미 성공입니다.

## 당신은 이미 충분히 좋은 엄마입니다

나 또한 매일매일 자기 사랑을 연습하고 있습니다. 어떤 날은 잘 되기도 하고, 어떤 날은 여전히 무너지기도 합니다. 그래도 계속해서 나를 이해하고 응원하며 독려해줍니다. 세상에서 나를 일으킬 수 있는 사람은 나 자신밖에 없다는 것을 알기 때문입니다. 당신도 누구보다 소중한 아이가 있기에, 엄마니까 더 힘을 낼 수 있을 것입니다.

고단한 하루를 잘 살아낸 자신에게 "오늘도 애썼어. 참 멋지다. 대단해."라고 이야기해주세요. 너무 지치고 힘든 날엔 조금 쉬어가도 괜찮아요. 푹 쉬고 나면 내일은 다시 시작할 수 있으니까요. 때론 괜찮지 않아도 괜찮습니다. 자신에게 지금 모습 그대로 다 괜찮다고 말해주세요.

매일매일 자기 사랑을 실천하세요. 나를 격려하고 힘을 주고, 행복하게 해주세요. 마음에 들지 않는 내 모습, 불안하고 못난 모습까지 다 받아주고 사랑한다고 말해주세요. 그리고 작은 목표를 정해 도전해보길 바래요. 꿈을 향해 행동하는 자신을 열렬히 응원해주세요. 해보기 전에는 알 수 없습니다. 내 안에 발견되기를 기다리는 나도 몰랐던 능력을 키울 수 있도록 자신에게 기회를 주는 사람이 되세요.

당신이 건강한 자존감을 가지고 나답게 사는 엄마가 되길 바랍니다. 당신은 이미 충분히 좋은 엄마이고 멋진 사람입니다. 당신의 찬란하게 빛나는 인생을 두 손 모아 응원합니다.

2018년 눈부신 가을 햇살 아래

안세영 드림

# 부록

*Mom's Self Esteem*

## 쌍둥이 엄마의 태교 일기

LIST THINGS YOU THINK EVERYONE
SHOULD DO IF MONEY IS NOT AN ISSUE

2010. 8. 24. 화

아가야 안녕? "♡"

드디어 너를 이렇게 불러볼 수 있어서

엄마는 무척 설레고 행복하단다.

얼마전 임신 확인을 하고. 엄마와 아빠는

너무 기뻤단다. 😊

네가 나의 자궁 속에 잉태되었다는 사실이

한동안 믿기지 않더니...

연일 계속 되는 입덧에 이젠 정말

실감이 나는구나. ㅠ.ㅠ

엄마랑 아빠에게 네가 와줘서

정말 고맙다. ♡

하늘로부터 큰 축복과 선물을 받은 것 같아.

임신과 출산. 태교에 관한 책을 도서관에서

빌려다 정말 읽고 있단다. ㅎㅎ

네가 나의 자궁 속에서 건강하고 행복하게

잘 자라길 바란다.

엄마 뱃속에서 편안하고. 행복하렴~

그리고. 엄마와 아빠가 너를 통해

좋은 엄마. 아빠가 될 수 있기를 응원해주렴!

AS FLOWERS BRIGHEN OUR DAY, TIMES SHARED

WITH LOVER LIGHTEN OUR HEARTS

2010. 8. 27. 金

소중한 아가들아 안녕?

오늘 산부인과에서 초음파 검사를 받고,

우리 아가들이 쌍둥이란걸 알았단다. ♡♡ 와우. 이요!

엄마와 아빠는 얼마나 웃었는지…… 흥흥흥

써벌 쌍둥이일거라고 생각도 못했는데,

하늘의 선물을 그대로 받은 것 같다!

오늘 우리 아가들의 심장 뛰는 소리도 듣고,

의사 선생님으로부터 아주 건강하다는 말도 들어서

기쁘고 안심되었단다.

이제 임신 8주가 되었단다.

너희들의 키는 이제 고작 1.6cm, 1.4cm

정도라고 한다. 에고 귀여운 것들. ★^^★

엄마 뱃속에서 건강하고 사이좋게 잘 자라렴!

엄마와 아빠, 그리고 많은 사람들이

너희들을 사랑하고, 환영하고, 기다리고 있단다.

너희들의 태명을 축복이, 반짝이, 햇별이 등…

엄마, 아빠의 의견이 분분해서 지금 정하고 있단다.

결정되면 이야기해줄게.

소중한 아들. 우리에게 와줘서 고맙다. "♡" 뿅~

LIST THINGS YOU THINK EVERYONE
SHOULD DO IF MONEY IS NOT AN ISSUE

2010. 9. 5. 日

달이🌙 별이⭐  안녕?

엄마 뱃속에서 건강하고 행복하게 잘 자라고
있지? 벌써 나의 배가 두둥실~ 불러와서
과연 내가 쌍둥이 엄마라는 걸 조금씩 실감하는구나.
아빠는 어제 ▓▓▓ 사업이 주관하는 모임에
에니어그램 강의를 했는데 '대박'이 났더라구나.
요즘 아빠의 강의 실력이 일취월장하고 있어서 엄마도
흐뭇하고 좋구나.
엄마도 내일과 모레 뜨스코에 행복한 가정 만들기
강의가 또 있단다. 내일은 경주에서 모레는 여수
에서 하는데 아빠가 운전을 해주고 같이 갔다올
계획이란다.
또 태풍이 온다는 예보가 있어 걱정이 되는데
무사히 행복하게 잘 다녀올 수 있었으면 좋겠다.
우리 달이·별이 이번에도 엄마 응원해주고
도와줄거지?.
최고의 컨디션으로 멋진 강의. 좋은 시간 보내고
오자. 달이·별이 사랑하고 고마워. ♡
엄마 뱃속에서 좋은 시간 보내렴. ★^^★

LOVE IS SOMETHING ETERNAL...

9. 14. 火

사랑스런 우리 반짝이들. 달이. 별이. 안녕?

올 여름 너무도 더운 날씨를 견뎌내느라 더위를

그다지 타지 않던 엄마도 헥헥~거리며 지냈는데

이제 무더위도 다 물러가고. 날씨가 제법 가을야. ^^

가을 바람과 가을 향. 풀냄새가 아주 기분 좋은 날이다.

오늘은 너희들 임신 초기에 일었던 신비로운 일을

얘기해줄게. 너희들이 엄마 배속에 착상될 무렵.

엄마가 산책을 하고 있었는데. 저녁 8~9시

쯤이런가. 밤하늘에 보름달이 너무 밝고 아름다운

날이였어. 그런데 달 주변에 엄청나게 크고

아름답고. 선명하고. 신비로운 무지개가 떴었단다.

밤 하늘의 장관이 너무 아름답고 멋있어서

몇번이고. 몇번이고 하늘을 쳐다봤었단다.

그땐 엄마가 너희들을 임신한지 며칠 않될 때인데

나중에 생각해보니 그게 너희들을 임신했다는

하늘의 상서로운 징조가 아닐까했어.

그래서 너희를 태명이 우리 반짝이들. 달이. 별이가

되었단다. 사랑스런 아가들아! 건강하게. 행복하게

잘 자라렴.

AS FLOWERS BRIGHEN OUR DAY, TIMES SHARED
WITH LOVER LIGHTEN OUR HEARTS

2010. 10. 27. 수

사랑하는 우리 달이·별이야 ~ ♡
일기를 오래만에 쓴다. 어제는 아빠랑
너희를 상태 확인을 위해 산부인과에 다녀왔단다.
한 달 사이에 쑥 커버린 모습을 초음파로
확인하고 얼마나 안심이 되던지…
아주 건강하게 잘 크라고 있더구나.
의사쌤이 딸일 것 같다고 해서 쪼끔 더 기뻤단다.
다음달 정밀 초음파를 하면 아들인지 딸인지 확실히
알 수 있다는구나 ^^*
엄마·아빠는 너희들이 딸이었으면 생각을 해왔는데…
혹시 아들이면 얼마나 섭섭해할까 그게 또 걱정이라
아들이든 딸이든 둘다 건강하게 잘 크라라고 ~ *
하고 빌빌하고 있단다.
이제 임신 17주차가 되었단다. 16주차까지
입덧이 있더니 이제 슬슬 입덧이 나아져
이젠 엄마도 좀 편해졌구나. 가능하면 아침.
저녁으로 산책도 하고 있고. 아빠님이 해준
사골 곰탕도 잘 먹고. 너희들이 잘 커나길
기도하고 있단다. 요즘 엄마·아빠가 매대로 태교동화를
읽어주고 있는데 잘 듣고 있겠지?

2010. 12. 8. 水

사랑하는 달이 별이 안녕?

오래간에 태교일기를 쓰는구나.

그동안 참 많은 일들이 있었단다.

제주도로 2박 3일간 태교여행도 다녀오고.

기숙사가 되었을 때 정밀 초음파로 너희들의

성별로 알게 되었단다.

여서 엄마·아빠의 기대와 예상대로 너희들이

딸이라는구나. 엄마 아빠는 너무 기뻐서

파라베게뜨리는 제라봄에서 블루베리 치즈케익을

사서 가족파티까지 했단다.

제주도의 바람·바다·하늘·음식 모든 것이

아주 환상적이었단다. 3년후 강아아빠

결혼 10주년이 되었을 때. 너희들이 3살이

되었을 때 꼭 다시 타고 다짐을 하고 왔단다.

이번에 갔었던 곳은 한라와. 한림해수욕장.

섭지코지. 성산일출. 경복과여 휴양림 등이 있었는데

나중에 기회가 닿으면 달이별이랑 함께 가자구나.

한가지 안좋은 맛은 태교여행에서 강아니

너무 무리를 한 탓인지. 여행 이후

감기몸살이 나서 병원에 입원을 했었단다.

LIFE ISN'T ABOUT FINDING YOURSELF,
LIFE ABOUT CREATING YOURSELF

그동안 참 많은 일들이 있었단다.
해가 바뀌고. 1월 12일 옮인에서
원점립 근처인 안산으로 이사를 왔단다.
무거운 몸을 이끌고. 1월 내내 결정리하기에 바빴단다.
우리 아가를 태어나 꺼의 ○○ 짐을 정리
정돈을 하고 넘어서 DIY로 예쁜 ○○
정리를 하고. 이젠 결정리가 끝나고. 이 집이
정말 우리집처럼 정겹게 느껴지는구나.
24평의 24평 아파트 ○래의 집○○
우리집 산기의 부족함이 없고. 마음에 든단다.
우리 달이빠가 집을 크게 정말 크고 예쁜 집으로
이사를 가자구나. 엄마 아빠가 둘 많이 벌어서
○○ 우리 아가를 도와주련.
엄마 집에는 그렇나 너희를 할아버지 생○이
안났단다. 달이빠이 ○○○ 모두 ○○ 으로 아들이
태어나기 기대가 대단하단다.
○○○ 모두 너무 기뻐해주고 축하해 줘서
엄마도 기쁘이 남 좋았단다.
아기 한달에가 지나면 사랑스럽고 귀엽고
깜찍하고 달이빠이 볼 수 있단 생각이
엄마 아빠는 ○○○으로 기다리자.

AS FLOWERS BRIGHEN OUR DAY, TIMES SHARED

WITH LOVER LIGHTEN OUR HEARTS

아빠 형제들과 조카들이 공교히 모두 남자들이라
우리 달이 태이 예쁜 공주님들이 태어나면
바로 인기리라란다.
우리 공주님들 얼마나 사랑스럽고 예쁠까?
엄마 배속에서 편안하고 행복한 시간 갖으면서
예쁘고 총명하고 건강하고 씩씩한 아기로
태어나길 바래.
우리 달이 태이 둘 모두 너무나 소중하고 귀한
보물들이란다. 서로 아껴주고 사이좋게 지내렴.
엄마 아빠는 둘 모두 똑같이 듬뿍듬뿍 사랑해주고
너희들이 훌륭하고 아름다운 성인으로 성장할수
있도록 돕고 도와주고 함께 해줄게.
너희들이 갖고 태어는 각각의 재능을 이 지상
에서 온전히 펼치고 그걸 통해 이 세상에
힘차고 아름답게 기여하고 헌신하고 또 누 있길 바란다.

달이 · 태이 · LOVE · HAPPY!

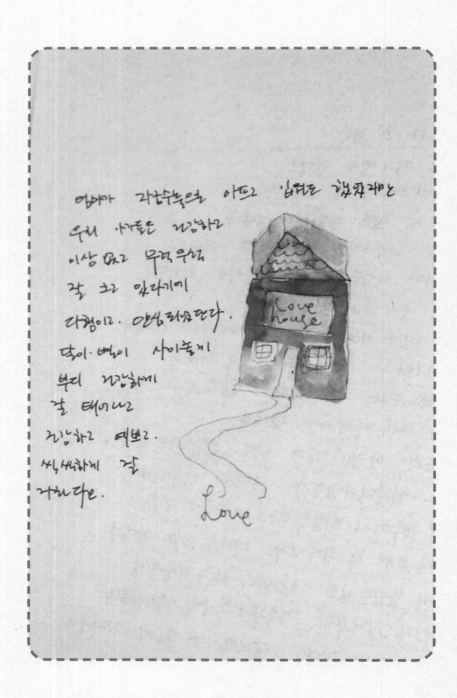

엄마가 감수독으로 아프고 입원도 했잖래는
우리 아가들은 건강하고
이상 없고 무럭무럭
잘 크고 있라기에
다행이고. 안심되었단다.
딱이·변이 사이좋기
부디 건강하게
잘 태어나
건강하고 예쁘고.
씩씩하게 잘
자라다오.

Love

로렌스 크레인, 러브유어셀프, 가디언, 2011.

루이스 L. 헤이, 치유, 나들목, 2012.

루이스 L. 헤이, 나는 할 수 있어, 나들목, 2010.

루이스 L. 헤이, 행복한 생각, 한문화, 2009.

루이스 L. 헤이, 나를 치유하는 생각, 미래시간, 2014.

루이스 L. 헤이 외, 매일 읽는 긍정의 생각 한줄, 경성라인, 2015.

기시미 이치로 · 고가 후미타케, 미움받을 용기, 인플루엔셜, 2014.

윤홍균, 자존감 수업, 심플라이프, 2016.

김미경, 엄마의 자존감 공부, 21세기북스, 2017.

김미경, 꿈이 있는 아내는 늙지 않는다, 21세기북스, 2018. 개정판.

메그 미커, 엄마의 자존감, 알에이치코리아, 2017.

나는 둔감하게 살기로 했다, 와타나베 준이치, 다산초당, 2018.

헬렌켈러, 헬렌켈러 자서전, 문예출판사, 2009.

이무석, 나를 사랑하게 하는 자존감, 비전과 리더십, 2014.

박진영, 나 지금 이대로 괜찮은 사람, 호우, 2018.

이유남, 엄마반성문, Denstory, 2017.

안드레아스 크누프, 나를 사랑하지 못하는 나에게, 걷는 나무, 2017.

아니타 무르타니, 그리고 모든 것이 변했다, 샨티, 2012.

아니타 무르타니, 나로 살아가는 기쁨, 샨티, 2017.

고미케 히로시, 2억 빚을 진 내게 우주님이 가르쳐준 운이 풀리는 말버릇, 나무생
　　　　　각, 2017.

법륜 스님, 엄마수업, 한겨레출판, 2011.

캐럴 드웩, 성공의 새로운 심리학, 부글, 2011.

캐럴 드웩, 마인드셋, 스몰빅라이프, 2017.

엔젤라 더크워스, 그릿, 비즈니스북스, 2016.

김주환, 그릿, 쌤앤파커스, 2013.

김주환, 회복탄력성, 위즈덤하우스, 2011.

사이토 다카시, 결국은 자존감, 엔트리, 2018.

김새해, 내가 상상하면 꿈이 현실이 된다, 미래지식, 2014.

캘리최, 파리에서 도시락을 파는 여자, 다산북스, 2017.

한선희, 엄마의 행복한 감정공부, 미다스북스, 2018.

최현정, 감정조절 육아법, 미다스북스, 2018.

최헌, 내 감정에 서툰 나에게, 무한, 2017.

무엔거, 착하게 그러나 단호하게, 쌤앤파커스, 2018.

나폴레온 힐, 놓치고 싶지 않은 나의꿈 나의인생, 국일미디어, 2016 개정판.

허지영, 여자의 인생을 바꾸는 자존감의 힘, 바이북스, 2018.

에스더&제리 힉스, 유인력 끌어당김의 법칙, 2013.

트레이시 커크로, 최강의 육아, Angle Books, 2018.

이노우에 히로유키, 배움을 돈으로 바꾸는 기술, 예문, 2013.

박경림 외, 엄마의 꿈, 문학동네, 2014.

도로시 브리그스, 아이를 잘 키우는 자존감 공부, 푸른육아, 2017.

가토 다이조, 아이의 자존감이 자라는 엄마의 말, 푸른육아, 2017.

존 브래드쇼, 상처받은 내면아이 치유, 학지사, 2004.

애나 메리 로버트슨 모지스, 인생에서 너무 늦은 때란 없습니다, 수오서재, 2017.

엘리자베스 퀴블러 로스 · 데이비드 케슬러, 인생수업, 이레, 2006.